建筑工程资料管理

JIANZHU GONGCHENG ZILIAO GUANLI

张 博 刘 珊 耿静亚◎主 编

天津大学出版社
TIANJIN UNIVERSITY PRESS

图书在版编目（CIP）数据

建筑工程资料管理 / 张博，刘珊，耿静亚主编. 天津：天津大学出版社，2025. 8. --（土建类“十四五”新形态规划教材）. -- ISBN 978-7-5618-8097-5

Ⅰ. G275.3

中国国家版本馆CIP数据核字第2025RH5755号

出版发行 天津大学出版社
地　　址 天津市卫津路 92 号天津大学内（邮编：300072）
电　　话 发行部：022-27403647
网　　址 www.tjupress.com.cn
印　　刷 河北鑫彩博图印刷有限公司
经　　销 全国各地新华书店
开　　本 787 mm×1092 mm　1/16
印　　张 15.5
字　　数 416 千
版　　次 2025 年 8 月第 1 版
印　　次 2025 年 8 月第 1 次
定　　价 79.00 元

本书编委会

主　编　张　博　刘　珊　耿静亚

副主编　宋新龙　周福安　胡　静

参　编　侯成功

FOREWORD 前言

党的二十大强调，“教育是国之大计、党之大计。培养什么人、怎样培养人、为谁培养人是教育的根本问题。育人的根本在于立德。全面贯彻党的教育方针，落实立德树人根本任务，培养德智体美劳全面发展的社会主义建设者和接班人”。在这一背景下，我们对《建筑工程资料管理》课程进行了精心编写，采用项目任务式进行编排，旨在为学生提供一本实用性强、内容全面的教材，助力学生在建筑工程资料管理领域打下坚实基础，为未来的职业生涯发展提供有力支持。

本教材紧密围绕建筑工程资料管理的核心知识与技能，结合实际工程案例，深入浅出地讲解了从工程资料的收集、整理、归档到信息化管理的全过程。我们注重理论与实践相结合，既让学生掌握扎实的理论知识，又通过大量的实际操作训练，提高学生的实践能力和解决实际问题的能力。

本教材具有以下特点。

第一，融入思政教育。我们在教材中设置了【项目拓展】模块，将党的二十大精神融入其中，让学生在学习专业知识的同时，深刻理解党的教育方针和政策，增强学生的社会责任感和使命感。

第二，配套资源丰富。为响应党的二十大关于“推进教育数字化”的号召，我们在教材中加入了二维码形式的项目实训，让学生可以利用碎片化时间进行学习，突破时间和空间的限制，提高学习效率。

第三，任务设置实用。我们打破传统教材体系，注重建筑工程资料管理的实际操作训练，将理论知识与实际工作任务相结合，使学生在完成任务的过程中，逐步掌握建筑工程资料管理的核心技能，更好地适应社会和行业的需求。

本书由广东开放大学（广东理工职业学院）张博、浙江同济科技职业学院刘珊、河南质量工程职业学院耿静业担任主编，黑龙江林业职业技术学院宋新龙、辽东学院周福安、西安铁路职业技术学院胡静担任副主编，山东文旅酒店管理集团有限公司侯成功参与编写。在此，我们要感谢所有参与本教材编写、审阅和提供宝贵意见的教师和专家们，是你们的辛勤付出和无私奉献，让本教材得以顺利完成。同时，我们也感谢广大读者对我们的信任和支持，希望你们在使用本教材的过程中，能够提出宝贵的意见和建议，帮助我们不断改进和完善。

我们相信，在大家的共同努力下，本书将会更加完善、更加实用，为广大师生提供更好的学习资源和教学支持。

编　者

目录
Contents

项目一　初识建筑工程资料的管理

学习目标

【知识目标】

1. 了解建筑工程资料管理的基本概念。
2. 了解建筑工程资料的重要作用。
3. 熟悉建筑工程资料的分类。
4. 熟悉建筑工程资料的存储介质。
5. 掌握建筑工程资料的基本特征。

【技能目标】

1. 能够根据建筑工程资料的分类标准，对工程资料进行准确分类和归档。
2. 能够识别建筑工程资料的基本特征，并在实际工作中确保资料的真实性、完整性和准确性。
3. 能够根据建筑工程资料的存储介质特点，选择合适的存储方式和保管方法。
4. 能够按照各参建单位的职责要求，协调和管理工程资料的收集、整理和归档工作。
5. 能够按照建筑工程资料编号及组卷的方法和要求，对施工资料进行编号、组卷和装订。

【素养目标】

1. 培养学生严谨细致的工作态度和责任心。
2. 培养学生的信息素养。
3. 增强学生的团队协作精神。
4. 增强学生的安全意识。
5. 提升学生的综合分析能力。

项目导航

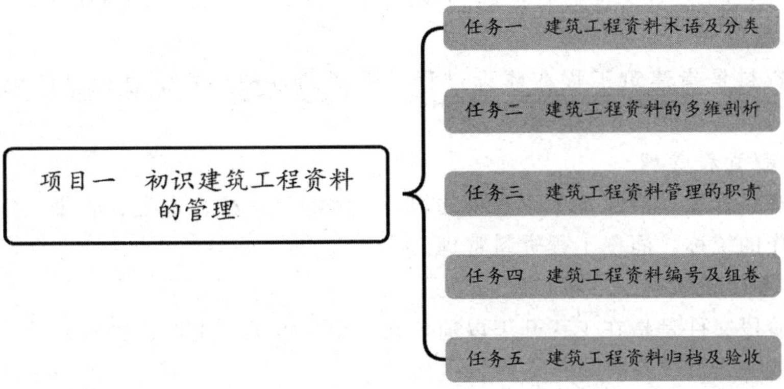

任务一　建筑工程资料术语及分类

《任务工单》

本任务工单旨在引导学生通过学习任务资讯模块中的相关知识与技能，独立解决以下问题。

一、填空题

1. 建设工程是指经批准按照一个总体设计进行施工，经济上实行________，行政上具有独立组织形式，实行统一管理的建设工程基本单位。

2. 建筑工程资料是指建筑工程在建设过程中形成的各种形式信息记录的________。

3. 工程准备阶段文件是指在工程开工以前，在立项、审批、用地、勘察、设计、招投标等________阶段形成的文件。

二、判断题

1. 建筑工程资料管理包括建筑工程资料的填写、编制、审核、审批、收集、整理、组卷、移交及归档等工作。（　　）

2. 监理资料是指建筑工程在工程施工过程中形成的资料。（　　）

三、简答题

工程资料可分为哪几类？

《任务资讯》

一、建筑工程资料术语

1. 建设工程

建设工程是指经批准按照一个总体设计进行施工，经济上实行统一核算，行政上具有独立组织形式，实行统一管理的建设工程基本单位。它由一个或若干个具有内在联系的单位工程组成。

2. 建筑工程资料

建筑工程资料是指建筑工程在建设过程中形成的各种形式信息记录的统称，简称工程资料。

3. 建筑工程资料管理

建筑工程资料管理是指建筑工程资料的填写、编制、审核、审批、收集、整理、组卷、移交及归档等工作的统称，简称工程资料管理。

4. 工程准备阶段文件

工程准备阶段文件是指在工程开工以前，在立项、审批、用地、勘察、设计、招投标等工程准备阶段形成的文件。

5. 监理资料

监理资料是指建筑工程在工程建设监理过程中形成的资料。

6. 施工资料

施工资料是指建筑工程在工程施工过程中形成的资料。

7. 竣工图

竣工图是指在工程竣工验收后，真实反映建设工程施工结果的图样。

8. 竣工验收文件

竣工验收文件是指在建设工程项目竣工验收活动中形成的文件。

9. 建设工程档案

建设工程档案是指在工程建设活动中直接形成的具有归档保存价值的文字、图纸、图表、声像、电子文件等各种形式的历史记录，简称工程档案。

10. 建设工程电子文件

建设工程电子文件是指在工程建设过程中通过数字设备及环境生成，以数码形式存储于磁带、磁盘或光盘等载体，依赖计算机等数字设备阅读、处理，并可在通信网络上传送的文件。

11. 建设工程电子档案

建设工程电子档案是指在工程建设过程中形成的，具有参考和利用价值并作为档案保存的电子文件及其元数据。

12. 建设工程声像档案

建设工程声像档案是指记录工程建设活动，具有保存价值的，用照片、影片、录音带、录像带、光盘、硬盘等记载的声音、图片和影像等历史、记录。

13. 整理

整理是指按照一定的原则，对工程文件进行挑选、分类、组合、排列、编目，使之有序化的过程。

14. 案卷

案卷是指由互有联系的若干文件组成的档案保管单位。

15. 组卷

组卷是指按照一定的原则和方法，将有保存价值的文件分门别类整理成案卷，亦称立卷。

16. 归档

归档是指文件形成部门或形成单位完成其工作任务后，将形成的文件整理立卷后，按规定向本单位档案室或向城建档案管理机构移交的过程。

17. 城建档案管理机构

城建档案管理机构是指管理本地区城建档案工作的专门机构，以及接收、收集、保管和提供利用城建档案的城建档案馆、城建档案室。

18. 永久保管

永久保管是工程档案保管期限的一种，指工程档案无限期地、尽可能长远地保存下去。

19. 长期保管

长期保管是工程档案保管期限的一种，指工程档案保存到该工程被彻底拆除。

20. 短期保管

短期保管是工程档案保管期限的一种，指工程档案保存 10 年以下。

二、建筑工程资料分类

建筑工程资料可分为工程准备阶段文件、监理文件、施工文件、竣工图和工程竣工验收文件 5 类。

1. 工程准备阶段文件

工程准备阶段文件分为立项文件，建设用地、拆迁文件，勘察、设计文件，招投标文件，开工审批文件，工程造价文件和工程建设基本信息 7 类。

2. 监理文件

监理文件可分为监理管理文件、进度控制文件、质量控制文件、造价控制文件、工期管理文件和监理验收文件 6 类。

3. 施工文件

施工文件可分为施工管理文件、施工技术文件、进度造价文件、施工物资出厂质量证明及进场检测文件、施工记录、施工试验记录及检测文件和施工质量验收文件和施工验收文件 8 类。

4. 竣工图

竣工图未进行细分。

5. 工程竣工验收文件

工程竣工验收文件可分为竣工验收与备案文件、竣工决算文件、工程声像资料及其他工程文件 4 类。

《任务实施》

在完成任务资讯模块的学习后，学生们应已具备解决任务工单问题的知识与能力。以下是针对任务工单所提问题的解答，供学生们参考与检验学习成果。

一、填空题

1. 答案：统一核算。
2. 答案：统称。
3. 答案：工程准备。

二、判断题

1. 答案：正确。
2. 答案：错误。监理资料是指建筑工程在工程建设监理过程中形成的资料。

三、简答题

答案：工程资料可分为工程准备阶段文件、监理文件、施工文件、竣工图和工程竣工验收文件 5 类。

任务二　建筑工程资料的多维剖析

《任务工单》

本任务工单旨在引导学生通过学习任务资讯模块中的相关知识与技能，独立解决以下问题。

一、填空题

1. 建筑工程资料的复杂性首先体现在资料构成的________上，它涵盖了设计文件、施工图纸、施工记录等多个方面。

2. 建筑工程资料的随机性伴随着工程资料的生成、形成、完成、验收等________。

3. 时效性体现为资料内容随着时间发展的关键性，即资料必须紧跟工程项目的________而不断更新和完善。

二、判断题

1. 建筑工程资料的复杂性仅体现在资料构成的多样性上。(　　)

2. 建筑工程资料的随机性要求编制人员具备较高的专业素养和应变能力。(　　)

三、简答题

工程资料在建筑工程中有哪些重要作用？

《任务资讯》

一、建筑工程资料的基本特征

1. 复杂性

建筑工程资料的基本特征之一是复杂性。这种复杂性首先体现在资料构成的多样性上，它涵盖了设计文件、施工图纸、施工记录、质量检验报告、材料合格证明、竣工验收资料等多个方面。这些资料不仅种类繁多，而且每一类资料内部也包含着详尽的信息和复杂的数据，如设计图纸中的尺寸、标高、材料规格等，施工记录中的工序流程、操作规范、人员配置等。此外，建筑工程资料的复杂性还表现在其相互关联和交织形成的统一整体上。不同部分、环节的资料相互依存、相互影响，共同构成了建筑工程项目的完整档案。例如，设计变更资料需要与施工记录相协调，质量检验报告需要与材料合格证明相印证，这些都体现了建筑工程资料在复杂性中的统一性和整体性。

2. 随机性

建筑工程资料的另一个显著特征是随机性。这种随机性伴随着工程资料的生成、形成、完成、验收等各个阶段。在工程项目的实施过程中，由于各种不可预见因素的影响，如天气变化、材料供应问题、施工人员的流动等，导致工程资料的编制也具有很大的偶然性。例如，在施工过程中，可能会因为突发情况而需要临时调整施工方案，这就相应地需要修改施工记录和图纸等资料。同时，在资料编制过程中，随机性也起到了重要的作用。编制人员需要根据实际情况灵活调整资料内容，以确保资料的准确性和实用性。这种随机性要求编制人员具备较高的专业素养和应变能力，能够随时应对各种突发情况，确保工程资料的完整性和准确性。

3. 时效性

时效性也是建筑工程资料的重要特征之一。它体现为资料内容随着时间发展的关键性，即资料必须紧跟工程项目的进展而不断更新和完善。在工程项目的不同阶段，所编制的资料应具有针对性、实用性和时效性。例如，在施工准备阶段，需要编制详细的施工图纸和设计文件，以指导后续的施工工作；在施工过程中，需要及时记录施工情况和质量问题，为后续的竣工验收提供依据；在竣工验收阶段，需要整理和完善所有相关资料，以确保工程项目的顺利交付使用。时效性的要求使得工程资料能够真实反映工程项目的实际情况，为工程项目的顺利进行和后期维护提供有力保障。同时，时效性的强调也促使编制人员不断提高工作效率和质量意识，确保资料的及时性和准确性。

4. 真实性

真实性是建筑工程资料最为核心的特征之一。它要求资料内容必须真实反映工程项目的实际情况，不得虚构或捏造。在工程项目的实施过程中，所有相关资料都应如实记录工程项目的进展情况、质量问题、变更情况等，以确保资料的准确性和可靠性。真实性的重要性在于它为工程项目的后期维护和管理提供了有力的依据。如果资料内容存在虚假或捏造的情况，将会导致工程项目的后期维护和管理出现严重问题，甚至可能引发安全事故。因此，编制人员必须具备高度的责任心和职业道德，确保所编制的资料内容真实可靠。同时，相关部门也应加强对工程资料的监管和审核力度，确保资料的真实性和准确性。

5. 综合性

综合性是建筑工程资料的另一个重要特征。它体现为资料编制过程中需综合考虑多种因素，如设计、施工、验收、使用等各个环节的协调与配合。在工程项目的实施过程中，各个环节都相互依存、相互影响，共同构成了工程项目的完整过程。因此，在编制工程资料时，必须充分考虑各个环节的相互关系和影响，确保资料的协调性和一致性。例如，在设计阶段，需要编制详细的设计图纸和设计说明，以指导后续的施工工作；在施工过程中，需要根据设计图纸和施工规范进行施工，并及时记录施工情况和质量问题；在验收阶段，需要根据相关资料对工程项目进行全面检查和验收，以确保工程项目的质量和安全性。这种综合性的要求使得工程资料能够全面反映工程项目的实际情况，为工程项目的顺利进行和后期维护提供有力保障。同时，它也促使编制人员不断提高自己的专业素养和综合能力，以适应工程项目复杂多变的需求。

二、建筑工程资料的重要作用

建筑工程资料需与建筑工程建设同步产生，并真实呈现建筑工程的建设状况及实体质量。确保工程资料与建设过程同步是保障其真实性的关键。工程资料的生成与管理应紧跟工程建设进度，依据工程建设的不同阶段形成对应资料，以此确保资料的真实性，充分发挥工程资料在工程建设中的作用，以提升建筑工程管理水平，规范资料管理，进而保障工程质量。工程资料的作用主要体现在以下几个方面。

1. 支撑项目决策

工程资料为项目决策者提供了翔实的数据和背景信息，以帮助他们全面了解项目进展、成本预算、质量状况等关键要素。这些资料是决策者制定项目计划、调整资源分配、应对突发情况的重要依据，有助于确保项目决策的科学性和合理性。

2. 促进技术交流

工程资料是技术人员之间交流的重要桥梁。通过查阅和分析资料，技术人员可以了解前人的经验和教训，避免重复犯错。同时，工程资料中的技术数据和参数也为技术人员提供了设计和施工的基础，促进了技术的传承和创新。

3. 保障施工安全

工程资料中包含了详细的安全规范和操作规程，对施工人员具有重要的指导作用。通过学习和遵守这些资料中的安全要求，施工人员可以规范自己的操作行为，减少安全事故的发生。同时，工程资料还可以为事故调查提供有力证据，有助于追究责任和改进安全管理。

4. 监控工程进度

工程资料记录了项目从规划到实施的全过程，是监控工程进度的重要手段。通过对比实际进度与计划进度，项目管理人员可以及时发现偏差并采取措施进行调整，确保项目按时完成。同时，工程资料还可以为项目延期或提前提供合理解释，有助于维护项目各方的利益。

5. 确保质量合规

工程资料是工程质量监督和管理的重要依据。通过查阅资料，质量监管部门可以了解项目的质量状况，对存在的问题进行及时整改和处理。同时，工程资料还可以为项目竣工验收提供有力支持，确保项目符合相关质量标准和规范要求。

6. 支持工程结算

工程资料是工程结算的重要依据之一。通过核对资料中的工程量、材料消耗、人工费用等信息，项目管理人员可以准确计算出项目的实际成本，为工程结算提供有力支持。同时，工程资料还可以为项目审计提供必要依据，有助于确保项目资金的合理使用。

7. 促进知识管理

工程资料是项目知识的重要载体。通过整理和归档资料，项目团队可以形成系统的知识库，为后续项目提供宝贵的经验和教训。同时，工程资料还可以为新员工提供培训材料，帮助他们快速融入团队并开展工作。

8. 提升企业形象

规范、完整的工程资料是企业专业形象和实力的体现。通过展示项目的资料成果，企业可以向客户、合作伙伴和监管部门展示自己的管理水平和技术能力，提升企业的信誉度和竞争力。同时，工程资料还可以为企业赢得更多的项目机会和市场份额。

三、建筑工程资料的存储介质

当前，建筑工程资料的存储介质主要包括纸质介质、缩微介质、磁性介质和光盘介质等类型。

(1)纸质介质以纸张为依托，是实际工作中使用最为广泛和频繁的存储形式。

(2)缩微介质以胶片为载体，通过微缩技术对工程资料进行采集和保存。

(3)磁性介质以磁带、磁盘等磁性存储材料为基础，用于收集和保存实际工程中的声音、图像及电子文件和资料。

(4)光盘介质以光盘为存储基础，借助现代计算机技术对工程相关的声音、图像和电子文件等进行收集和存储。

鉴于缩微介质和磁性介质的耐久性相对较弱，因此纸质介质和光盘介质成为文件和资料档案保存的主要方式。不过，无论采用何种存储介质，工程资料都是在工程建设的实际工作中产生、收集和整理而来的。

四、建筑工程资料的形成分工

施工单位项目部工程资料的形成宜按照项目部各业务部门分工负责，见表 1-2-1。

表 1-2-1　施工单位项目部工程资料形成分工

编号	资料名称	责任部门(岗位)						
		技术	质量	工程	商务	物资	试验	测量
C1	施工管理资料	●	●	●	●			
其中：施工检测试验计划 分项工程和检验批的划分方案 检测设备检定证书登记台账		●						
其中：企业资质证书及相关专业人员岗位证书 特种作业人员证书复印件 分包单位资质报审表 分包资质证书及相关专业人员岗位证书					●			
其中：施工日志 工程开工报审表 监理工程师通知回复单				●				
其中：施工现场质量管理检查记录 建设工程质量事故调查、勘察记录 建设工程质量事故报告书			●					
C2	施工技术资料	●						
其中：分项工程技术交底记录				●				
C3	施工测量记录							●
C4	施工物资资料					●		
C5	施工记录			●				
C6	施工试验资料	●					●	
C7	施工质量验收记录		●					
其中：分项工程质量验收记录 分部(子分部)工程验收记录		●						
C8	竣工验收资料	●						
其中：单位工程质量控制资料核查记录 单位工程安全和功能检验资料核查及主要功能抽查记录 单位工程观感质量检查记录			●					

《任务实施》

在完成任务资讯模块的学习后，学生们应已具备解决任务工单问题的知识与能力。以下是针对任务工单所提问题的解答，供学生们参考与检验学习成果。

一、填空题

1. 答案：多样性。
2. 答案：各个阶段。
3. 答案：进展。

二、判断题

1. 答案：错误。还表现在其相互关联和交织形成的统一整体上。
2. 答案：正确。

三、简答题

答案：工程资料在建筑工程中的重要作用主要体现在支撑项目决策、促进技术交流、保障施工安全、监控工程进度、确保质量合规、支持工程结算、促进知识管理及提升企业形象等方面。

任务三　建筑工程资料管理的职责

《任务工单》

本任务工单旨在引导学生通过学习任务资讯模块中的相关知识与技能，独立解决以下问题。

一、填空题

1. 建设单位是工程档案质量第一责任人，应负责工程文件的收集、汇总、整理和________工作。
2. 施工单位应在工程完工后对工程质量进行检查，确认符合要求后提出________。
3. 城建档案馆对接收的档案应当及时登记、整理，编制________工具。

二、判断题

1. 资料员需要负责施工组织设计和技术交底记录的编制工作。（　　）
2. 城建档案馆仅接收纸质档案，不涉及电子档案的管理。（　　）

三、简答题

简述资料员在竣工验收阶段的主要工作内容。

《任务资讯》

一、各参建单位工程资料管理的职责

在工程建设过程中，工程资料管理是确保工程质量、进度、安全及后期维护的重要环节。

各参建单位在工程资料管理中承担着不同的职责，共同确保工程资料的完整性、准确性和及时性。各参建单位建筑工程资料管理的职责见表 1-3-1。

表 1-3-1 各参建单位建筑工程资料管理的职责

责任单位	序号	建筑工程资料管理的职责
建设单位	1	建设单位是工程档案质量第一责任人，应负责工程文件的收集、汇总、整理和报送工作
	2	建设单位在与勘察、设计、施工、监理等单位签订协议、合同时，应明确各参建单位工程文件形成的内容、质量要求、竣工图的编制、套数、费用和归档时间等
	3	建设单位应按规定向参与工程建设的勘察、设计、施工、监理等单位提供与建设工程有关的原始文件，原始文件应真实、准确、齐全
	4	由建设单位采购的工程材料、构配件和设备，建设单位应向施工单位提供真实、准确、齐全的质量证明文件
	5	建设单位应在需要建设单位签认的工程文件上签署意见并盖章签名
	6	建设单位应负责工程准备阶段文件、竣工验收文件的收集、整理，并监督和检查勘察、设计、施工、监理等单位工程文件的管理和竣工图的编制工作
	7	列入城建档案管理机构接收范围的工程，建设单位在工程竣工验收备案前，必须向城建档案管理机构移交一套符合规定的工程档案
勘察、设计单位	1	勘察、设计单位应按合同要求提供勘察、设计文件
	2	勘察、设计单位应在需要勘察、设计单位签认的工程文件上签署意见并盖章签名
	3	工程竣工验收前，勘察、设计单位应分别向建设单位出具工程勘察质量检查报告和工程设计质量检查报告
	4	勘察、设计单位应按规定收集整理相关文件材料，并将本单位形成的工程文件材料整理组卷后，按照协议或合同约定时间向建设单位归档
监理单位	1	监理单位应对施工文件的形成、收集、整理和保管进行监理；并协助建设单位对勘察、设计文件的形成、收集、整理和保管进行监理
	2	监理单位应负责竣工图编制的检查工作
	3	监理单位应在需要监理单位签认的工程文件上签署意见并盖章签名
	4	监理单位应对工程进行质量评估，并在工程竣工验收前，出具工程质量评估报告
	5	监理单位应负责监理文件的收集、整理和归档工作，并在工程竣工验收前将本单位形成的工程文件整理组卷后向建设单位归档
施工单位	1	建设工程项目实行施工总承包管理的，施工总承包单位应负责施工文件的收集、整理和保管工作，并监督检查分包单位施工文件的形成、收集、整理。建设工程项目实行工程总承包管理的，工程总承包单位应负责建设、设计、施工、分包等所有规定范围内工程文件的收集、整理和归档工作
	2	分包单位应收集和整理其分包范围内施工文件，并应在分包工程完成后向施工总承包单位或工程总承包单位移交施工文件，施工总承包单位或工程总承包单位按要求向建设单位归档
	3	建设工程项目由多个施工单位承包的，各施工单位应负责收集、整理其承包项目的施工文件，并按要求向建设单位归档
	4	施工单位应在需要施工单位签认的工程文件上签署意见并盖章签名
	5	施工单位应在工程完工后对工程质量进行检查，确认工程质量符合工程建设强制性标准、设计文件及合同要求后，提出工程竣工报告
	6	施工单位应负责施工文件的收集、整理和归档工作，并在工程竣工验收前，将本单位形成的工程文件整理组卷后向建设单位归档

续表

责任单位	序号	建筑工程资料管理的职责
城建档案馆	1	县级以上地方人民政府建设行政主管部门负责本行政区域内的城建档案管理工作，业务上受同级档案部门的监督、指导
	2	城市的建设行政主管部门应当设置城建档案工作管理机构或者配备城建档案管理人员，负责全市城建档案工作。城市的建设行政主管部门也可以委托城建档案馆负责城建档案工作的日常管理工作
	3	列入城建档案馆档案接收范围的工程，城建档案管理机构按照建设工程竣工联合验收的规定对工程档案进行验收
	4	有长期保存价值的档案，由城建档案馆根据城市建设的需要选择接收
	5	城建档案馆对接收的档案应当及时登记、整理，编制检索工具。做好档案的保管、保护工作，对破损或者变质的档案应当及时抢救。特别重要的城建档案应当采取有效措施，确保其安全无损
	6	城建档案馆应当积极开发档案信息资源，并按照国家的有关规定，向社会提供服务

二、资料员的工作要求

1. 资料员的概念

资料员是指在建筑施工现场，负责工程项目相关资料的管理人员。他们主要负责收集、整理、归档施工过程中的各类文件、图纸、报告、记录等资料，确保资料的准确性、完整性和可追溯性，为施工项目管理提供信息支持，同时协助完成工程验收、审计等工作。施工资料员是工程项目信息流通和文档控制的重要岗位。

2. 资料员的工作职责

(1)负责工程资料、图纸等档案的收集、管理。

①承担工程项目图纸的全面管理，包括接收、清点、记录、分发、存档等环节。在工程图纸抵达并完成登记流程后，依据规定向相关单位和人员分发，并要求接收方签字认可。负责保管所有工程项目的图纸，确保每个项目至少有两套正式图纸，其中一套必须印有设计单位的专用图章。对于竣工图纸，采取散页折叠的存放方式，按照资料目录的顺序，对建筑平面图、立面图、剖面图、建筑详图、结构施工图等不同类型的工程图纸进行有序管理。

②汇总和归档施工过程中的技术调整、商谈记录、会议记录等文件。负责对日常接收的管理和技术文件进行分类、记录和归档。管理项目文件资料的登记、控制、分发、催促、签收、盖章、传递、装订、存档和销毁等流程。负责资料的积累、整理、处理、保存及归档成卷，同时注重保密原则。文件的收发应及时记录在案，根据文件的内容和性质，准确迅速地提交给项目经理审批，并送至相关部门处理。确保设计变更和商谈记录的完整，要求各相关方严格履行接收程序，所有接收的设计变更和商谈记录需经签字确认并加盖公章。设计变更(包括图纸审查纪要)的原件需存档。收集的技术资料必须是原件，若原件无法获取，则需详细注明并加盖公章。负责信息的收集和汇编，确保管理目标的全方位达成。

(2)参加分部分项工程的验收工作。

①承担备案资料的填写、联签、整理、提交及归档任务。负责工程项目备案事务，确保竣工验收关键指标(如质量资料审查记录、单位工程综合验收记录等)得到妥善备案。对桩基、基础、主体、结构等工程备案资料进行严格审核。遵循资料整理的规定，确保符合分类标准、编码规则，并保证资料副本数量满足存档需求。

②监督和检查施工单位的资料编制与管理，确保其完整性与时效性，与施工进度保持一致。对施工单位产生的各类资料，包括管理、技术、物资及验收资料，进行全过程的监督，确保资料的真实性、完整性和有效性。

③按期将相关资料移交至建设单位档案室。项目完工后，负责将文件和工程资料整理成卷，并移交给建设单位。资料移交和归档时，需使用“归档文件材料交接表”，双方根据目录进行清点核对，并完成签字手续。移交目录一式两份，双方各保留一份。

④负责将档案资料移交给市城建档案馆。请求市城建档案馆对纳入接收范围的工程档案进行预验收，获取“建设工程竣工档案预验收意见”，并在工程竣工验收后，将档案正式移交给市城建档案馆。

⑤指导技术人员对施工技术资料(含设备开箱资料)的保存。指导技术人员对施工组织设计、施工方案、技术交底记录、图纸会审记录、设计变更通知单、工程洽商记录等资料进行分类保存，并提交至资料室。同时，指导技术人员对工作中形成的、已处理完毕的、有保存价值的文件材料，以及基建工程验收时的科技文件材料进行分级保存，并提交至资料室。

(3)负责计划、统计的管理工作。

①承担施工部位及产值完成情况的汇总与上报，定期制作月度施工统计报表。基于日常统计资料，编制项目的月度施工进度统计报表及相关的信息统计资料。确保编制的统计报表与现场实际完成情况相符，进行严格审核，避免出现虚报、提前报告、重复报告或遗漏报告的情况。

②管理项目相关合同的档案，确保其完整性和安全性。负责将已签订的合同进行整理、归档，并编制详细的目录。在合同档案管理中，进行借阅登记，确保不擅自抽取、复制、篡改合同文件，防止文件丢失，并在案卷上避免随意划线或拆解。

③为其他部门提供工程关键形象进度信息。及时从专业工程师处获取工程进度信息，持续监控工程进展，为其他部门提供精确且可信的工程进度数据。

(4)负责工程项目的内业管理工作。

①辅助项目经理进行外部协调与接待任务。协助项目经理进行内部施工单位之间的协调以及与其他施工单位的外部协调工作。负责与相关职能部门及外来访客的联络与接待，以维护和提升企业形象。

②管理工程项目的内部事务工作。负责汇总和整理内部事务资料，确保统计的及时性和准确性，按照要求登记台账和上报报表。通过实时监控、反馈、信息查询和经验积累等方法，确保汇总的内部事务资料能够准确反映施工过程中的各种状况和责任，真实还原施工场景，以便发现并解决问题。及时收集和整理相关资料，保障工程项目的顺畅运行。有效利用内部事务资料进行记录、参考和积累，发挥其在企业中的潜在价值。

③承担工程项目的后勤支持工作。负责文件的收发和归档工作。管理部门成员的考勤和日常行政事务，包括经费报销等。负责竣工工程档案的整理、归档和保管，以便相关部门进行查询和使用。负责公司文档和表格的打印工作。保管工程印章，对盖章行为进行登记并保留备案。

3. 资料员的工作技能

(1)计划管理资料的技能。

①根据工程项目的特点和需求，制定详细的资料管理方案。

②确定资料分类和编码体系，以便于资料的快速检索和归档。

③规划资料存储空间和设施，确保工程资料的安全存放和便于管理。

④制定资料收集、整理、归档的标准操作流程，确保资料管理的规范性。

(2)收集整理资料的技能。

①熟悉工程项目的各类资料需求，能够从施工现场、设计单位、供应商等处收集相关资料。

②对收集到的资料进行初步审核，确保其完整性和准确性。

③按照工程进度和资料类别进行整理，形成系统化的工程资料档案。

(3)使用保管资料的技能。

①建立资料借阅和使用制度，确保资料在流转过程中的安全和保密。

②实施有效的物理和电子保护措施，防止资料损坏、丢失或被盗用。

③定期对资料进行检查和维护，确保资料长期可读可用。

(4)归档移交资料的技能。

①根据档案管理要求，将工程资料进行分类、编目，准备归档。

②确保所有资料齐全、符合归档标准，便于未来的查询和审计。

③按照规定程序，将工程资料完整、有序地移交给档案馆或业主单位。

(5)信息化管理资料的技能。

①熟练使用资料管理软件，进行电子资料的录入、存储和检索。

②掌握 CAD 图纸、工程量清单等电子文件的处理技术。

③能够利用信息技术进行资料的分析和报表生成，提高工作效率。

④确保信息化管理系统的安全运行，防止数据泄露和网络攻击。

4. 资料员的工作内容

根据建筑工程的不同阶段，资料员的工作内容可划分为施工前期阶段、施工阶段、竣工验收阶段。

(1)施工前期阶段。在施工前期阶段，资料员的工作内容主要包括以下几个方面。

①资料准备：资料员需根据施工项目的特点，收集相关法律法规、设计文件、施工图纸、施工方案等资料，为项目施工提供依据。同时，整理项目审批文件、土地使用权证、规划许可证等前期手续，确保项目合法合规。

②资料审核：资料员需对收集到的资料进行审核，确保其真实性、完整性和有效性。对于不符合要求的资料，要及时与相关部门沟通，进行补充或修改。

③资料发放：资料员需按照施工计划，将施工图纸、施工方案等资料发放给项目部、施工班组等相关人员，确保施工顺利进行。

④资料报批：资料员需协助项目经理办理施工许可证、工程质量监督手续等，将相关资料报送给政府主管部门审批。

⑤资料归档：资料员要将施工前期阶段的资料进行分类、编目，建立资料档案，便于后续

查询和管理。

(2)施工阶段。在施工阶段，资料员的工作内容主要包括以下几个方面。

①资料更新：资料员需根据施工现场实际情况，及时更新施工图纸、施工方案等资料，确保施工依据的准确性。

②资料收集：资料员要收集施工现场各类签证、变更、验收记录等资料，为工程进度款支付、工程量核算等提供依据。

③资料整理：资料员需对收集到的资料进行整理，按照施工进度、工程部位等进行分类，确保资料的系统性和可追溯性。

④资料保管：资料员要妥善保管施工现场各类资料，防止资料损坏、丢失或被盗用。同时，建立资料借阅制度，确保资料在流转过程中的安全。

⑤资料报送：资料员需按照政府主管部门的要求，定期报送工程质量、安全生产等资料，配合相关部门进行监督检查。

(3)竣工验收阶段。在竣工验收阶段，资料员的工作内容主要包括以下几个方面。

①资料整理：资料员要对照施工图纸、施工合同等资料，对施工过程中产生的资料进行梳理，确保资料齐全、完整。

②资料审核：资料员需对竣工资料进行审核，确保其符合国家和行业规范要求。对于不符合要求的资料，要及时整改。

③资料归档：资料员要将竣工资料进行分类、编目，建立竣工档案，便于后续工程维护和管理。

④资料移交：资料员要按照规定程序，将竣工资料移交给业主单位、档案馆等相关部门，办理移交手续。

⑤资料备份：资料员需对竣工资料进行电子备份，确保资料长期保存，并为后续项目提供参考。

⑥资料总结：资料员要总结施工过程中资料管理的经验教训，为今后类似项目提供借鉴。同时，对资料管理过程中存在的问题，提出改进措施。

《任务实施》

在完成任务资讯模块的学习后，学生们应已具备解决任务工单问题的知识与能力。以下是针对任务工单所提问题的解答，供学生们参考与检验学习成果。

一、填空题

1. 答案：报送。
2. 答案：工程竣工报告。
3. 答案：检索。

二、判断题

1. 答案：错误。资料员负责指导保存，而非编制。
2. 答案：错误。城建档案馆需管理电子备份。

三、简答题

答案：资料员在竣工验收阶段的主要工作包括以下内容。

(1)资料整理：对照施工图纸和合同梳理资料，确保齐全完整。

(2)资料审核：审核竣工资料是否符合规范，整改不达标部分。

(3)资料归档：分类编目建立竣工档案。

(4)资料移交：按规定程序向业主、档案馆移交资料并办理手续。

(5)资料备份：制作电子备份确保长期保存。

(6)经验总结：总结管理经验并提出改进措施。

任务四　建筑工程资料编号及组卷

《任务工单》

本任务工单旨在引导学生通过学习任务资讯模块中的相关知识与技能，独立解决以下问题。

一、判断题

1. 分部工程代号“01”对应的分部工程名称是“主体结构”。(　　)
2. 施工资料编号仅由分部、子分部、分类 3 组代号组成。(　　)
3. 竣工图的编号没有特殊要求，可随意编号。(　　)
4. 工程准备阶段文件应按建设程序、形成单位等进行立卷。(　　)
5. 竣工图应按单位工程分专业进行立卷。(　　)
6. 声像资料可不按建设工程各阶段立卷。(　　)
7. 施工文件的立卷没有特殊要求，可随意立卷。(　　)
8. 不同幅面的工程图纸，不需要统一折叠成 A4 幅面。(　　)

二、简答题

简述施工资料编号的组成及填写要求。

《任务资讯》

一、建筑工程资料的编号

施工资料编制时，分部(子分部)工程代号应按表 1-4-1 填写[以《建筑工程资料管理规程》(DB11/T 695—2025)为例]，表中未明确的分部(子分部)工程代号可依据相关标准自行确定。

表 1-4-1 分部(子分部)工程代号

分部工程代号	分部工程名称	子分部工程代号	子分部工程名称	分项工程名称	备注
01	地基与基础	01	地基	素土、灰土地基，砂和砂石地基，土工合成材料地基，粉煤灰地基，强夯地基，注浆地基，预压地基，砂石桩复合地基，高压旋喷注浆地基，水泥土搅拌桩地基，土和灰土挤密桩复合地基，水泥粉煤灰碎石桩复合地基，夯实水泥土桩复合地基	
		02	基础	无筋扩展基础，钢筋混凝土扩展基础，筏形与箱形基础，钢结构基础，钢管混凝土结构基础，型钢混凝土结构基础，钢筋混凝土预制桩基础，泥浆护壁成孔灌注桩基础，干作业成孔桩基础，长螺旋钻孔压灌桩基础，沉管灌注桩基础，钢桩基础，锚杆静压桩基础，岩石锚杆基础，沉井与沉箱基础	
		03	基坑支护	灌注桩排桩围护墙，板桩围护墙，咬合桩围护墙，型钢水泥土搅拌墙，土钉墙，地下连续墙，水泥重力式土挡墙，内支撑，锚杆，与主体结构相结合的基坑支护	
		04	地下水控制	降水与排水，回灌	
		05	土方	土方开挖，土方回填，场地平整	
		06	边坡	喷锚支护，挡土墙，边坡开挖	
		07	地下防水	主体结构防水，细部构造防水，特殊施工法结构防水，排水，注浆	
02	主体结构	01	混凝土结构	模板，钢筋，混凝土，预应力，现浇结构，装配式结构	
		02	砌体结构	砖砌体，混凝土小型空心砌块砌体，石砌体，配筋砌体，填充墙砌体	
		03	钢结构	钢结构焊接，紧固件连接，钢零部件加工，钢构件组装及预拼装，单层钢结构安装，多层及高层钢结构安装，钢管结构安装，预应力钢索和膜结构，压型金属板，防腐涂料涂装，防火涂料涂装	
		04	钢管混凝土结构	构件现场拼装，构件安装，钢管焊接，构件连接，钢管内钢筋骨架，混凝土	
		05	型钢混凝土结构	型钢焊接，紧固件连接，型钢与钢筋连接，型钢构件组装及预拼装，型钢安装，模板，混凝土	
		06	铝合金结构	铝合金焊接，紧固件连接，铝合金零部件加工，铝合金构件组装，铝合金构件预拼装，铝合金框架结构安装，铝合金空间网格结构安装，铝合金面板，铝合金幕墙结构安装，防腐处理	
		07	木结构	方木和原木结构，胶合木结构，轻型木结构，木结构的防护	

续表

分部工程代号	分部工程名称	子分部工程代号	子分部工程名称	分项工程名称	备注
03	建筑装饰装修	01	建筑地面	基层铺设，整体面层铺设，板块面层铺设，木、竹面层铺设	
		02	抹灰	一般抹灰，保温层薄抹灰，装饰抹灰，清水砌体勾缝	
		03	外墙防水	外墙砂浆防水，涂膜防水，透气膜防水	
		04	门窗	木门窗安装，金属门窗安装，塑料门窗安装，特种门安装，门窗玻璃安装	
		05	吊顶	整体面层吊顶，板块面层吊顶，格栅吊顶	
		06	轻质隔墙	板材隔墙，骨架隔墙，活动隔墙，玻璃隔墙	
		07	饰面板	石板安装，陶瓷板安装，木板安装，金属板安装，塑料板安装	
		08	饰面砖	外墙饰面砖粘贴，内墙饰面砖粘贴	
		09	幕墙	玻璃幕墙安装，金属幕墙安装，石材幕墙安装，陶板幕墙安装	
		10	涂饰	水性涂料涂饰，溶剂型涂料涂饰，美术涂饰	
		11	裱糊与软包	裱糊，软包	
		12	细部	橱柜制作与安装，窗帘盒和窗台板制作与安装，门窗套制作与安装，护栏和扶手制作与安装，花饰制作与安装	
04	屋面	01	基层与保护	找坡层和找平层，隔汽层，隔离层，保护层	
		02	保温与隔热	板状材料保温层，纤维材料保温层，喷涂硬泡聚氨酯保温层，现浇泡沫混凝土保温层，种植隔热层，架空隔热层，蓄水隔热层	
		03	防水与密封	卷材防水层，涂膜防水层，复合防水层，接缝密封防水	
		04	瓦面与板面	烧结瓦和混凝土瓦铺装，沥青瓦铺装，金属板铺装，玻璃采光顶铺装	
		05	细部构造	檐口，檐沟和天沟，女儿墙和山墙，水落口，变形缝，伸出屋面管道，屋面出入口，反梁过水孔，设施基座，屋脊，屋顶窗	
05	建筑给水排水及供暖	01	室内给水系统	给水管道及配件安装，给水设备安装，室内消火栓系统安装，消防喷淋系统安装，防腐，绝热，管道冲洗、消毒，试验与调试	
		02	室内排水系统	排水管道及配件安装，雨水管道及配件安装，防腐，试验与调试	
		03	室内热水系统	管道及配件安装，辅助设备安装，防腐，绝热，试验与调试	

续表

分部工程代号	分部工程名称	子分部工程代号	子分部工程名称	分项工程名称	备注
05	建筑给水排水及供暖	04	卫生器具	卫生器具安装，卫生器具给水配件安装，卫生器具排水管道安装，试验与调试	
		05	室内供暖系统	管道及配件安装，辅助设备安装，散热器安装，低温热水地板辐射供暖系统安装，电加热供暖系统安装，燃气红外辐射供暖系统安装，热风供暖系统安装，热计量及调控装置安装，试验与调试，防腐，绝热	
		06	室外给水管网	给水管道安装，室外消火栓系统安装，试验与调试	
		07	室外排水管网	排水管道安装，排水管沟与井池，试验与调试	
		08	室外供热管网	管道及配件安装，系统水压试验，土建结构，防腐，绝热，试验与调试	
		09	建筑饮用水供应系统	管道及配件安装，水处理设备及控制设施安装，防腐，绝热，试验与调试	
		10	建筑中水系统及雨水利用系统	建筑中水系统、雨水利用系统管道及配件安装，水处理设备及控制设施安装，防腐，绝热，试验与调试	
		11	游泳池及公共浴池水系统	管道及配件系统安装，水处理设备及控制设施安装，防腐，绝热，试验与调试	
		12	水景喷泉系统	管道系统及配件安装，防腐，绝热，试验与调试	
		13	热源及辅助设备	锅炉安装，辅助设备及管道安装，安全附件安装，换热站安装，防腐，绝热，试验与调试	
		14	监测与控制仪表	检测仪器及仪表的安装，试验与调试	
06	通风与空调	01	送风系统	风管与配件制作，部件制作，风管系统安装，风机与空气处理设备安装，风管与设备防腐，旋流风口、岗位送风口、织物(布)风管安装，系统调试	
		02	排风系统	风管与配件制作，部件制作，风管系统安装，风机与空气处理设备安装，风管与设备防腐，吸风罩及其他空气处理设备安装，厨房、卫生间排风系统安装，系统调试	
		03	防排烟系统	风管与配件制作，部件制作，风管系统安装，风机与空气处理设备安装，风管与设备防腐，排烟风阀(口)、常闭正压风口、防火风管安装，系统调试	

续表

分部工程代号	分部工程名称	子分部工程代号	子分部工程名称	分项工程名称	备注
06	通风与空调	04	除尘系统	风管与配件制作，部件制作，风管系统安装，风机与空气处理设备安装，风管与设备防腐，除尘器与排污设备安装，吸尘罩安装，高温风管绝热，系统调试	
		05	舒适性空调系统	风管与配件制作，部件制作，风管系统安装，风机与空气处理设备安装，风管与设备防腐，组合式空调机组安装，消声器、静电除尘器、换热器、紫外线灭菌器等设备安装，风机盘管、变风量与定风量送风装置、射流喷口等末端设备安装，风管与设备绝热，系统调试	
		06	恒温恒湿空调系统	风管与配件制作，部件制作，风管系统安装，风机与空气处理设备安装，风管与设备防腐，组合式空调机组安装，电加热器、加湿器等设备安装，精密空调机组安装，风管与设备绝热，系统调试	
		07	净化空调系统	风管与配件制作，部件制作，风管系统安装，风机与空气处理设备安装，风管与设备防腐，净化空调机组安装，消声器、静电除尘器、换热器、紫外线灭菌器等设备安装，中、高效过滤器及风机过滤器单元等末端设备清洗与安装，洁净度测试，风管与设备绝热，系统调试	
		08	地下人防通风系统	风管与配件制作，部件制作，风管系统安装，风机与空气处理设备安装，风管与设备防腐，过滤吸收器、防爆波活门、防爆超压排气活门等专用设备安装，系统调试	
		09	真空吸尘系统	风管与配件制作，部件制作，风管系统安装，风机与空气处理设备安装，风管与设备防腐，管道安装，快速接口安装，风机与滤尘设备安装，系统压力试验及调试	
		10	冷凝水系统	管道系统及部件安装，水泵及附属设备安装，管道冲洗，管道、设备防腐，板式热交换器，辐射板及辐射供热、供冷地埋管，热泵机组设备安装，管道、设备绝热，系统压力试验及调试	
		11	空调(冷、热)水系统	管道系统及部件安装，水泵及附属设备安装，管道冲洗，管道、设备防腐，冷却塔与水处理设备安装，防冻伴热设备安装，管道、设备绝热，系统压力试验及调试	
		12	冷却水系统	管道系统及部件安装，水泵及附属设备安装，管道冲洗，管道、设备防腐，系统灌水渗漏及排放试验，管道、设备绝热	
		13	土壤源热泵换热系统	管道系统及部件安装，水泵及附属设备安装，管道冲洗，管道、设备防腐，埋地换热系统与管网安装，管道、设备绝热，系统压力试验及调试	
		14	水源热泵换热系统	管道系统及部件安装，水泵及附属设备安装，管道冲洗，管道、设备防腐，地表水源换热管及管网安装，除垢设备安装，管道、设备绝热，系统压力试验及调试	

续表

分部工程代号	分部工程名称	子分部工程代号	子分部工程名称	分项工程名称	备注
06	通风与空调	15	蓄能系统	管道系统及部件安装，水泵及附属设备安装，管道冲洗，管道、设备防腐，蓄水罐与蓄冰槽、罐安装，管道、设备绝热，系统压力试验及调试	
		16	压缩式制冷(热)设备系统	制冷机组及附属设备安装，管道、设备防腐，制冷剂管道及部件安装，制冷剂灌注，管道、设备绝热，系统压力试验及调试	
		17	吸收式制冷设备系统	制冷机组及附属设备安装，管道、设备防腐，系统真空试验，溴化锂溶液加灌，蒸汽管道系统安装，燃气或燃油设备安装，管道、设备绝热，试验及调试	
		18	多联机(热泵)空调系统	室外机组安装，室内机组安装，制冷剂管路连接及控制开关安装，风管安装，冷凝水管道安装，制冷剂灌注，系统压力试验及调试	
		19	太阳能供暖空调系统	太阳能集热器安装，其他辅助能源、换热设备安装，蓄能水箱、管道及配件安装，防腐，绝热，低温热水地板辐射供暖系统安装，系统压力试验及调试	
		20	设备自控系统	温度、压力与流量传感器安装，执行机构安装调试，防排烟系统功能测试，自动控制及系统智能控制软件调试	
07	建筑电气	01	室外电气	变压器、箱式变电所安装，成套配电柜、控制柜(屏、台)和动力、照明配电箱(盘)及控制柜安装，梯架、支架、托盘和槽盒安装，导管敷设，电缆敷设，管内穿线和槽盒内敷线，电缆头制作、导线连接和线路绝缘测试，普通灯具安装，专用灯具安装，建筑照明通电试运行，接地装置安装	
		02	变配电室	变压器、箱式变电所安装，成套配电柜、控制柜(屏、台)和动力、照明配电箱(盘)安装，母线槽安装，梯架、支架、托盘和槽盒安装，电缆敷设，电缆头制作、导线连接和线路绝缘测试，接地装置安装，接地干线敷设	
		03	供电干线	电气设备试验和试运行，母线槽安装，梯架、支架、托盘和槽盒安装，导管敷设，电缆敷设，管内穿线和槽盒内敷线，电缆头制作、导线连接和线路绝缘测试，接地干线敷设	
		04	电气动力	成套配电柜、控制柜(屏、台)和动力配电箱(盘)安装，电动机、电加热器及电动执行机构检查接线，电气设备试验和试运行，梯架、支架、托盘和槽盒安装，导管敷设，电缆敷设，管内穿线和槽盒内敷线，电缆头制作、导线连接和线路绝缘测试	
		05	电气照明	成套配电柜、控制柜(屏、台)和照明配电箱(盘)安装，梯架、支架、托盘和槽盒安装，导管敷设，管内穿线和槽盒内敷线，塑料护套线直敷布线，钢索配线，电缆头制作、导线连接和线路绝缘测试，普通灯具安装，专用灯具安装，开关、插座、风扇安装，建筑照明通电试运行	

续表

分部工程代号	分部工程名称	子分部工程代号	子分部工程名称	分项工程名称	备注
07	建筑电气	06	备用和不间断电源安装	成套配电柜、控制柜（屏、台）和动力、照明配电箱（盘）安装，柴油发电机组安装，不间断电源装置及应急电源装置安装，母线槽安装，导管敷设，电缆敷设，管内穿线和槽盒内敷线，电缆头制作、导线连接和线路绝缘测试，接地装置安装	
		07	防雷及接地	接地装置安装，防雷引下线及接闪器安装，建筑物等电位连接，浪涌保护器安装	
08	智能系统	01	智能化集成系统	设备安装，软件安装，接口及系统调试，试运行	
		02	信息接入系统	安装场地检查	
		03	用户电话交换系统	线缆敷设，设备安装，软件安装，接口及系统调试，试运行	
		04	信息网络系统	计算机网络设备安装，计算机网络软件安装，网络安全设备安装，网络安全软件安装，系统调试，试运行	
		05	综合布线系统	梯架、托盘、槽盒和导管安装，线缆敷设，机柜、机架、配线架的安装，信息插座安装，链路或信道测试，软件安装，系统调试，试运行	
		06	移动通信室内信号覆盖系统	安装场地检查	
		07	卫星通信系统	安装场地检查	
		08	有线电视及卫星电视接收系统	梯架、托盘、槽盒和导管安装，线缆敷设，设备安装，软件安装，系统调试，试运行	
		09	公共广播系统	梯架、托盘、槽盒和导管安装，线缆敷设，设备安装，软件安装，系统调试，试运行	
		10	会议系统	梯架、托盘、槽盒和导管安装，线缆敷设，设备安装，软件安装，系统调试，试运行	
		11	信息导引及发布系统	梯架、托盘、槽盒和导管安装，线缆敷设，显示设备安装，机房设备安装，软件安装，系统调试，试运行	
		12	时钟系统	梯架、托盘、槽盒和导管安装，线缆敷设，设备安装，软件安装，系统调试，试运行	
		13	信息化应用系统	梯架、托盘、槽盒和导管安装，线缆敷设，设备安装，软件安装，系统调试，试运行	

续表

分部工程代号	分部工程名称	子分部工程代号	子分部工程名称	分项工程名称	备注
08	智能系统	14	建筑设备监控系统	梯架、托盘、槽盒和导管安装，线缆敷设，传感器安装，执行器安装，控制器、箱安装，中央管理工作站和操作分站设备安装，软件安装，系统调试，试运行	
		15	火灾自动报警系统	梯架、托盘、槽盒和导管安装，线缆敷设，探测器类设备安装，控制器类设备安装，其他设备安装，软件安装，系统调试，试运行	
		16	安全技术防范系统	梯架、托盘、槽盒和导管安装，线缆敷设，设备安装，软件安装，系统调试，试运行	
		17	应急响应系统	设备安装，软件安装，系统调试，试运行	
		18	机房	供配电系统，防雷与接地系统，空气调节系统，给水排水系统，综合布线系统，监控与安全防范系统，消防系统，室内装饰装修，电磁屏蔽，系统调试，试运行	
		19	防雷与接地	接地装置，接地线，等电位联接，屏蔽设施，电涌保护器，线缆敷设，系统调试，试运行	
09	建筑节能	01	围护结构节能工程	墙体节能，幕墙节能，门窗节能，屋面节能，地面节能	
		02	供暖空调节能工程	供暖节能，通风与空调节能，冷热源及管网节能	
		03	配电照明节能工程	配电与照明节能	
		04	监测控制节能工程	监测与控制节能	
		05	可再生能源节能工程	地源热泵换热系统节能，太阳能光热系统节能，太阳能光伏节能	
10	电梯	01	电力驱动的曳引式或强制式电梯	设备进场验收，土建交接检验，驱动主机，导轨，门系统，轿厢，对重，安全部件，悬挂装置，随行电缆、补偿装置，电气装置，整机安装验收	
		02	液压电梯	设备进场验收，土建交接检验，液压系统，导轨，门系统，轿厢，对重，安全部件，悬挂装置，随行电缆，电气装置，整机安装验收	
		03	自动扶梯、自动人行道	设备进场验收，土建交接检验，整机安装验收	

(1)施工资料编号可由分部、子分部、类别编号、顺序号4组代号组成，组与组之间应用横线隔开(图1-4-1)。

××-××-××-×××

① ② ③ ④

图 1-4-1　施工资料编号

①为分部工程代号(2 位)，可按表 1-4-1 的规定执行。

②为子分部工程代号(2 位)，可按表 1-4-1 的规定执行。

③为资料的类别编号(2 位)，可按《建设工程文件归档规范(2019 年版)》(GB/T 50328—2014)附录 A 的规定执行。

④为顺序号(至少 3 位)，应按资料形成时间的先后顺序从 001 开始逐份编号。

举例说明，如图 1-4-2 所示。

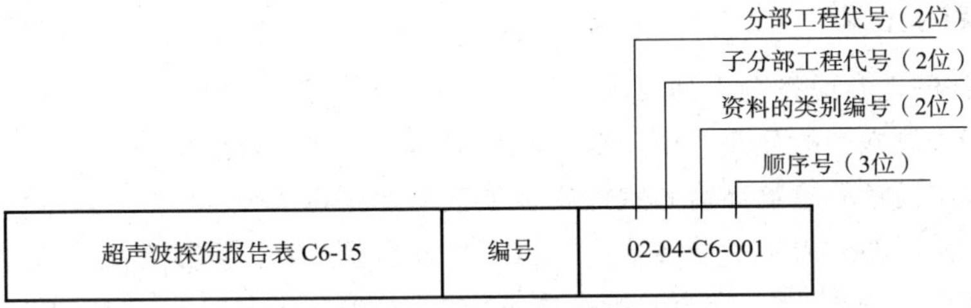

图 1-4-2　施工资料编号示例

(2)属于单位工程整体管理内容的资料，编号中的分部、子分部工程代号可用“00”代替，如图 1-4-3 所示。

工程名称		编号	00-00-C1-001

图 1-4-3　施工资料编号示例

(3)同一厂家、同一品种、同一批次的施工物资用在两个分部、子分部工程中时，资料编号中的分部、子分部工程代号可按主要使用部位填写。

(4)竣工图宜按规定的类别和形成时间顺序编号。

(5)工程资料的编号应及时填写，专用表格的编号应填写在表格右上角的编号栏中；非专用表格应在资料右上角的适当位置注明资料编号。

二、组卷的流程、原则与方法

1. 组卷的流程

(1)对属于归档范围的工程文件进行分类，确定归入案卷的文件材料。

(2)对卷内文件材料进行排列、编目、装订(或装盒)。

(3)排列所有案卷，形成案卷目录。

2. 组卷的原则

(1)立卷应遵循工程文件的自然形成规律和工程专业的特点，保持卷内文件的有机联系，便于档案的保管和利用。

(2)工程文件应按不同的形成、整理单位及建设程序，按工程准备阶段文件、监理文件、施工文件、竣工图、竣工验收文件分别进行立卷，并可根据数量多少组成一卷或多卷。

(3)一项建设工程由多个单位工程组成时，工程文件应按单位工程立卷。

(4)不同载体的文件应分别立卷。

3. 组卷的方法

(1)工程准备阶段文件应按建设程序、形成单位等进行立卷。

(2)监理文件应按单位工程、分部工程或专业、阶段等进行立卷。

(3)施工文件应按单位工程、分部(分项)工程进行立卷。

(4)竣工图应按单位工程分专业进行立卷。

(5)竣工验收文件应按单位工程分专业进行立卷。

(6)电子文件立卷时，每个工程(项目)应建立多级文件夹，应与纸质文件在案卷设置上一致，并应建立相应的标识关系。

(7)声像资料应按建设工程各阶段立卷，重大事件及重要活动的声像资料应按专题立卷，声像档案与纸质档案应建立相应的标识关系。

三、组卷的要求

(1)施工文件的立卷应符合下列要求。

①专业承(分)包施工的分部、子分部(分项)工程应分别单独立卷。

②室外工程应按室外建筑环境和室外安装工程单独立卷。

③当施工文件中部分内容不能按一个单位工程分类立卷时，可按建设工程立卷。

(2)不同幅面的工程图纸，应统一折叠成 A4 幅面(297 mm×210 mm)。应图面朝内，首先沿标题栏的短边方向以 W 形折叠，然后再沿标题栏的长边方向以 W 形折叠，并使标题栏露在外面。

(3)案卷不宜过厚，文字材料卷厚度不宜超过 20 mm，图纸卷厚度不宜超过 50 mm。

(4)案卷内不应有重复文件。印刷成册的工程文件宜保持原状。

(5)建设工程电子文件的组织和排序可按纸质文件进行。

四、卷内文件排列

(1)卷内文件应按《建设工程文件归档规范(2019 年版)》(GB/T 50328—2014)附录 A 的类别和顺序排列。

(2)文字材料应按事项、专业顺序排列。同一事项的请示与批复、同一文件的印本与定稿、主体与附件不应分开，并应按批复在前、请示在后，印本在前、定稿在后，主体在前、附件在后的顺序排列。

(3)图纸应按专业排列，同专业图纸应按图号顺序排列。

(4)当案卷内既有文字材料又有图纸时，文字材料应排在前面，图纸应排在后面。

五、案卷编目

(1)编制卷内文件页号应符合下列规定。

①卷内文件均应按有书写内容的页面编号。每卷单独编号，页号从“1”开始。

②页号编写位置：单面书写的文件在右下角；双面书写的文件，正面在右下角，背面在左下角。折叠后的图纸一律在右下角。

③成套图纸或印刷成册的文件材料，自成一卷的，原目录可代替卷内目录，不必重新编写页码。

④案卷封面、卷内目录、卷内备考表不编写页号。

(2)卷内目录的编制应符合下列规定。

①卷内目录排列在卷内文件首页之前，式样应如图 1-4-4 所示。

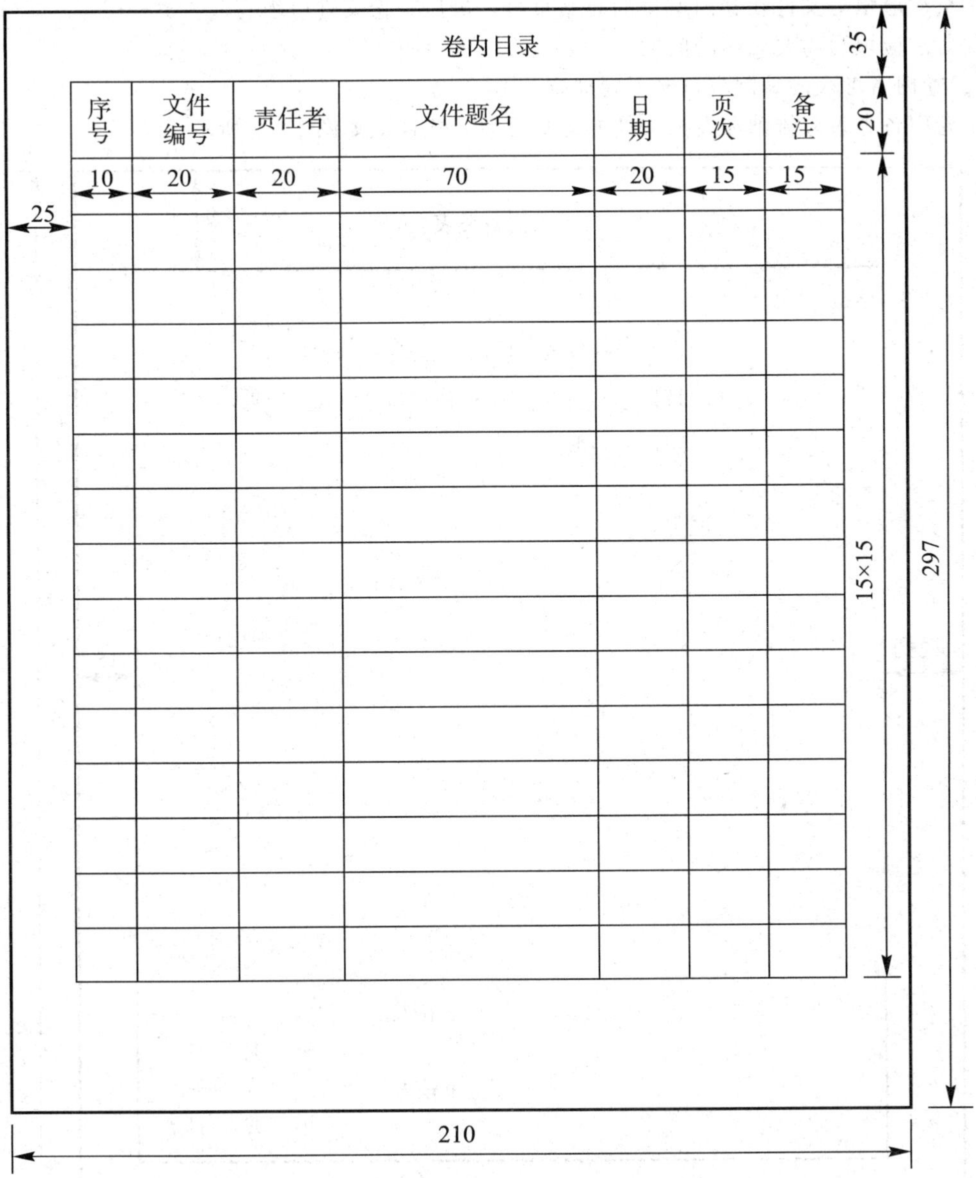

图 1-4-4　**卷内目录式样**

注： 1. 尺寸单位统一为 mm；

2. 比例为 1∶2。

②序号应以一份文件为单位编写，用阿拉伯数字从 1 依次标注。

③责任者应填写文件的直接形成单位或个人。有多个责任者时，应选择两个主要责任者，其余用“等”代替。

④文件编号应填写文件形成单位的发文号或图纸的图号，或设备、项目代号。

⑤文件题名应填写文件标题的全称。当文件无标题时，应根据内容拟写标题，拟写标题外应加“[]”符号。

⑥日期应填写文件的形成日期或文件的起止日期，竣工图应填写编制日期。日期中“年”应用四位数字表示，“月”和“日”应分别用两位数字表示。

⑦页次应填写文件在卷内所排的起始页号，最后一份文件应填写起止页号。

⑧备注应填写需要说明的问题。

(3)卷内备考表的编制应符合下列规定。

①卷内备考表应排列在卷内文件的尾页之后，式样应如图 1-4-5 所示。

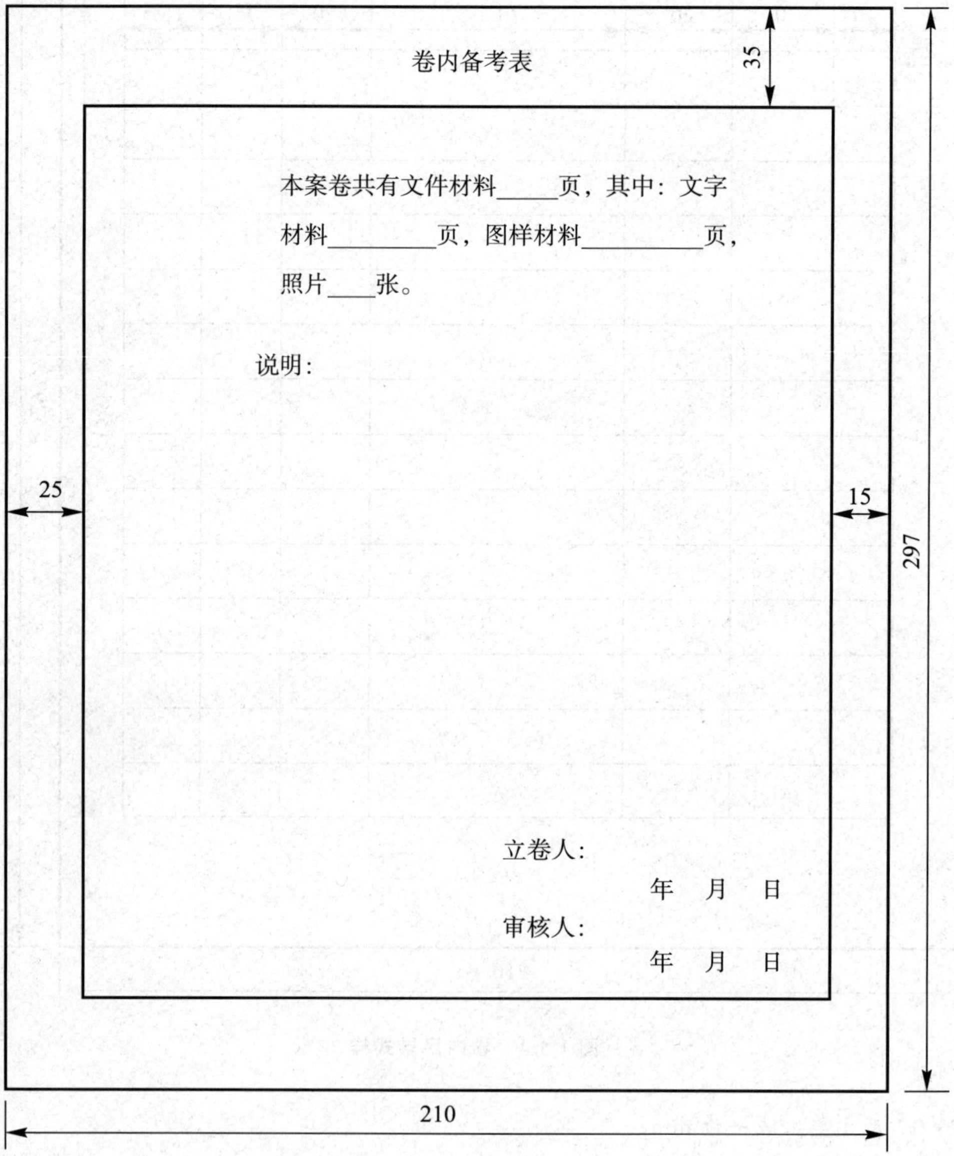

图 1-4-5 卷内备考表式样

注：1. 尺寸单位统一为 mm；

2. 比例为 1∶2。

②卷内备考表应标明卷内文件的总页数、各类文件页数或照片张数及立卷单位对案卷情况的说明。

③立卷单位的立卷人和审核人应在卷内备考表上签名；年、月、日应按立卷、审核时间填写。

(4)案卷封面的编制应符合下列规定。

①案卷封面应印刷在卷盒、卷夹的正表面，也可采用内封面形式。案卷封面的式样应如图 1-4-6 所示。

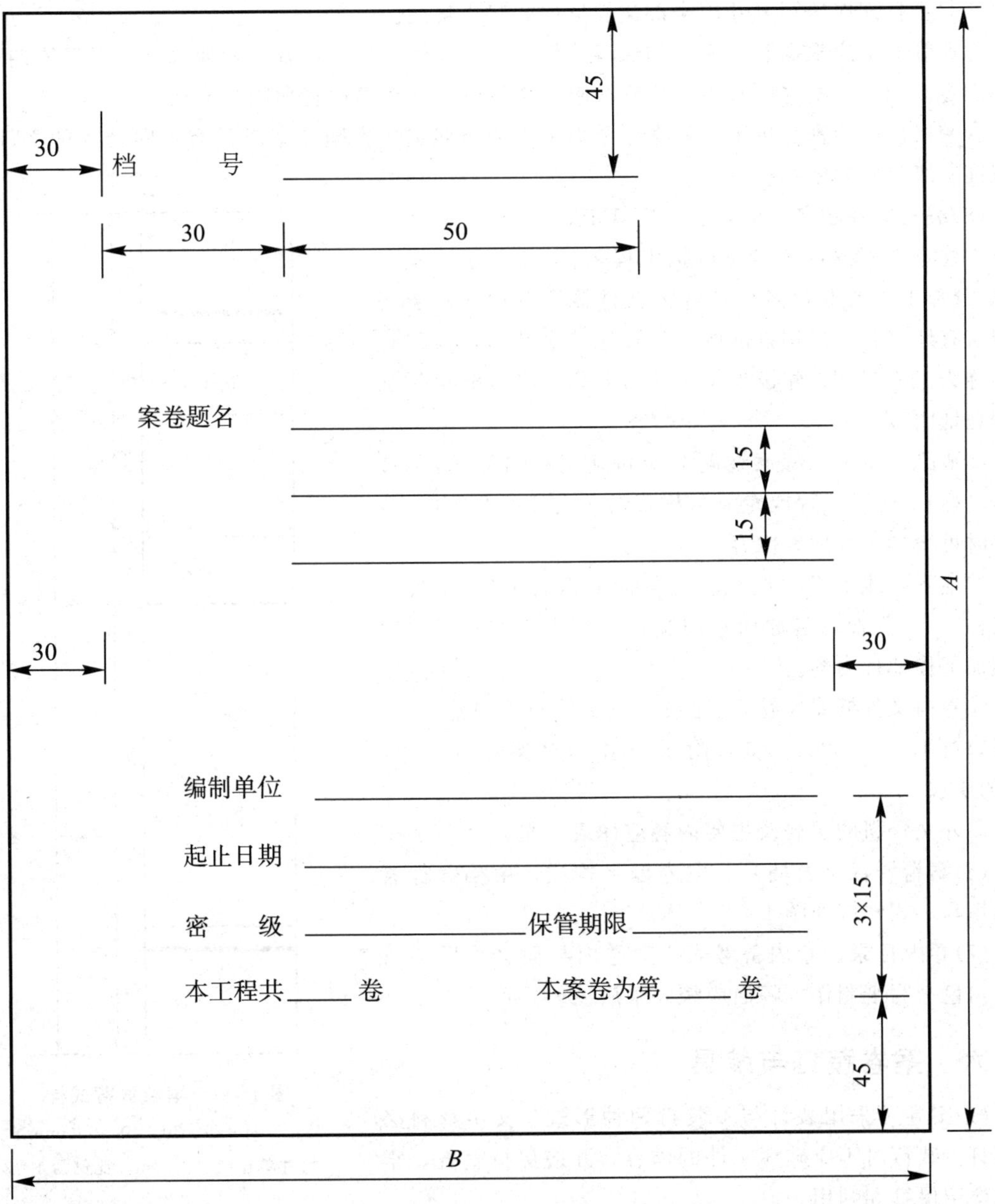

图 1-4-6　案卷封面式样

注： 1. 卷盒、卷夹封面 $A \times B = 310 \times 220$；

2. 案卷封面 $A \times B = 297 \times 210$；

3. 尺寸单位统一为 mm，比例为 1∶2。

②案卷封面的内容应包括档号、案卷题名、编制单位、起止日期、密级、保管期限、本案卷所属工程的案卷总量、本案卷在该工程案卷总量中的排序。

③档号应由分类号、项目号和案卷号组成。档号由档案保管单位填写。

④案卷题名应简明、准确地揭示卷内文件的内容。

⑤编制单位应填写案卷内文件的形成单位或主要责任者。

⑥起止日期应填写案卷内全部文件形成的起止日期。

⑦保管期限应根据卷内文件的保存价值在永久保管、长期保管、短期保管三种保管期限中选择划定。当同一案卷内有不同保管期限的文件时，该案卷保管期限应从长。

⑧密级应在绝密、机密、秘密三个级别中选择划定。当同一案卷内有不同密级的文件时，应以高密级为本卷密级。

(5)编写案卷题名，应符合下列规定。

①建筑工程案卷题名应包括工程名称(含单位工程名称)、分部工程或专业名称及卷内文件概要等内容；当房屋建筑有地名管理机构批准的名称或正式名称时，应以正式名称为工程名称，建设单位名称可省略；必要时可增加工程地址内容。

②道路、桥梁工程案卷题名应包括工程名称(含单位工程名称)、分部工程或专业名称及卷内文件概要等内容；必要时可增加工程地址内容。

③地下管线工程案卷题名应包括工程名称(含单位工程名称)、专业管线名称和卷内文件概要等内容；必要时可增加工程地址内容。

④卷内文件概要应符合《建设工程文件归档规范(2019年版)》(GB/T 50328—2014)附录A中所列案卷内容(标题)的要求。

⑤外文资料的题名及主要内容应译成中文。

(6)案卷脊背应由档号、案卷题名构成，由档案保管单位填写；式样应如图1-4-7所示。

(7)卷内目录、卷内备考表、案卷内封面宜采用70 g以上白色书写纸制作，幅面应统一采用A4幅面。

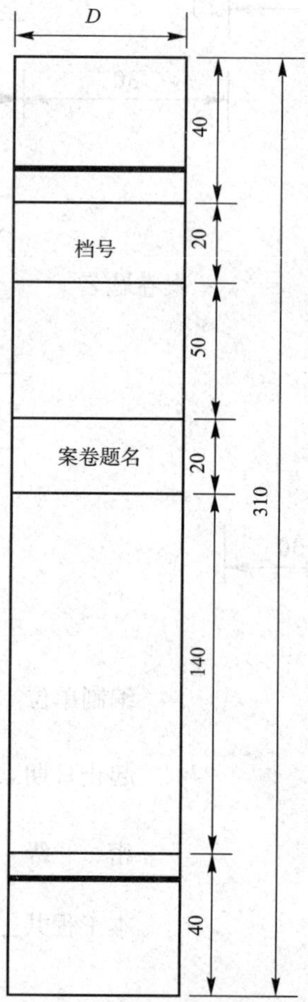

图1-4-7　案卷脊背式样

注：1. D=20、30、40、50(mm)；
2. 尺寸单位统一为mm，比例为1∶2。

六、案卷装订与装具

(1)案卷可采用装订与不装订两种形式。文字材料必须装订。装订时不应破坏文件的内容，并应保持整齐、牢固，便于保管和利用。

(2)案卷装具(图1-4-8)可采用卷盒、卷夹两种形式，并应符合下列规定：

①卷盒的外表尺寸应为310 mm×220 mm，厚度可为20、30、40、50(mm)。

②卷夹的外表尺寸应为310 mm ×220 mm，厚度宜为20～30 mm。

③卷盒、卷夹应采用无酸纸制作。

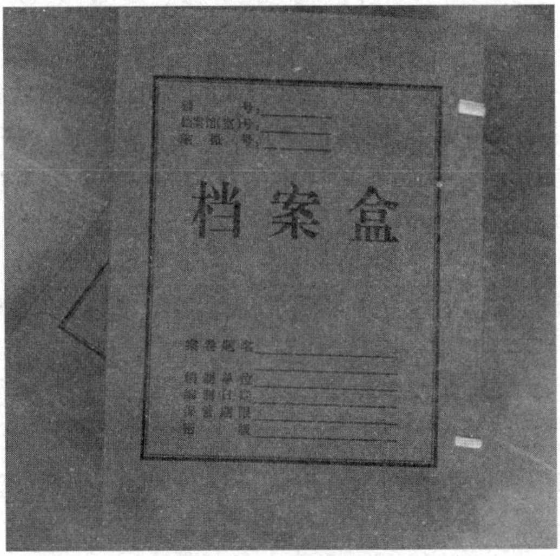

图 1-4-8　案卷装具

七、案卷目录编制

(1)案卷应按《建设工程文件归档规范(2019 年版)》(GB/T 50328—2014)附录 A 的类别和顺序排列。

(2)案卷目录的编制应符合下列规定。

①案卷目录式样见表 1-4-2。

表 1-4-2　案卷目录

案卷号	案卷题名	卷内数量			编制单位	编制日期	保管期限	密级	备注
		文字/页	图纸/张	其他					

②编制单位应填写负责立卷的法人组织或主要责任者。

③编制日期应填写完成立卷工作的日期。

《任务实施》

在完成任务资讯模块的学习后，学生们应已具备解决任务工单问题的知识与能力。以下是针对任务工单所提问题的解答，供学生们参考与检验学习成果。

一、判断题

1. 答案：错误。表 1-4-1 中分部工程代号“01”对应的分部工程名称是“地基与基础”。

2. 答案：错误。施工资料编号由分部、子分部、类别编号、顺序号 4 组代号组成。

3. 答案：错误。竣工图宜按表 1-4-1 中规定的类别和形成时间顺序编号。

4. 答案：正确。

5. 答案：正确。

6. 答案：错误。声像资料应按建设工程各阶段立卷，重大事件及重要活动的声像资料应按专题立卷，声像档案与纸质档案应建立相应的标识关系。

7. 答案：错误。施工文件的立卷应符合专业承(分)包施工的分部、子分部(分项)工程应分别单独立卷等要求。

8. 答案：错误。不同幅面的工程图纸，应统一折叠成 A4 幅面(297 mm×210 mm)。

二、简答题

答案：施工资料编号由分部、子分部、类别编号、顺序号 4 组代号组成，组与组之间应用横线隔开。分部工程代号、子分部工程代号、资料的类别编号按规定执行，顺序号按资料形成时间顺序填写。属于单位工程整体管理内容的资料，编号中的分部、子分部工程代号可用“00”代替。同一厂家、同一品种、同一批次的施工物资用在两个分部、子分部工程中时，资料编号中的分部、子分部工程代号可按主要使用部位填写。竣工图宜按规定的类别和形成时间顺序编号。工程资料的编号应及时填写，专用表格的编号应填写在表格右上角的编号栏中；非专用表格应在资料右上角的适当位置注明资料编号。

任务五　建筑工程资料归档及验收

《任务工单》

本任务工单旨在引导学生通过学习任务资讯模块中的相关知识与技能，独立解决以下问题。

一、填空题

1. 归档的纸质工程文件应为________。

2. 建设单位在工程竣工验收备案前，必须向城建档案管理机构移交一套符合规定的工程________。

二、判断题

1. 不属于归档范围、没有保存价值的工程文件，文件形成单位可自行组织销毁。(　　)

2. 建设工程电子文件离线归档的存储媒体只能采用光盘。(　　)

三、简答题

建筑工程资料归档的流程是怎样的?

《任务资讯》

一、归档文件范围

(1)对与工程建设有关的重要活动、记载工程建设主要过程和现状、具有保存价值的各种载体的文件，均应收集齐全、整理立卷后归档。

(2)工程文件的具体归档范围应符合《建设工程文件归档规范(2019年版)》(GB/T 50328—2014)附录A的要求。

(3)声像资料的归档范围和质量要求应符合现行行业标准《城建档案业务管理规范》(CJJ/T 158—2011)的要求。

(4)不属于归档范围、没有保存价值的工程文件，文件形成单位可自行组织销毁。

二、归档文件质量要求

(1)归档的纸质工程文件应为原件。

(2)工程文件的内容及其深度应符合国家现行有关工程勘察、设计、施工、监理等标准的规定。

(3)工程文件的内容必须真实、准确，应与工程实际相符合。

(4)计算机输出文字、图件及手工书写材料，其字迹的耐久性和耐用性应符合现行国家标准《信息与文献 纸张上书写、打印和复印字迹的耐久性和耐用性 要求与测试方法》(GB/T 32004—2015)的规定。

(5)工程文件应字迹清楚，图样清晰，图表整洁，签字盖章手续应完备。

(6)工程文件中文字材料幅面尺寸规格宜为A4幅面(297 mm×210 mm)。图纸宜采用国家标准图幅。

(7)工程文件的纸张，其耐久性和耐用性应符合现行国家标准《信息与文献 档案纸 耐久性和耐用性要求》(GB/T 24422—2009)的规定。

(8)所有竣工图均应加盖竣工图章(图1-5-1)，并应符合下列规定。

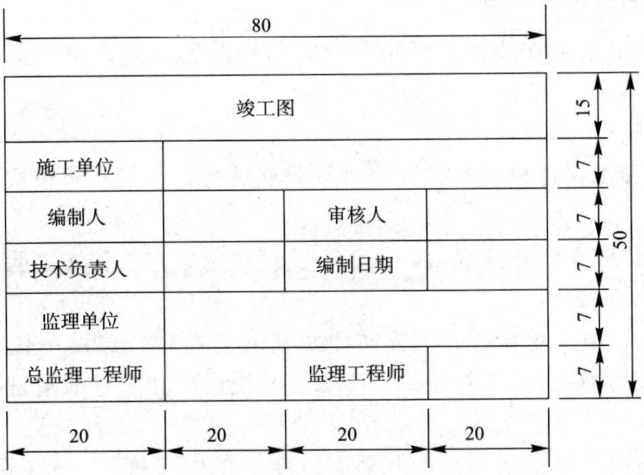

图1-5-1　竣工图章示例

①竣工图章的基本内容应包括“竣工图”字样、施工单位、编制人、审核人、技术负责人、编制日期、监理单位、总监理工程师、监理工程师。

②竣工图章尺寸应为 50 mm×80 mm。

③竣工图章应使用不易褪色的印泥，盖在图标栏上方空白处。

(9)竣工图的绘制与改绘应符合国家现行有关制图标准的规定。

(10)归档的建设工程电子文件应采用或转换为表 1-5-1 所列文件格式。

表 1-5-1　工程电子文件归档格式表

文件类别	格式
文本(表格)文件	OFD、DOC、DOCX、XLS、XLSX、PDF/A、XML、TXT、RTF
图像文件	JPEG、TIFF
图形文件	DWG、PDF/A、SVG
视频文件	AVS、AVI、MPEG2、MPEG4
音频文件	AVS、WAV、AIF、MID、MP3
数据库文件	SQL、DDL、DBF、MDB、ORA
虚拟现实/3D 图像文件	WRL、3DS、VRML、X3D、IFC、RVT、DGN
地理信息数据文件	DXF、SHP、SDB

(11)归档的建设工程电子文件应包含元数据，保证文件的完整性和有效性。元数据应符合现行行业标准《建设电子档案元数据标准》(CJJ/T 187—2012)的规定。

(12)归档的建设工程电子文件应采用电子签名等手段，所载内容应真实、可靠。

(13)归档的建设工程电子文件的内容必须与其纸质档案一致。

(14)建设工程电子文件离线归档的存储媒体，可采用移动硬盘、闪存盘、光盘、磁带等。

(15)存储移交电子档案的载体应经过检测，应无病毒、无数据读写故障，并应确保接收方能通过适当设备读出数据。

三、建筑工程资料归档

(1)电子文件归档应包括在线式归档和离线式归档两种方式。可根据实际情况选择其中一种或两种方式进行归档。

(2)归档时间应符合下列规定。

①根据建设程序和工程特点，归档可分阶段分期进行，也可在单位或分部工程通过竣工验收后进行。

②勘察、设计单位应在任务完成后，施工、监理单位应在工程竣工验收前，将各自形成的有关工程档案向建设单位归档。

(3)在勘察、设计、施工单位收齐工程文件并整理立卷后，建设单位、监理单位应根据城建档案管理机构的要求，对归档文件完整、准确、系统情况和案卷质量进行审查。审查合格后方可向建设单位移交。

(4)工程档案的编制不得少于两套，一套应由建设单位保管，一套(原件)应移交当地城建档案管理机构保存。

(5)勘察、设计、施工、监理等单位向建设单位移交档案时，应编制移交清单，双方签字、盖章后方可交接。

(6)设计、施工及监理单位需向本单位归档的文件，应按国家有关规定和《建设工程文件归档规范(2019 年版)》(GB/T 50328—2014)附录 A 的要求立卷归档。

四、工程资料验收与移交

(1)建设工程档案验收时，应查验下列主要内容。

①工程档案齐全、系统、完整，全面反映工程建设活动和工程实际状况。

②工程档案已整理立卷，立卷符合相关规定。

③竣工图的绘制方法、图式及规格等符合专业技术要求，图面整洁，盖有竣工图章。

④文件的形成、来源符合实际，要求单位或个人签章的文件，其签章手续完备。

⑤文件的材质、幅面、书写、绘图、用墨、托裱等符合要求。

⑥电子档案格式、载体等符合要求。

⑦声像档案内容、质量、格式符合要求。

(2)列入城建档案管理机构接收范围的工程，建设单位在工程竣工验收备案前，必须向城建档案管理机构移交一套符合规定的工程档案。

(3)停建、缓建建设工程的档案，可暂由建设单位保管。

(4)对改建、扩建和维修工程，建设单位应组织设计、施工单位对改变部位据实编制新的工程档案，并应在工程竣工验收备案前向城建档案管理机构移交。

(5)当建设单位向城建档案管理机构移交工程档案时，应提交移交案卷目录，办理移交手续，双方签字、盖章后方可交接。

《任务实施》

在完成任务资讯模块的学习后，学生们应已具备解决任务工单问题的知识与能力。以下是针对任务工单所提问题的解答，供学生们参考与检验学习成果。

一、填空题

1. 答案：原件。

2. 答案：档案。

二、判断题

1. 答案：正确。

2. 答案：错误。建设工程电子文件离线归档的存储媒体，可采用移动硬盘、闪存盘、光盘、磁带等。

三、简答题

答案：在勘察、设计、施工单位收齐工程文件并整理立卷后，建设单位、监理单位应根据城建档案管理机构的要求，对归档文件完整、准确、系统情况和案卷质量进行审查。审查合格后方可向建设单位移交。工程档案的编制不得少于两套，一套应由建设单位保管，一套(原件)应移交当地城建档案管理机构保存。勘察、设计、施工、监理等单位向建设单位移交档案时，应编制移交清单，双方签字、盖章后方可交接。

项目拓展

蹚出一条科研项目
管理的新路

项目实训

实训设计：施工项目现场工程资料员岗位初探

一、实训目的

(1)通过与已毕业学生的交流，在校学生能够深入了解施工项目现场工程资料员岗位的日常工作内容和职责。

(2)帮助在校学生建立对工程资料员岗位的初步认识，明确该岗位在建筑工程中的重要性和作用。

(3)促进在校学生与已毕业学生之间的经验分享和交流，为在校学生提供实际工作中的案例和建议。

(4)通过论文撰写，培养学生的总结归纳能力和书面表达能力，加深学生对资料员岗位的理解。

(5)为学生提供一个与行业从业者直接交流的机会，增强学生对专业的兴趣和职业规划的意识。

二、实训步骤

1. 邀请已毕业学生

教师联系已毕业的本专业学生，邀请他们在资料员岗位上与在校学生进行交流。可以通过回校讲座、视频连线等方式进行。

2. 组织交流活动

教师安排在校学生与已毕业学生进行交流，可以是小组讨论、一对一访谈等形式。交流内容包括资料员岗位的日常工作、遇到的问题及解决方法、岗位技能要求等。

3. 资料收集与整理

在校学生在交流过程中收集相关信息，包括文字、图片、视频等资料，并进行整理和分析。

4. 论文撰写

每位学生根据交流内容和自己的理解，撰写一篇关于资料员岗位初步认识的论文。论文内容应包括对资料员岗位的介绍、工作内容和职责的分析、岗位重要性的阐述及个人对该岗位的认识和体会。

5. 论文提交与反馈

学生将论文提交给教师，教师进行批改和反馈，指出论文中的优点和不足之处，给予学生进一步的指导和建议。

三、实训评估

1. 论文评估

教师根据学生提交的论文内容、结构、语言表达等方面进行评估，给出相应的成绩和评语。

2. 交流参与度评估

教师观察学生在交流活动中的参与度，包括提问的积极性、讨论的活跃度等，作为评估学生实训表现的参考。

3. 小组评价

采用小组讨论的形式，小组成员之间可以相互评价，对每位成员在交流中的贡献和表现进行评估。

4. 自我评价

学生可以对自己在实训过程中的表现进行自我评价，反思自己的学习收获和不足之处。

5. 综合评估

教师综合考虑论文质量、交流参与度、小组评价和自我评价等方面，给出学生实训的综合评估成绩。

四、注意事项

1. 提前准备

教师应提前与已毕业学生沟通交流内容和方式，确保交流活动的顺利进行。在校学生也应提前了解资料员岗位的相关知识，做好交流的准备。

2. 交流氛围

营造轻松、开放的交流氛围，鼓励学生积极提问和发表自己的观点，促进双方的深入交流。

3. 记录与整理

学生在交流过程中应做好记录，确保收集到的信息准确完整。交流结束后，及时对资料进行整理和分析。

4. 论文指导

教师在学生撰写论文过程中应给予必要的指导和帮助，确保论文的质量和深度。

5. 时间安排

合理安排实训时间，确保交流活动、资料整理和论文撰写等环节都有足够的时间进行，避免时间过于紧张影响实训效果。

项目评价

完成本项目后，采用过程性评价和结果性评价相结合的方式，综合运用自我评价、小组评价和教师评价三种方式，由任课教师确定三种评价方式占总成绩的比例，加权计算出每个学生完成本项目拓展活动的考核评价表。

考核评价表

总评价分		班级	
学号		姓名	
评价方式	评价内容	分值	分数

续表

总评价分		班级	
自我评价	目标达成情况	30	
	技能与知识掌握	50	
	个人发展与自我提升	20	
小组评价	团队合作能力	30	
	项目贡献度	50	
	团队氛围与支持	20	
教师评价	学习态度与努力程度	20	
	知识应用与创新能力	40	
	个人品行与责任感	40	
总评价分＝自我评价分×(　)%＋小组评价分×(　)%＋教师评价分×(　)%＝			

项目二　编制与整理准备阶段资料

学习目标

【知识目标】

1. 了解工程准备阶段的归档资料种类。
2. 熟悉工程准备阶段归档资料的主要内容。
3. 掌握工程准备阶段归档资料的编制与整理。

【技能目标】

能够整理与归档工程准备阶段资料。

【素养目标】

1. 培养学生严谨细致的工作态度。
2. 提升学生对建筑工程规范和流程的理解与遵循意识。

项目导航

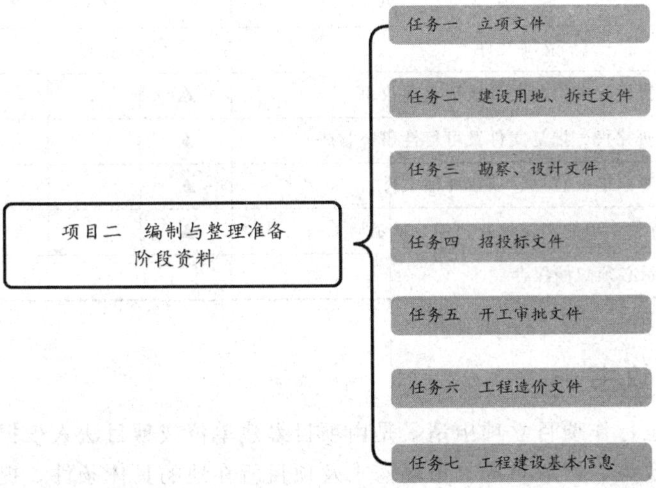

任务一　立项文件

任务工单

本任务工单旨在引导学生通过学习任务资讯模块中的相关知识与技能，独立解决以下问题。

一、填空题

1. 根据《建设工程文件归档规范(2019 年版)》(GB/T 50328—2014)，建筑工程立项文件包括项目建议书批复文件及项目建议书、______________、专家论证意见、项目评估文件、有关立项的会议纪要、领导批示。

2. 可行性研究报告的审批文件主要包括项目的正式名称、项目负责建设的单位名称、项目建设的必要性说明、______________、项目的功能定位等。

二、简答题

建设单位在立项文件相关工作中承担着怎样的职责？

《任务资讯》

根据《建设工程文件归档规范(2019 年版)》(GB/T 50328—2014)的规定，建筑工程立项文件包括项目建议书批复文件及项目建议书、可行性研究报告批复文件及可行性研究报告、专家论证意见、项目评估文件、有关立项的会议纪要、领导批示，见表 2-1-1。

表 2-1-1　立项文件

类别	归档文件	保存单位				
		建设单位	设计单位	施工单位	监理单位	城建档案馆
A1	立项文件					
1	项目建议书批复文件及项目建议书	▲				▲
2	可行性研究报告批复文件及可行性研究报告	▲				▲
3	专家论证意见、项目评估文件	▲				▲
4	有关立项的会议纪要、领导批示	▲				▲
注：表中符号“▲”表示必须归档保存						

一、项目建议书

项目建议书，也称作项目立项申请，是由项目筹建单位或项目法人根据国家经济进步、区域长远规划、行业政策、产业布局、市场需求及项目所在地的具体条件，提出的一项具体项目的初步建议文档，它概述了项目的初步构想和基本框架。

该提案可由筹建单位独立编制，或委托具备相应资格的咨询及设计机构进行编制。以下是基本建设项目建议书的主要内容。

(1)阐述项目提出的合理性和依据。

(2)初步规划产品方案、建设规模和预定建设地点。

(3)对资源状况、建设条件、合作关联及设备技术引进的国家和厂商进行初步分析。

(4)初步估算项目投资、资金筹集及偿还贷款的计划。

(5)项目实施的时间规划。

(6)对项目的经济效益和社会影响进行初步预测，包括财务和国民经济的初步评估。

(7)环境影响的前期评估，涉及"三废"处理措施和生态环境影响的分析。

(8)总结性意见。

(9)附加文件。

二、项目建议书的批复文件

项目建议书的批复文件是由项目的上级管理机构或国家相关主管部门(通常是发展改革部门)出具的对于项目建议书的正式回应。该审批文件的核心内容涵盖以下几个关键点。

(1)项目的正式名称。

(2)项目的规模与主要建设内容。

(3)项目的总投资额及资金的筹措渠道。

(4)项目的预计建设周期。

(5)审批意见的详细说明、审批机构的名称及审批日期。

项目建议书批复文件示例

三、可行性研究报告

可行性研究报告是由项目主体通过招标投标或直接委托的方式，选定具备相应资质和等级的设计或咨询机构来编制的，它对项目建议书进行了技术和经济两个维度的深入分析与论证，以确定项目的最优实施方案。

建设单位负责委托有资质的咨询机构来编制可行性研究报告。报告的主要内容涉及以下几方面。

(1)项目的意义和实施的必要性，分析国内外现状、技术发展趋势、产业关联度及市场需求情况。

(2)项目的技术基础，包括成果来源、知识产权状况；已完成的研究开发和中试情况、鉴定时间；技术或工艺的特色，相较于现有技术或工艺的优势；关键技术突破对行业技术进步的重要性和影响。

(3)建设方案、预定规模和选址。

(4)技术特色、工艺流程、设备选择及关键的技术经济指标。

(5)原材料供应和外部配套条件的落实情况。

(6)环境污染的防治措施。

(7)工程建设的期限和进度计划。

(8)项目的执行管理、员工配置及培训计划。

(9)项目承担单位或法人的所有制性质、概况(包括销售收入、利润、税收、固定资产、资产负债率、银行信用等)，以及项目负责人和团队的基本情况。

(10)投资估算和详细列表，国拨资金的具体使用(不包括人员工资、差旅费、会议费等日常支出)，资金的筹集方式，贷款偿还计划，以及所需流动资金的来源。

(11)项目内部收益率、投资回报率、投资回收期、贷款偿还期等财务指标的计算与评价。

(12)项目的经济效益和社会效益分析。

(13)项目潜在风险的评估。

四、可行性研究报告的批复文件

大型和中型项目需由国家发展和改革委员会或其委托的相关机构进行审批；小型项目则由行业或国家相关主管部门负责审批。对于自筹资金的企业大型和中型项目，由城市发展和改革委员会审批，并向国家和相关部门报备；地方投资的文化教育、卫生事业的大型和中型项目则由城市发展和改革委员会负责审批。

可行性研究报告的批复文件主要包括以下内容。

(1)项目的正式名称。

(2)项目负责建设的单位名称。

(3)项目建设的必要性说明。

(4)项目的具体选址和建设条件。

(5)项目的功能定位。

(6)项目的建设内容和规模。

(7)项目的总体平面布局。

(8)市政公用设施及配套设施。

(9)项目的总投资额及资金来源。

(10)审批意见的详细说明、审批机构的名称及审批日期。

可行性研究报告批复文件示例

五、其他立项文件

1. 专家论证意见、项目评估文件

(1)专家论证意见：专家论证意见是指在建筑工程立项过程中，邀请相关领域专家对项目的可行性、技术方案、经济效益等方面进行论证后形成的书面意见。这些意见通常包括对项目的技术可行性、经济合理性、环境影响等方面的评估和建议，为项目的决策提供专业参考。

(2)项目评估文件：项目评估文件是指由专业评估机构或相关部门对拟建项目进行全面评估后形成的文件。这些文件通常包括对项目的市场前景、投资估算、财务效益、社会效益等方面的评估内容，为项目的立项决策提供科学依据。

2. 有关立项的会议纪要、领导批示

(1)有关立项的会议纪要：有关立项的会议纪要是指在建筑工程立项过程中，相关单位或部门召开的会议中，对项目立项事宜进行讨论和决策的会议记录。会议纪要通常包括会议的时间、地点、参会人员、讨论内容、决议事项等，是项目立项过程中的重要记录文件。

(2)领导批示：领导批示是指在建筑工程立项过程中，上级领导或主管部门对项目立项相关文件或事项进行审阅后所作的书面指示或意见。领导批示通常对项目的推进、审批等方面具有指导和决策作用，是项目立项过程中的重要依据。

《任务实施》

在完成任务资讯模块的学习后，学生们应已具备解决任务工单问题的知识与能力。以下是针对任务工单所提问题的解答，供学生们参考与检验学习成果。

一、填空题

1. 答案：可行性研究报告批复文件及可行性研究报告。

2. 答案：项目的具体选址和建设条件。

二、简答题

答案：建设单位负责委托有资质的咨询机构来编制可行性研究报告，同时在立项文件的归档保存工作中，对于表 2-1-1 中立项文件类别下的各项归档文件，建设单位都是必须归档保存的单位之一，要确保这些文件的完整性和准确性，按照相关规定进行妥善归档管理，为工程建设及后续的档案管理等工作提供基础资料。

任务二　建设用地、拆迁文件

《任务工单》

本任务工单旨在引导学生通过学习任务资讯模块中的相关知识与技能，独立解决以下问题。

一、填空题

1. 建设用地、拆迁文件包括选址申请及选址规划意见通知书，建设用地批准书，____________、协议、方案等，建设用地规划许可证及其附件，土地使用证明文件及其附件，建设用地钉桩通知单。

2. 城市规划管理部门依据城市总体规划、建设项目特性、内容以及选址定点时初步划定的用地边界，制定规划设计条件，并发放建设用地规划许可证，该许可证明确的用地性质、位置及界线，未经________同意，任何单位或个人均不可私自更改。

二、简答题

简述拆迁安置协议的主要内容。

《任务资讯》

根据《建设工程文件归档规范(2019 年版)》(GB/T 50328—2014)的规定，建设用地、拆迁文件包括选址申请及选址规划意见通知书，建设用地批准书，拆迁安置意见、协议、方案等，建设用地规划许可证及其附件，土地使用证明文件及其附件，建设用地钉桩通知单，见表 2-2-1。

表 2-2-1　建设用地、拆迁文件

类别	归档文件	保存单位				
		建设单位	设计单位	施工单位	监理单位	城建档案馆
A2	建设用地、拆迁文件					
1	选址申请及选址规划意见通知书	▲				▲
2	建设用地批准书	▲				▲
3	拆迁安置意见、协议、方案等	▲				△
4	建设用地规划许可证及其附件	▲				▲

续表

类别	归档文件	保存单位				
		建设单位	设计单位	施工单位	监理单位	城建档案馆
5	土地使用证明文件及其附件	▲				▲
6	建设用地钉桩通知单	▲				▲
注：表中符号“▲”表示必须归档保存；“△”表示选择性归档保存						

一、选址申请及选址规划意见通知书

1. 选址申请

为保证城市规划区内建设工程的选址和布局符合城市规划要求，按照国家规定需要有关部门批准或者核准的建设项目，以划拨方式提供固有土地使用权的，建设单位在报送有关部门批准或者核准前，应当向城乡规划主管部门提出选址申请。申请时一般还需提交如下申报材料。

(1)建设项目新征(占)用地。

①建设单位出具的申报委托书和填写完整并加盖单位印章的“建设项目规划审批及其他事项申报表”。

②市计划主管部门对项目建议书的批复文件原件 1 份。

③建设单位新征(占)用地申请文件、选址要求及拟建项目情况说明各 1 份。

④拟建项目设计方案图样(含主要经济技术指标)1 份。

⑤在基本比例尺图样上，用铅笔画出新征(占)用地范围或位置的地形图 1 份。

⑥依法需进行环境影响评价的建设项目，需持经相应环保部门批准的环境影响评价文件。

⑦普测或钉桩成果。

⑧其他法律、法规、规章规定的相关要求。

(2)自有用地建设项目。

①建设单位出具的申报委托书和填写完整并加盖单位印章的“建设项目规划审批及其他事项申报表”。

②建设用地规划许可证或国有土地使用证、房产证等其他证明土地权属的文件的复印件 1 份。

③建设单位对拟建项目情况的说明 1 份。建设项目拟加层的，需附设计部门出具的建筑结构基础证明文件。

④拟建项目设计方案图样(含主要经济技术指标)1 份。

⑤在基本比例尺图样上，用铅笔画出新征(占)用地范围或位置的地形图 1 份。

2. 选址规划意见通知书

建设单位的工程项目选址申请经城市规划管理部门审查，符合有关法规标准的，及时收取申请人申请材料，填写“选址规划意见通知书”。

建设项目用地预审与选址意见书

二、建设用地批准书

建设用地批准书是土地管理机关对建设用地申请进行审查后，批准其使用土地进行建设的正式批复文件。

三、拆迁安置协议

拆迁安置协议是指拆迁人与被拆迁人、房屋承租人就房屋拆迁事宜协商一致后，签订的明确双方权利、义务的协议。

1. 协议主体

(1)拆迁人：通常是指取得房屋拆迁许可证的单位，负责组织实施房屋拆迁工作。

(2)被拆迁人：是指被拆迁房屋的所有权人，即拥有房屋产权的个人或单位。

(3)房屋承租人：在某些情况下，房屋存在租赁关系，承租人也是拆迁安置协议的重要主体，其合法权益同样受到保护。

2. 协议内容

(1)补偿方式：包括货币补偿、房屋产权调换及货币补偿与房屋产权调换相结合等方式。货币补偿会明确补偿金额、支付方式和支付时间等；房屋产权调换则会约定安置房的位置、面积、户型、交付时间等。

(2)安置房的具体情况：若选择房屋产权调换，协议中需详细说明安置房的相关信息，如安置房的具体坐落位置、建筑面积、套内面积、公摊面积、房屋结构、户型布局、朝向、装修标准等。

(3)搬迁期限：明确被拆迁人应在何时之前完成搬迁，交付被拆迁房屋。

(4)过渡方式和期限：如果安置房不能立即交付，需要明确过渡方式，如自行过渡或由拆迁人提供临时周转房，以及过渡期限。

(5)违约责任：规定双方违反协议约定应承担的责任，如拆迁人未按时支付补偿款或交付安置房，被拆迁人未按时搬迁等情况下各自的违约责任。

四、建设用地规划许可证

建设单位若需用地，应向城市规划管理部门提交申请，同时填写规划审批申报表并备齐相关资料。

城市规划管理部门会依据城市总体规划、建设项目特性、内容及选址定点时初步划定的用地边界，制定规划设计条件，并发放建设用地规划许可证。

在办理建设用地规划许可证时，有以下几点需留意。

(1)该许可证所明确的用地性质、位置及界线，未经原审批机构同意，任何单位或个人均不可私自更改。

(2)国有土地管理部门给出拆迁安置方案后，才能明确使用国有土地的具体范围与数量，且需等城市规划行政主管部门对设计方案审核通过后，方可申办建设用地规划许可证。

(3)当使用国有土地时，需城市规划行政主管部门出具选址意见通知书，经批准之后，才能办理建设用地规划许可证。

建设用地规划许可证

五、土地使用证明文件

国有建设用地可通过出让和划拨两种方式交由建设单位使用。

(1)出让是指国家将一定年限内的国有土地使用权出让给土地使用者，由土地使用者向政府支付土地使用权出让金的行为。土地出让通常有协议、招标、拍卖、挂牌几种方式。

(2)划拨是有批准权的人民政府依法批准，在用地者缴纳补偿、安置等费用后将该幅土地交其使用，或者将土地使用权无偿交给土地使用者使用的行为。划拨土地使用权的范围包括国家军事用地，城市基础设施和公共事业用地，国家重点扶持的能源、交通、水利等项目用地，经济适用房项目建设用地等。

《任务实施》

完成任务资讯模块的学习后，学生们应已具备解决任务工单问题的知识与能力。以下是针对任务工单所提问题的解答，供学生们参考与检验学习成果。

一、填空题

1. 答案：拆迁安置意见。
2. 答案：原审批机构。

二、简答题

答案：拆迁安置协议的主要内容包括补偿方式（如货币补偿、房屋产权调换及货币补偿与房屋产权调换相结合等方式，货币补偿会明确补偿金额、支付方式和支付时间等；房屋产权调换会约定安置房的位置、面积、户型、交付时间等）、安置房的具体情况（若选择房屋产权调换，协议中需详细说明安置房的具体坐落位置、建筑面积、套内面积、公摊面积、房屋结构、户型布局、朝向、装修标准等）、搬迁期限（明确被拆迁人应在何时之前完成搬迁，交付被拆迁房屋）、过渡方式和期限（如果安置房不能立即交付，需要明确过渡方式，如自行过渡或由拆迁人提供临时周转房，以及过渡期限）、违约责任（规定双方违反协议约定应承担的责任，如拆迁人未按时支付补偿款或交付安置房，被拆迁人未按时搬迁等情况下各自的违约责任）。

任务三　勘察、设计文件

《任务工单》

本任务工单旨在引导学生通过学习任务资讯模块中的相关知识与技能，独立解决以下问题。

一、填空题

1. 勘察、设计文件包括工程地质勘察报告，____________，初步设计文件（说明书），设计方案审查意见，人防、环保、消防等有关主管部门（对设计方案）审查意见，设计计算书，施工图设计文件审查意见，节能设计备案文件。

2. 施工图设计审查是指具备资质的施工图审查机构对施工图设计文件进行的审批，包括消防、________、节能审查及其他明确规定必须开展的审查。

二、判断题

1. 勘察、设计文件中，工程地质勘察报告只需建设单位和设计单位归档保存。（　）

2. 施工图设计审查不属于行政管理范畴。（　　）

《任务资讯》

根据《建设工程文件归档规范(2019 年版)》(GB/T 50328—2014)的规定，勘察、设计文件包括工程地质勘察报告，水文地质勘察报告，初步设计文件(说明书)，设计方案审查意见，人防、环保、消防等有关主管部门(对设计方案)审查意见，设计计算书，施工图设计文件审查意见，节能设计备案文件，见表 2-3-1。

表 2-3-1　勘察、设计文件

类别	归档文件	保存单位				
		建设单位	设计单位	施工单位	监理单位	城建档案馆
A3	勘察、设计文件					
1	工程地质勘察报告	▲	▲			▲
2	水文地质勘察报告	▲	▲			▲
3	初步设计文件(说明书)	▲	▲			
4	设计方案审查意见	▲	▲			▲
5	人防、环保、消防等有关主管部门(对设计方案)审查意见	▲	▲			▲
6	设计计算书	▲	▲			△
7	施工图设计文件审查意见	▲	▲			▲
8	节能设计备案文件	▲				▲
注：表中符号“▲”表示必须归档保存；“△”表示选择性归档保存						

一、工程(水文)地质勘察报告

1. 工程地质勘察报告

工程地质勘察报告是基于对建筑区域工程地质状况展开的全面地质勘察作业所收获的成果而撰写的报告。

2. 水文地质勘察报告

水文地质勘察报告主要涉及工程水文地质勘察，旨在探究并处理地下水对建筑工程所产生的危害及其他负面效应。

二、设计文件

设计文件由设计单位生成，建设项目主管部门向具备设计能力的单位或中标单位发出委托设计的委托书，接着建设单位与设计单位签订设计合同。由于工程建设项目在审批、施工等环节对设计文件深度要求有所不同，因此形成了以下几类设计文件。

1. 初步设计图纸及设计说明

初步设计图纸包含总平面图、建筑图、结构图、给水排水图、电气图、弱电图、采暖通风及空气调节图、动力图及技术与经济概算等内容。

初步设计说明由设计总说明和各专业的设计说明书构成。设计总说明通常涵盖以下几个方面。

(1)工程设计的主要依据。

(2)工程设计的规模及设计范围。

(3)设计的指导思想与设计特点。

(4)总指标。

(5)需在设计审批时解决或确定的主要问题。

2. 消防设计审核意见

消防设计审核意见由消防机构审批后形成。

3. 施工图设计及说明

施工图设计的主要内容包含总平面图、建筑图、结构图、给水排水图、电气图、弱电图、采暖通风及空气调节图、动力图设计和预算等。在图样目录编排中，应先列出新绘制图样，再列出选用的标准图、通用图或重复利用图。

施工图说明书同样由设计总说明和各专业的设计说明书组成，对于一般工程的设计说明，可分别列在相关的图样上。

4. 施工图设计审查

施工图设计审查是指具备资质的施工图审查机构对施工图设计文件进行的审批，包括消防、抗震、节能审查及其他明确规定必须开展的审查。实施施工图设计文件审查，旨在强化工程项目设计质量的监督与管理，保障国家和人民生命财产安全，确保建设工程设计质量，属于行政管理范畴。

施工图设计审查内容主要涵盖以下几个方面。

(1)建筑物的稳定性与安全性，涉及地基基础和主体结构体系是否安全、可靠，以及是否符合专业规范。

(2)是否契合消防、节能、环保、抗震、卫生、人防等相关强制标准和规范。

(3)施工图是否满足规定的深度要求。

(4)是否损害公众利益。

《任务实施》

在完成任务资讯模块的学习后，学生们应已具备解决任务工单问题的知识与能力。以下是针对任务工单所提问题的解答，供学生们参考与检验学习成果。

一、填空题

1. 答案：水文地质勘察报告。

2. 答案：抗震。

二、判断题

1. 答案：错误。对于工程地质勘察报告，建设单位、设计单位和城建档案馆都必须归档保存。

2. 答案：错误。施工图设计审查属于行政管理范畴，旨在强化工程项目设计质量的监督与管理，保障国家和人民生命财产安全，确保建设工程设计质量。

任务四　招投标文件

《任务工单》

本任务工单旨在引导学生通过学习任务资讯模块中的相关知识与技能，独立解决以下问题。

填空题

1. 招投标文件包括勘察、设计招标投标文件，________，施工招投标文件，施工合同，工程监理招投标文件，监理合同。

2. 投标文件由投标函及投标函附录、法定代表人身份证明或附有法定代表人身份证明的授权委托书、联合体协议书、投标保证金、已标价工程量清单、施工组织设计、项目管理机构、拟分包项目情况表、资格审查资料、____________。

3.《建设工程施工合同(示范文本)》(GF—2017—0201)由合同协议书、______和专用合同条款三部分组成。

《任务资讯》

根据《建设工程文件归档规范(2019 年版)》(GB/T 50328—2014)的规定，招投标文件包括勘察、设计招投标文件，勘察、设计合同，施工招投标文件，施工合同，工程监理招投标文件，监理合同，见表 2-4-1。

表 2-4-1　招投标文件

类别	归档文件	保存单位				
		建设单位	设计单位	施工单位	监理单位	城建档案馆
A4	招投标文件					
1	勘察、设计招投标文件	▲	▲			
2	勘察、设计合同	▲	▲			▲
3	施工招投标文件	▲		▲	△	
4	施工合同	▲		▲	△	▲
5	工程监理招投标文件	▲			▲	
6	监理合同	▲			▲	▲
注：表中符号“▲”表示必须归档保存；“△”表示选择性归档保存						

一、勘察、设计、监理、施工招投标文件

招标文件由建设单位自行编制或委托具有相应资质的招标代理机构编制，投标文件分别由勘察、设计、监理、施工单位编制，中标通知书由建设单位或招标代理机构编制而成，监管部门备案。下面主要介绍建筑工程施工招投标文件。

1. 招标文件

《中华人民共和国标准施工招标文件》中招标文件的组成包括以下几个方面的内容：

(1)招标公告(或投标邀请书)；

(2)投标人须知；

(3)评标办法；

(4)合同条款及格式；

(5)工程量清单；

(6)图纸；

(7)技术标准和要求；

(8)投标文件格式；

(9)投标人须知前附表规定的其他材料。

2. 投标文件

投标人应当按照招标文件的要求编制投标文件，投标文件应当对招标文件提出的实质要求和条件作出回应。投标文件是由一系列有关投标方面的书面资料组成的。一般来说，投标文件由以下几个部分组成：

(1)投标函及投标函附录；

(2)法定代表人身份证明或附有法定代表人身份证明的授权委托书；

(3)联合体协议书；

(4)投标保证金；

(5)已标价工程量清单；

(6)施工组织设计；

(7)项目管理机构；

(8)拟分包项目情况表；

(9)资格审查资料；

(10)投标人须知前附表规定的其他材料。

《中华人民共和国标准施工招标文件》

二、勘察、设计、监理、施工合同文件

建设单位分别与勘察、设计、监理、施工单位协商后签订而成的合同文件，须到建设主管部门备案。下面以施工合同为例说明合同文件的组成。

《建设工程施工合同(示范文本)》(GF—2017—0201)由合同协议书、通用合同条款和专用合同条款三部分组成。

1. 合同协议书

《建设工程施工合同(示范文本)》(GF—2017—0201)合同协议书共计13条，主要包括工程概况、合同工期、质量标准、签约合同价和合同价格形式、项目经理、合同文件构成、承诺及合同生效条件等重要内容，集中约定了合同当事人基本的合同权利义务。

2. 通用合同条款

通用合同条款是合同当事人根据《中华人民共和国建筑法》《中华人民共和国民法典》等法律

法规的规定，就工程建设的实施及相关事项，对合同当事人的权利义务作出的原则性约定。

通用合同条款共计20条，具体条款分别为一般约定、发包人、承包人、监理人、工程质量、安全文明施工与环境保护、工期和进度、材料与设备、试验与检验、变更、价格调整、合同价格、计量与支付、验收和工程试车、竣工结算、缺陷责任与保修、违约、不可抗力、保险、索赔和争议解决。前述条款安排既考虑了现行法律法规对工程建设的有关要求，也考虑了建设工程施工管理的特殊需要。

3. 专用合同条款

专用合同条款是对通用合同条款原则性约定的细化、完善、补充、修改或另行约定的条款。合同当事人可以根据不同建设工程的特点及具体情况，通过双方的谈判、协商对相应的专用合同条款进行修改补充。在使用专用合同条款时，应注意以下事项。

(1)专用合同条款的编号应与相应的通用合同条款的编号一致。

(2)合同当事人可以通过对专用合同条款的修改，满足具体建设工程的特殊要求，避免直接修改通用合同条款。

(3)在专用合同条款中有横道线的地方，合同当事人可针对相应的通用合同条款进行细化、完善、补充、修改或另行约定；如无细化、完善、补充、修改或另行约定，则填写“无”或画“/”。

《建设工程施工合同(示范文本)》
(GF—2017—0201)

《任务实施》

在完成任务资讯模块的学习后，学生们应已具备解决任务工单问题的知识与能力。以下是针对任务工单所提问题的解答，供学生们参考与检验学习成果。

填空题

1. 答案：勘察、设计合同。
2. 答案：投标人须知前附表规定的其他材料。
3. 答案：通用合同条款。

任务五　开工审批文件

《任务工单》

本任务工单旨在引导学生通过学习任务资讯模块中的相关知识与技能，独立解决以下问题。

判断题

1. 建设工程规划许可证及其附件必须由建设单位、施工单位、监理单位和城建档案馆归档保存。(　　)

2. 取得建设工程规划许可证是建设工程施工许可证颁发的必要条件之一。(　　)

《任务资讯》

根据《建设工程文件归档规范（2019 年版）》（GB/T 50328—2014）的规定，开工审批文件包括建设工程规划许可证及其附件、建设工程施工许可证，见表 2-5-1。

表 2-5-1　开工审批文件

类别	归档文件	保存单位				
		建设单位	设计单位	施工单位	监理单位	城建档案馆
A5	开工审批文件					
1	建设工程规划许可证及其附件	▲		△	△	▲
2	建设工程施工许可证	▲		▲	▲	▲
注：表中符号“▲”表示必须归档保存；“△”表示选择性归档保存						

一、建设工程规划许可证

建设工程规划许可证是由城市、县人民政府城乡规划主管部门根据建设项目实际情况和规划要求，依法核发给建设单位的法定文件，用以确认建设工程的选址、布局、规模、功能等符合城市、镇规划要求。它明确规定了建设工程的性质、位置、范围、高度、面积等各项规划指标和要求，是建设工程在规划区内进行建设活动的重要法律依据，确保建设工程与城市整体规划相协调，保障城市规划的顺利实施。

二、建设工程施工许可证

建设工程施工许可证是指建设行政主管部门按照相关规定和程序，依法颁发给建设单位的用于确认建设工程符合施工条件，允许其进行施工活动的法定文件。

具体来说，它表明该建设工程已经完成了相关前期准备工作，包括取得建设工程规划许可证、土地使用批准文件，施工图设计文件审查合格，确定了具备相应资质的施工单位和监理单位（按规定需要监理的工程）等，满足了法律法规规定的各项施工条件，是建设工程合法施工的重要证明。

建筑工程施工许可证

《任务实施》

在完成任务资讯模块的学习后，学生们应已具备解决任务工单问题的知识与能力。以下是针对任务工单所提问题的解答，供学生们参考与检验学习成果。

判断题

1. 答案：错误。根据表 2-5-1，建设工程规划许可证及其附件建设单位必须归档保存，施工单位、监理单位选择性归档保存，城建档案馆必须归档保存。

2. 答案：正确。

任务六　工程造价文件

《任务工单》

本任务工单旨在引导学生通过学习任务资讯模块中的相关知识与技能，独立解决以下问题。

一、填空题

1. 工程投资估算综合考虑工程费用(包括建筑工程费、设备及工器具购置费、________)、工程建设其他费用(如土地征用费、勘察设计费等)及预备费(基本预备费和价差预备费)，以确定工程投资的预期目标值。

2. 招标控制价是招标人根据国家或省级、行业建设主管部门颁发的有关计价依据和办法，以及拟定的招标文件和________，结合工程具体情况编制的招标工程的最高投标限价。

3. 工程竣工结算是指在建设工程完工并经验收合格后，由施工单位编制的，反映工程实际造价的经济文件，它是根据竣工图纸、设计变更、________等资料，按照合同约定的方法和规定，对工程合同价款进行调整和确认的过程。

二、判断题

1. 工程投资估算主要用于项目施工阶段，为施工过程中的费用控制提供依据。(　　)

2. 合同价格文件中，发包方与承包方需在合同条款里就预付工程款的金额、付款时间及抵扣办法等事宜达成约定。(　　)

3. 工程竣工结算的主要作用是确定工程的设计造价，为工程款的最终支付提供依据。(　　)

《任务资讯》

根据《建设工程文件归档规范(2019 年版)》(GB/T 50328—2014)的规定，工程造价文件包括工程投资估算材料、工程设计概算材料、招标控制价格文件、合同价格文件、结算价格文件，见表 2-6-1。

表 2-6-1　工程造价文件

类别	归档文件	保存单位				
		建设单位	设计单位	施工单位	监理单位	城建档案馆
A6	工程造价文件					
1	工程投资估算材料	▲				
2	工程设计概算材料	▲				
3	招标控制价格文件	▲				

续表

类别	归档文件	保存单位				
		建设单位	设计单位	施工单位	监理单位	城建档案馆
4	合同价格文件	▲		▲		△
5	结算价格文件	▲		▲		△
注：表中符号“▲”表示必须归档保存；“△”表示选择性归档保存						

一、工程投资估算材料

工程投资估算是指在工程项目的前期阶段，对项目从筹建到竣工验收所需的全部费用进行预测和估算。它综合考虑工程费用(包括建筑工程费、设备及工器具购置费、安装工程费)、工程建设其他费用(如土地征用费、勘察设计费等)及预备费(基本预备费和价差预备费)，以确定工程投资的预期目标值，为项目投资控制提供依据。

工程投资估算主要用于项目决策，帮助投资者判断项目的经济可行性，决定是否投资；同时为项目资金筹措提供参考，合理安排资金来源；此外，它还是控制工程造价的基础，在设计和施工阶段起到约束作用，防止费用超支，确保项目投资效益。

二、工程设计概算材料

工程设计概算是在工程设计阶段，根据设计图纸、概算定额(或概算指标)、费用定额等资料，对工程建设项目从立项到竣工验收所需的全部费用进行的预测和计算。它包括单位工程概算、单项工程综合概算和建设项目总概算三个层次，是设计文件的重要组成部分，用于确定和控制工程投资，是编制建设项目投资计划、确定和控制工程造价的依据。

工程设计概算的作用：一是作为编制建设项目投资计划和确定工程投资额的依据，有助于合理安排资金和控制项目投资规模；二是作为衡量设计方案经济合理性和优化设计方案的依据，通过不同设计方案的概算比较，选择经济合理的设计方案；三是作为签订工程合同和贷款合同的依据，为合同双方提供明确的工程造价参考；四是作为考核工程成本和投资效果的依据，通过将实际工程造价与概算进行对比，评估项目的投资效益和成本控制情况。

三、招标控制价格文件

招标控制价是招标人根据国家或省级、行业建设主管部门颁发的有关计价依据和办法，以及拟定的招标文件和招标工程量清单，结合工程具体情况编制的招标工程的最高投标限价。它是招标人对招标项目所能接受的最高价格，超过该价格的投标将不被接受。

招标控制价的主要作用是控制工程造价，防止投标人围标、哄抬标价，从而保护招标人的利益。它还能增强招标过程的透明度，避免暗箱操作，确保招标活动的公平、公正。此外，招标控制价为投标人提供了明确的报价上限，有助于引导投标人合理报价，避免无序竞争。

四、合同价格文件

合同价格堪称合同文件的关键所在。签约合同价即合同双方签约时在协议书中载明的合同价格。

发包方与承包方需在合同条款里就以下事宜达成约定。

(1)预付工程款的金额、付款时间及抵扣办法。

(2)安全文明施工措施费的付款计划和使用要求等。

(3)工程计量，以及支付工程进度款的方式、金额与时间。

(4)工程价款的调整因素、调整方法、调整程序、支付方式及时间。

(5)施工索赔和现场签证的流程、金额确认与支付时间。

(6)承担计价风险的内容、范围，以及超出约定内容、范围的调整方式。

(7)工程竣工结算价款的编制、核对、支付方式及时间。

(8)工程质量保证金的金额、预留方式与时间。

(9)违约责任，以及发生合同价款争议的解决途径与时间。

(10)与履行合同、支付价款相关的其他事项等。

五、结算价格文件

工程竣工结算是指在建设工程完工并经验收合格后，由施工单位编制的，反映工程实际造价的经济文件。它是根据竣工图纸、设计变更、现场签证等资料，按照合同约定的方法和规定，对工程合同价款进行调整和确认的过程。

工程竣工结算的主要作用是确定工程的实际造价，为工程款的最终支付提供依据。它有助于保障双方的合法权益，确保工程款项的准确清算。同时，竣工结算是对工程成本进行核算和考核的重要手段，为项目的财务收尾和后续保修、维修等工作提供基础。

《任务实施》

在完成任务资讯模块的学习后，学生们应已具备解决任务工单问题的知识与能力。以下是针对任务工单所提问题的解答，供学生们参考与检验学习成果。

一、填空题

1. 答案：安装工程费。

2. 答案：招标工程量清单。

3. 答案：现场签证。

二、判断题

1. 答案：错误。工程投资估算主要用于项目决策，帮助投资者判断项目的经济可行性，决定是否投资；同时为项目资金筹措提供参考，合理安排资金来源；此外，它还是控制工程造价的基础，在设计和施工阶段起到约束作用，防止费用超支，确保项目投资效益。

2. 答案：正确。

3. 答案：错误。工程竣工结算的主要作用是确定工程的实际造价，为工程款的最终支付提供依据。

任务七　工程建设基本信息

《任务工单》

本任务工单旨在引导学生通过学习任务资讯模块中的相关知识与技能，独立解决以下问题。

填空题

1. 根据《建设工程文件归档规范(2019 年版)》(GB/T 50328—2014)的规定，工程建设基本信息包括工程概况信息表、建设单位工程项目负责人及现场管理人员名册、________________、施工单位工程项目经理及质量管理人员名册。

2. 工程概况信息表由________填写。

《任务资讯》

根据《建设工程文件归档规范(2019 年版)》(GB/T 50328—2014)的规定，工程建设基本信息包括工程概况信息表、建设单位工程项目负责人及现场管理人员名册、监理单位工程项目总监及监理人员名册、施工单位工程项目经理及质量管理人员名册，见表 2-7-1。

表 2-7-1　工程建设基本信息

类别	归档文件	保存单位				
		建设单位	设计单位	施工单位	监理单位	城建档案馆
A7	工程建设基本信息					
1	工程概况信息表	▲		△		▲
2	建设单位工程项目负责人及现场管理人员名册	▲				▲
3	监理单位工程项目总监及监理人员名册	▲			▲	▲
4	施工单位工程项目经理及质量管理人员名册	▲		▲		▲
注：表中符号“▲”表示必须归档保存；“△”表示选择性归档保存						

以《建筑工程资料管理规程》(DB11/T 695—2025)为例，工程概况信息见表 2-7-2。

表 2-7-2　工程概况信息

建设工程概况(建筑工程类) 表 A8-1		档号 (由城建档案管理部门填写)	
建筑工程名称		工程曾用名	
建筑工程地址			

续表

<table>
<tr><td colspan="2">用地规划许可证号</td><td></td><td colspan="2">规划许可证号</td><td></td></tr>
<tr><td colspan="2">施工许可证号</td><td></td><td colspan="2">工程设计号</td><td></td></tr>
<tr><td colspan="2">工程档案登记号</td><td></td><td colspan="2">工程决算/元</td><td></td></tr>
<tr><td colspan="2">开工日期</td><td>年　月　日</td><td colspan="2">竣工日期</td><td>年　月　日</td></tr>
<tr><td rowspan="4">建设单位</td><td>单位名称</td><td></td><td colspan="2">统一社会信用代码</td><td></td></tr>
<tr><td>单位地址</td><td></td><td colspan="2">邮政编码</td><td></td></tr>
<tr><td>联系人</td><td></td><td colspan="2">电话</td><td></td></tr>
<tr><td>建设单位
上级主管</td><td colspan="4"></td></tr>
<tr><td colspan="2">与本工程有关单位</td><td colspan="2">单位名称</td><td colspan="2">统一社会信用代码</td></tr>
<tr><td colspan="2">产权单位</td><td colspan="2"></td><td colspan="2"></td></tr>
<tr><td colspan="2">规划批准单位</td><td colspan="2"></td><td colspan="2"></td></tr>
<tr><td colspan="2">设计单位</td><td colspan="2"></td><td colspan="2"></td></tr>
<tr><td colspan="2">施工单位</td><td colspan="2"></td><td colspan="2"></td></tr>
<tr><td colspan="2">监理单位</td><td colspan="2"></td><td colspan="2"></td></tr>
<tr><td colspan="2">勘察单位</td><td colspan="2"></td><td colspan="2"></td></tr>
<tr><td colspan="2">管理单位</td><td colspan="2"></td><td colspan="2"></td></tr>
<tr><td colspan="2">使用单位</td><td colspan="2"></td><td colspan="2"></td></tr>
<tr><td>总建筑面积/m^2</td><td></td><td>总占地面积/m^2</td><td></td><td>主要建筑物
最高高度/m</td><td></td></tr>
<tr><td>填表单位</td><td colspan="2"></td><td>填表人</td><td colspan="2"></td></tr>
<tr><td>审核人</td><td colspan="2"></td><td>填表日期</td><td colspan="2">年　月　日</td></tr>
<tr><td colspan="6">注：本表由建设单位填写</td></tr>
</table>

《任务实施》

在完成任务资讯模块的学习后，学生们应已具备解决任务工单问题的知识与能力。以下是针对任务工单所提问题的解答，供学生们参考与检验学习成果。

填空题

1. 监理单位工程项目总监及监理人员名册。
2. 建设单位。

项目拓展

焦点访谈：绿色建筑
低碳生活

项目实训

实训设计：建筑工程准备阶段资料调研与交流

一、实训目的

(1)让学生将课堂所学关于工程准备阶段资料的理论知识与实际应用相结合，深入了解学校基建处实际操作中工程准备阶段资料的整理、归档等情况，强化对知识的理解与运用能力。

(2)使学生有机会与基建管理教师直接交流，了解本地区最新的工程准备阶段资料要求，拓宽知识视野，紧跟行业动态，提升学生对建筑工程资料管理的敏感度和适应性。

(3)通过团队合作完成交流报告，培养学生的团队协作能力、沟通表达能力及信息整合能力，提高学生的综合素质，为今后从事建筑工程相关工作积累实践经验。

二、实训步骤

1. 实训准备阶段

(1)教师提前与学校基建处沟通协调，确定交流时间、参与交流的基建管理教师及交流的主要内容和重点，确保交流活动的顺利进行。

(2)教师向学生介绍本次实训的目的、要求和流程，讲解交流过程中需要注意的礼仪和问题，将学生分成若干小组，并指定小组长，明确各小组的交流任务和分工。

(3)各小组根据实训要求，查阅相关资料，准备交流过程中可能涉及的问题，如本地区工程准备阶段资料的特殊要求、常见问题及解决方法等，制作简单的交流提纲。

2. 实地交流阶段

(1)各小组在小组长的带领下，准时前往学校基建处，与基建管理教师进行交流。交流过程中，学生认真倾听教师的讲解，积极提问，详细记录关键信息，如工程准备阶段资料的种类、内容、归档要求、最新政策变化等。

(2)小组长负责组织小组成员轮流发言，确保每个成员都有机会参与交流，同时协调小组成员之间的工作，保证交流的有序进行。

(3)交流结束后，各小组向基建管理教师表示感谢，并请求教师对各小组的交流表现给予初步评价，提出改进意见。

3. 报告撰写阶段

(1)各小组根据交流记录和收集到的资料，回到教室进行整理和分析。小组成员共同讨论交流的收获和体会，对本地区工程准备阶段资料的要求进行总结和归纳，形成交流报告的初稿。

(2)小组长负责协调小组成员对初稿进行修改和完善，确保报告内容完整、逻辑清晰、语言通顺、格式规范。在报告中，要突出本地区最新的工程准备阶段资料要求，以及与课堂所学知识的异同点，提出自己的见解和建议。

(3)报告完成后，各小组将报告提交给教师，等待教师批改和点评。

4. 汇报展示阶段

(1)教师对各小组提交的交流报告进行批改和点评，选出优秀的报告作为示范，在课堂上进行展示和讲解，分析其优点和不足之处，引导学生相互学习和借鉴。

(2)各小组根据教师的批改意见，对交流报告进行最后的修改和完善，准备汇报展示。汇报展示时，每个小组选派一名代表，利用 PPT 等工具，向全班同学展示本小组的交流成果，包括交流过程、主要收获、本地区工程准备阶段资料要求等内容。

(3)其他小组的同学认真倾听汇报展示，提出自己的疑问和建议，与汇报小组进行互动交流，共同探讨建筑工程准备阶段资料管理的相关问题，加深对知识的理解和掌握。

三、实训评估

1. 交流报告

(1)内容完整性：报告应涵盖交流的主要内容，包括本地区工程准备阶段资料的种类、内容、归档要求、最新政策变化等，以及与课堂所学知识的对比分析和自己的见解。

(2)准确性：报告中的信息应准确无误，引用的数据和资料应真实可靠，对本地区工程准备阶段资料要求的理解和阐述应正确。

(3)逻辑性：报告的结构应合理，层次应清晰，内容之间的衔接应自然流畅，清晰地表达出交流的思路和重点。

(4)语言表达：报告的语言应通顺、简洁、规范，用词应恰当，无错别字和语病。

(5)格式规范：报告应按照规定的格式撰写，标题、正文、图表、参考文献等部分应齐全，排版应整齐美观。

2. 汇报展示

(1)展示内容：汇报展示的内容应与交流报告一致，重点突出，条理清晰，能够准确地传达交流的主要成果和收获。

(2)展示技巧：汇报人的语言表达应清晰流畅，声音洪亮，语速适中，肢体语言自然得体；PPT 等展示工具的制作应精美，内容简洁明了，与汇报内容配合默契。

(3)团队协作：小组成员在汇报展示过程中应分工明确，配合默契，体现出良好的团队协作精神。

(4)应变能力：汇报人在面对学生的提问和质疑时，应能够冷静应对，回答问题准确、完整，能够及时调整展示节奏和内容，保证展示的顺利进行。

3. 团队协作

(1)分工合理性：小组内部进行明确合理的分工，每个成员都有明确的任务和职责，分工能够充分发挥每个成员的优势。

(2)合作默契度：小组成员之间在交流过程和报告撰写过程中能够相互配合、相互支持，遇到问题能够及时沟通协商解决，能够形成良好的合作氛围。

(3)贡献度：每个成员都能够积极参与小组活动，为小组的交流和报告撰写做出应有的贡献，没有成员存在消极怠工或不配合的情况。

4. 纪律表现

(1)出勤情况：学生应按时参加实训活动，无迟到、早退或旷课的情况。

(2)纪律遵守：在与基建管理教师交流过程中，学生应遵守纪律，尊重教师，认真倾听，积极提问，不随意打断教师讲话或做与交流无关的事情。

四、注意事项

(1)在与学校基建处进行交流之前，学生要充分做好准备工作，熟悉相关知识和交流提纲，确保交流过程能够顺利进行，避免出现冷场或无话可说的情况。

(2)交流过程中，学生要注意礼貌用语，尊重基建管理老师，认真倾听他们的讲解，不要随意打断或插话，如有疑问或不同意见，应在适当的时候以委婉的方式提出。

(3)学生在记录交流内容时，要认真仔细，确保记录的信息准确完整，如有听不清楚或不明白的地方，要及时向基建管理教师询问清楚，避免遗漏重要信息。

(4)实训过程中，学生要严格遵守学校的规章制度和实训纪律，不得擅自离开实训地点，如有特殊情况需要离开，必须向教师请假并获得批准。

(5)在撰写交流报告和进行汇报展示时，学生要注重团队协作，充分发挥每个成员的优势，共同完成任务。同时，要注意报告和展示的质量，确保内容真实、准确、完整，语言表达清晰、流畅，展示效果良好。

项目评价

完成本项目后，采用过程性评价和结果性评价相结合的方式，综合运用自我评价、小组评价和教师评价三种方式，由任课教师确定三种评价方式占总成绩的比例，加权计算出每个学生完成本项目拓展活动的考核评价表。

考核评价表

总评价分		班级	
学号		姓名	
评价方式	评价内容	分值	分数
自我评价	目标达成情况	30	
	技能与知识掌握	50	
	个人发展与自我提升	20	
小组评价	团队合作能力	30	
	项目贡献度	50	
	团队氛围与支持	20	
教师评价	学习态度与努力程度	20	
	知识应用与创新能力	40	
	个人品行与责任感	40	
总评价分＝自我评价分×(　)%＋小组评价分×(　)%＋教师评价分×(　)%＝			

项目三　编制与整理监理单位资料

学习目标

【知识目标】

1. 了解监理单位的归档资料种类。
2. 熟悉监理单位归档资料的主要内容。
3. 掌握监理单位归档资料的编制与整理。

【技能目标】

能够整理与归档监理单位资料。

【素养目标】

1. 提升学生对建设工程监理工作的整体认知和理解能力。
2. 培养学生在团队协作中沟通交流的能力，以便更好地完成监理资料相关工作。

项目导航

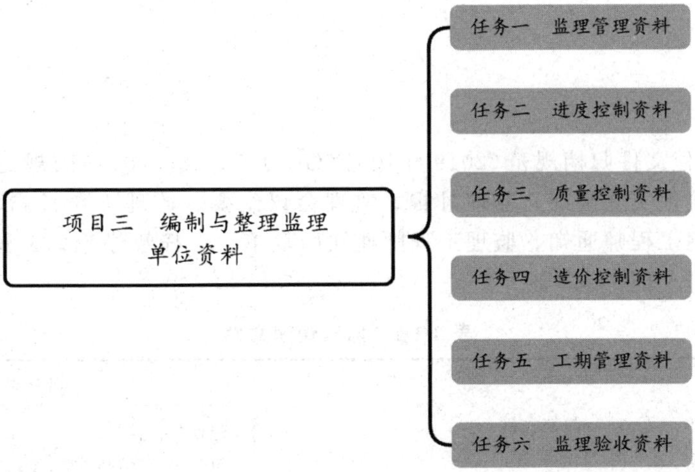

任务一　监理管理资料

《任务工单》

本任务工单旨在引导学生通过学习任务资讯模块中的相关知识与技能，独立解决以下问题。

一、填空题

1. 监理规划是________________全面开展建设工程监理工作的指导性文件。

2. 监理月报是项目监理机构每月向________提交的建设工程监理工作及建设工程实施情况等分析总结报告。

二、判断题

1. 监理规划由总监理工程师独立编制。(　　)

2. 监理工程师通知单所涵盖的内容，施工单位可选择性执行。(　　)

3. 工程复工报审表用于在工程暂停的原因消除后，施工单位申请恢复施工。(　　)

三、简答题

简述监理规划的主要内容。

《任务资讯》

根据《建设工程文件归档规范(2019 年版)》(GB/T 50328—2014)的规定，监理管理文件包括监理规划、监理实施细则、监理月报、监理会议纪要、监理工作日志、监理工作总结、工作联系单、监理工程师通知、监理工程师通知回复单、工程暂停令、工程复工报审表，见表 3-1-1。

表 3-1-1　监理管理文件

类别	归档文件	保存单位				
		建设单位	设计单位	施工单位	监理单位	城建档案馆
B1	监理管理文件					
1	监理规划	▲			▲	▲
2	监理实施细则	▲		△	▲	▲
3	监理月报	△			▲	
4	监理会议纪要	▲		△	▲	

续表

类别	归档文件	保存单位				
		建设单位	设计单位	施工单位	监理单位	城建档案馆
5	监理工作日志				▲	
6	监理工作总结				▲	▲
7	工作联系单	▲		△	△	
8	监理工程师通知	▲		△	△	△
9	监理工程师通知回复单	▲		△	△	△
10	工程暂停令	▲		△	△	▲
11	工程复工报审表	▲		▲	▲	▲
注：表中符号“▲”表示必须归档保存；“△”表示选择性归档保存						

一、监理规划

1. 监理规划的定义

监理规划是项目监理机构全面开展建设工程监理工作的指导性文件。

2. 监理规划的编审程序

(1)总监理工程师组织专业监理工程师编制。

(2)总监理工程师签字后由工程监理单位技术负责人审批。

在实施建设工程监理过程中，实际情况或条件发生变化而需要调整监理规划时，应由总监理工程师组织专业监理工程师修改，并应经工程监理单位技术负责人批准后报建设单位。

3. 监理规划的主要内容

(1)工程概况。

(2)监理工作的范围、内容、目标。

(3)监理工作依据。

(4)监理组织形式、人员配备及进退场计划、监理人员岗位职责。

(5)监理工作制度。

(6)工程质量控制。

(7)工程造价控制。

(8)工程进度控制。

(9)安全生产管理的监理工作。

(10)合同与信息管理。

(11)组织协调。

(12)监理工作设施。

总(专业)监理工程师职责

二、监理实施细则

1. 监理实施细则的定义

监理实施细则是针对某一专业或某一方面建设工程监理工作的操作性文件。

2. 监理实施细则的编审程序

监理实施细则应在相应工程施工开始前由专业监理工程师编制，并应报总监理工程师审批。

在实施建设工程监理过程中，监理实施细则可根据实际情况进行补充、修改，并应经总监理工程师批准后实施。

3. 监理实施细则的编制依据

(1)监理规划。

(2)工程建设标准、工程设计文件。

(3)施工组织设计、(专项)施工方案。

4. 监理实施细则的主要内容

(1)专业工程特点。

(2)监理工作流程。

(3)监理工作要点。

(4)监理工作方法及措施。

三、监理月报

监理月报是项目监理机构每月向建设单位提交的建设工程监理工作及建设工程实施情况等分析总结报告。由总监理工程师组织各专业监理工程师编写监理月报，并经总监理工程师签字后报送建设单位和监理单位。

监理月报应包括以下内容。

(1)本月工程实际推进状况。

①工程进度状况，将实际施工进度和既定计划进度进行对比，涵盖施工单位人员、机械设备、物料的进场及使用详情，同时附上本期正在施工区域的工程图片。

②工程质量状况，包括各分项分部工程的验收情况，工程所用材料、设备、构配件的进场检验情况，主要施工试验情况，以及对本月工程质量的综合分析。

③对施工单位安全生产管理工作的评价。

④已完成工程量和已支付工程款的统计详情及相应说明。

(2)本月监理工作状况。

①在把控工程进度方面所开展的工作情况。

②在保障工程质量方面所进行的工作情况。

③在安全生产管理方面的工作情况。

④在工程计量与工程款支付方面的工作情况。

⑤针对合同其他相关事项的管理工作情况。

⑥监理工作的统计数据及工作照片展示。

(3)本月施工出现的问题及处理状况。

①在工程进度把控方面的主要问题剖析及处理详情。

②在工程质量把控方面的主要问题剖析及处理详情。

③在施工单位安全生产管理方面的主要问题剖析及处理详情。

④在工程计量与工程款支付方面的主要问题剖析及处理详情。

⑤在合同其他事项管理方面的主要问题剖析及处理详情。

(4)下月监理工作要点。

①在工程管理层面的监理工作重点。

②在项目监理机构内部管理方面的工作重点。

监理月报封面样式如图 3-1-1 所示。

××工程

监　理　月　报

年　度：

月　份：

总监理工程师：

××监理公司

××项目监理部

年　　月　　日

图 3-1-1　**监理月报封面**

四、监理会议纪要

监理会议纪要应由项目监理部根据会议记录整理，经总监理工程师审阅，并经与会各方代表会签。监理会议纪要包括第一次工地会议纪要、工地例会纪要和专题会议纪要。

(1)第一次工地会议纪要。由建设单位主导召开的首次工地会议，是建设、监理，以及施工单位就各方人员构成与职责分工、开工前期筹备、监理例会相关要求等事宜展开沟通交流与协调的会议。总监理工程师需阐述监理工作的目标设定、涵盖范围、具体工作内容、项目监理机构架构及人员职责划分、监理工作流程、采用方法和应对举措等。

第一次工地会议主要涵盖以下内容。

①建设、施工及工程监理单位依次介绍各自派驻现场的组织架构、人员情况及相应分工。

②建设单位对工程开工前的各项准备工作情况进行说明。

③施工单位介绍施工方面的准备状况。

④建设单位代表和总监理工程师针对施工准备情况发表意见并提出要求。

⑤总监理工程师讲解监理规划的关键内容。

⑥共同商讨确定各方在施工阶段参与监理例会的核心人员，明确监理例会的召开频率、举办地点及主要讨论议题。

⑦其他相关事宜。

第一次工地会议纪要表格样式见表 3-1-2。

表 3-1-2　第一次工地会议纪要

单位工程名称			工程造价/万元		
建筑面积/m^2		结构类型层数			
建设单位			项目负责人		
勘察单位			项目负责人		
设计单位			项目负责人		
施工单位			项目经理		
监理单位			总监理工程师		
会议时间	年　月　日	地点		主持人	
签到栏：					

续表

会议内容纪要
建设单位驻现场的组织机构、人员及分工情况：
施工单位驻现场的组织机构、人员及分工情况：
监理单位驻现场的组织机构、人员及分工情况：
建设单位根据委托监理合同宣布对总监理工程师的授权：
建设单位介绍工程开工准备情况：
施工单位介绍施工准备情况：
建设单位对施工准备情况提出的意见和要求：
总监理工程师对施工准备情况提出的意见和要求：
总监理工程师介绍监理规划的主要内容：
研究确定的各方在施工过程中参加工地例会的主要人员： 建设单位： 施工单位： 监理单位： 召开工地例会的周期、地点及主要议题：

(2)工地例会纪要。工地例会一般由总监理工程师或其授权的专业监理工程师来主持。

工地例会主要涵盖以下内容。

①核查上次会议所确定事项的执行状况，并剖析尚未完成事项的缘由。

②审查并剖析工程项目的进度计划执行情况，明确下一阶段的进度目标及相应的执行举措。

③审查工程项目的质量状况及施工安全管理情况，针对现存问题制定改进方案。

④核查工程量的核定情况及工程款项的支付状况。

⑤处理需要各方协同的相关事宜。

⑥其余相关事务。

工地例会纪要表格样式见表 3-1-3。

表 3-1-3　**工地例会纪要**　　编号：

工程名称			
会议名称		总监理工程师	
会议时间	年　月　日	地点	
签到栏：			

续表

会议内容纪要
检查上次例会议定事项的落实情况，分析未完事项原因：
检查分析工程项目进度计划完成情况，提出下一阶段进度目标及其落实措施：
检查工程量核定及工程款支付情况：
解决需要协调的有关事项：
其他有关事宜：

(3)专题会议纪要。专题会议是由总监理工程师或其授权的专业监理工程师主导或参与的，旨在处理监理环节里特定工程问题的不定期会议。专题会议纪要涵盖会议的核心议题、详细内容、参会单位、参会人员及会议时间等要素。

专题会议纪要表格样式见表3-1-4。

表3-1-4 专题会议纪要

工程名称			
会议名称		主持人	
会议时间	年 月 日	地点	
签到栏：			
会议内容纪要			

五、监理工作日志

监理工作日志是项目监理机构每日对建设工程监理工作及施工进展情况所做的记录。监理工作日志应包括以下内容。

(1)天气和施工环境情况。

(2)当日施工进展情况。

(3)当日监理工作情况，包括旁站、巡视、见证取样、平行检验等情况。

(4)当日存在的问题及处理情况。

(5)其他有关事项。

监理工作日志表格样式见表3-1-5。

表3-1-5　监理工作日志

工程名称		日期	
天气情况		记录人员	
监理工作情况：			
材料进场情况：			
机械设备情况：			
施工人员情况：			
安全文明施工情况：			
存在问题及处理情况：			
其他事项：			

六、监理工作总结

项目竣工后，项目监理机构应对监理工作进行总结，监理工作总结经总监理工程师签字并加盖工程监理单位公章后报送建设单位。监理工作总结应包括以下内容。

(1)工程概况。
(2)项目监理机构。
(3)建设工程监理合同履行情况。
(4)监理工作成效。
(5)监理工作中发现的问题及其处理情况。
(6)说明和建议。

监理工作总结样式如图 3-1-2、表 3-1-6～表 3-1-8 所示。

××工程监理工作总结 项目总监理工程师：________ 总　工　办　主　任：________ 公　　司　　经　　理：________ 监　　理　　单　　位：　　（盖章） ××监理有限公司 年　　月　　日

图 3-1-2　监理工作总结封面

表 3-1-6　监理工作概况及监理合同的履行情况

工程名称			设计单位		
建设单位			施工单位		
建设规模		结构型式		工程投资/万元	
开工日期		竣工日期		施工日历天数	
监理组织机构设置、主要监理人员及变动情况：					
投入监理设施：					
监理合同履行情况：（此栏内容较多可加附页）					

表 3-1-7　监理工作成效

监理工程师对原材料、设备验收批次	合格和同意使用的　批，占原材料、设备进场总批次的　%。
监理工程师对进场的原材料取样见证次数	总计　次，占总取样次数的　%
监理工程师对工程所用砂浆、混凝土的试配及砂浆、混凝土试块制作和送检的取样见证次数	总计　次，占试验总次数的　%
监理工程师对本工程的分项工程按国家相应的验收标准抽检和复验的项数	总计　项，占分项工程的　%
监理工程师对施工单位的报验申请验收并签署意见的工程项数	总计　项，其中同意验收　项，占　%，不同意验收项，占　%

续表

监理人员在施工过程进行平行检验和对关键部位、关键工序旁站监理的工作情况	填写平行检验记录和旁站监理卡共　张
监理机构组织召开的各类工地会议次数	总计　次，会议纪要总计　份
监理机构发给承包单位的监理通知单份数	总计　份，其中关于质量　份，进度　份，其他内容　份
监理工程师有关工程索赔的审核情况	承包单位提报值　元；监理工程师最终审定　元
监理工程师对工程进度的控制情况	审批各类工程进度计划　份，总监理工程师批准工程临时延期　天，总监理工程师批准工程最终延期　天
本项目承包单位工程结算提报值及监理工程师审定情况	承包单位提报值　　元，监理工程师最终审定　元，与预算相比＋/－　　元
本工程合同约定开工时间： 本工程合同约定竣工时间：	本工程实际开工时间： 本工程实际竣工时间：
本工程合同约定质量等级：	经监理机构核定质量等级：
目标控制完成情况及合理化建议实效：	

表 3-1-8　监理工作其他情况

七、监理管理资料其他用表

1. 工作联系单

监理单位和其他参建单位传递意见、建议、决定、通知等的工作联系单时可采用表 3-1-9 的格式。当不需回复时应有签收记录，并应注明收件人的姓名、单位和收件日期。

表 3-1-9　工作联系单

工程名称	××学院实验实训楼	编号	×××
致 ××监理公司 (单位) 事由： 设计交底和图纸会审。 内容： 我方已与设计单位商定于××年×月×日进行本工程的设计交底和图纸会审工作，请贵方做好有关准备。 单　位　××学院 负责人　×× 日　期　××年×月×日			

2. 监理工程师通知

在开展监理工作时，项目监理机构依据委托监理合同所赋予的权限及国家相关法规，向施工单位发出的指令与要求，除有其他特殊规定情况外，都应以监理工程师通知的形式来呈现。监理工程师在现场以口头形式发出的指令和要求，也得通过监理工程师通知来进行确认。

监理工程师通知所涵盖的内容，施工单位需严格遵照执行，并且要把执行后的结果用监理工程师通知回复单报送至项目监理机构，以便其进行复核查验。

监理工程师通知宜采用表 3-1-10 的格式。

表 3-1-10　监理工程师通知

工程名称	××学院实验实训楼	编号	×××
致 ×建筑工程有限公司 (施工总承包单位/专业承包单位) 事由： 关于底板钢筋骨架验收中发现问题需要整改。 内容： 1. 底板纵筋间距过疏需调整。 2. 底板措施筋设置不到位需纠正。 附件： 监　理　单　位　××监理公司 总/专业监理工程师　×× 日　　　　期　××年×月×日			

3. 监理工程师通知回复单

监理工程师通知回复单是指在监理单位发出监理工程师通知之后，施工单位完成相应的执行工作，向项目监理机构提交用于请求复查的回复表格。当施工单位按照监理工程师通知的要求，将需要整改的工作完成之后，便通过监理工程师通知回复单来进行回复。

监理工程师通知回复单宜采用表 3-1-11 的格式。

表 3-1-11　监理工程师通知回复单

<table>
<tr><td rowspan="3">工程名称</td><td rowspan="3">××学院
实验实训楼</td><td>施工编号</td><td>×××</td></tr>
<tr><td>监理编号</td><td>×××</td></tr>
<tr><td>日　　期</td><td>××年×月×日</td></tr>
<tr><td colspan="4">致：××监理公司（监理单位）

我方接到编号为×××的监理工程师通知后，已按要求完成了底板钢筋骨架验收中发现问题的整改工作，现报上，请予以复查。

详细内容：
1. 底板纵筋间距已调整。
2. 底板措施筋设置不到位的已纠正。</td></tr>
<tr><td colspan="2">专业承包单位
施工总承包单位　××建筑工程有限公司</td><td colspan="2">项目经理/责任人
项目经理/责任人　×××</td></tr>
<tr><td colspan="4">复查意见：
经复查已按×××监理通知单的内容整改完毕。

监理单位　××监理公司
总/专业监理工程师　××
日　期　××年×月×日</td></tr>
</table>

4. 工程暂停令

工程暂停令是由总监理工程师签发的指令性质的文件，用于暂时中止施工。工程暂停令主要用在总监理工程师签发指令要求停工处理的以下情况。

(1)建设单位要求暂停施工且工程需要暂停施工的。

(2)施工单位未经批准擅自施工或拒绝项目监理机构管理的。

(3)施工单位未按审查通过的工程设计文件施工的。

(4)施工单位违反工程建设强制性标准的。

(5)施工存在重大质量、安全事故隐患或发生质量、安全事故的。

工程暂停令应明确工程暂停的缘由、具体部位与范围、停工期间应当开展的工作等。总监理工程师在签发工程暂停令之前，应提前获取建设单位的同意。若遇到紧急情况未能提前报告的，需在事后尽快向建设单位提交书面报告。

工程暂停令宜采用表 3-1-12 的格式。

表 3-1-12 工程暂停令

<table>
<tr><td>工程名称</td><td>××学院实验实训楼</td><td>编号</td><td>×××</td></tr>
<tr><td colspan="4">致 ××建筑工程有限公司 （施工总承包单位/专业承包单位）
由于 在底板混凝土浇筑过程中，贵方管理人员管理不到位，存在严重安全隐患的 原因，现通知你方必须于 ×××× 年 ×× 月 ×× 日 ×× 时起，对 本工程的底板混凝土浇筑 工序实施暂停施工，并按要求做好下述各项工作：
1. 落实做好管理人员施工作业前的技术交底工作。
2. 再次认真落实作业工人的安全交底工作。

监理单位 ××监理公司
总监理工程师 ××
日 期 ××年×月×日</td></tr>
</table>

5. 工程复工报审表

工程复工报审表用于在工程暂停的原因消除后，施工单位申请恢复施工。总监理工程师在签署审查意见之前，最好先向建设单位进行报告。

(1)若工程暂停是由施工单位自身原因导致的，表中的“附件”指的是施工单位提交的整改情况及预防再次出现问题的措施；若工程暂停是由非施工单位的原因引起的，表中的“附件”则是指施工单位提交的证明工程暂停原因已经消失的材料。

(2)总监理工程师应当安排专业监理工程师对复工条件进行复查，在施工合同规定的时间内完成对复工申请的审批工作。如果符合复工条件，需注明同意复工的具体时间；若不符合复工条件，则要注明不同意复工的原因及对施工单位提出的要求。

工程复工报审表宜采用表 3-1-13 的格式。

表 3-1-13 工程复工报审表

<table>
<tr><td rowspan="3">工程名称</td><td rowspan="3">××学院
实验实训楼</td><td>施工编号</td><td>×××</td></tr>
<tr><td>监理编号</td><td>×××</td></tr>
<tr><td>日 期</td><td>××年×月×日</td></tr>
<tr><td colspan="4">致： ××监理公司 （监理单位）

根据 ××× 号《工程暂停令》，我方已按照要求完成了以下各项工作，具备了复工条件，特此申请，请核查并签发复工指令。
附件：具备复工条件的说明或证明。</td></tr>
<tr><td colspan="2">专业承包单位
施工总承包单位 ××建筑工程有限公司</td><td colspan="2">项目经理/责任人
项目经理/责任人 ×××</td></tr>
</table>

续表

审查意见： 经审查具备复工条件，同意××建筑工程有限公司复工。 监理单位 ××监理公司 专业监理工程师 ×× 总监理工程师 ×× 日 期 ××年×月×日

《任务实施》

在完成任务资讯模块的学习后，学生们应已具备解决任务工单问题的知识与能力。以下是针对任务工单所提问题的解答，供学生们参考与检验学习成果。

一、填空题

1. 答案：项目监理机构。

2. 答案：建设单位。

二、判断题

1. 答案：错误。监理规划是由总监理工程师组织专业监理工程师编制。

2. 答案：错误。施工单位需严格遵照执行监理工程师通知所涵盖的内容。

3. 答案：正确。

三、简答题

答案：监理规划主要包括工程概况；监理工作的范围、内容、目标；监理工作依据；监理组织形式、人员配备及进退场计划、监理人员岗位职责；监理工作制度；工程质量控制；工程造价控制；工程进度控制；安全生产管理的监理工作；合同与信息管理；组织协调；监理工作设施。

任务二　进度控制资料

《任务工单》

本任务工单旨在引导学生通过学习任务资讯模块中的相关知识与技能，独立解决以下问题。

判断题

1. 工程开工报审表只需施工单位填写相关内容并提交给总监理工程师，不需要建设单位参与审批。(　　)

2. 工程开工报审表中的审核意见和审批意见可以由同一个人签署。(　　)

3. 施工进度计划审查时，只要施工进度计划符合施工合同中工期的约定，就可以通过审查。(　　)

《任务资讯》

根据《建设工程文件归档规范(2019 年版)》(GB/T 50328—2014)的规定，进度控制文件包括工程开工报审表、施工进度计划报审表，见表 3-2-1。

表 3-2-1　进度控制文件

类别	归档文件	保存单位				
		建设单位	设计单位	施工单位	监理单位	城建档案馆
B2	进度控制文件					
1	工程开工报审表	▲		▲	▲	▲
2	施工进度计划报审表	▲		△	△	
注：表中符号“▲”表示必须归档保存；“△”表示选择性归档保存						

一、工程开工报审表

总监理工程师应组织专业监理工程师审查施工单位报送的工程开工报审表及相关资料；同时具备下列条件时，应由总监理工程师签署审核意见，并应报建设单位批准后，总监理工程师签发工程开工令。

(1)设计交底和图纸会审已完成。

(2)施工组织设计已由总监理工程师签认。

(3)施工单位现场质量、安全生产管理体系已建立，管理及施工人员已到位，施工机械具备使用条件，主要工程材料已落实。

(4)进场道路及水、电、通信等已满足开工要求。

工程开工报审表宜采用表 3-2-2 的格式。

表 3-2-2　工程开工报审表

工程名称：××大厦　　　　　　　　　　　　　　　　　　编号：×××

致：__××置业有限公司__(建设单位) __××监理公司__(项目监理机构) 我方承担的__××大厦__工程，已完成相关准备工作，具备开工条件，申请于__××__年__××__月__××__日开工，请予以审批。 附件：证明文件资料 施工单位(盖章)__××建筑工程有限公司__ 项目经理(签字)__××__ __××__年__××__月__××__日

续表

审核意见： 1. 本项目已进行设计交底及图纸会审，图纸会审中的相关意见已经落实。 2. 施工组织设计已经项目监理机构审核同意。 3. 施工单位已建立相应的现场质量、安全生产管理体系。 4. 相关管理人员及特种施工人员资质已审查并已到位，主要施工机械已进场并验收完成，主要工程材料已落实。 5. 现场施工道路及水、电、通信及临时设施等已按施工组织设计落实。经审查，本工程现场准备工作满足开工要求，请建设单位审批。 项目监理机构(盖章) ××监理公司 总监理工程师(签字、加盖执业印章) ×× ×× 年 ×× 月 ×× 日
审批意见： 本工程已取得施工许可证，相关资金已经落实并按合同约定拨付施工单位，同意开工。 建设单位(盖章) ××置业有限公司 建设单位代表(签字) ×× ×× 年 ×× 月 ×× 日

二、施工进度计划报审表

项目监理机构应审查施工单位报审的施工总进度计划和阶段性施工进度计划，提出审查意见，并应由总监理工程师审核后报建设单位。

施工进度计划审查应包括以下内容。

(1)施工进度计划应符合施工合同中工期的约定。

(2)施工进度计划中主要工程项目无遗漏，应满足分批投入试运、分批动用的需要，阶段性施工进度计划应满足总进度控制目标的要求。

(3)施工顺序的安排应符合施工工艺要求。

(4)施工人员、工程材料、施工机械等资源供应计划应满足施工进度计划的需要。

(5)施工进度计划应符合建设单位提供的资金、施工图纸、施工场地、物资等施工条件。

施工进度计划报审表宜采用表3-2-3的格式。

表3-2-3 施工进度计划报审表

工程名称：××大厦　　　　编号：×××

致：××监理公司(监理单位) 我单位已完成了××大厦工程××年×月工程施工进度计划编制工作，现报上该工程报验申请表，请予以审查和验收。 附件： ××年×月工程施工进度计划(说明、图表、工程量、工作量、资源配置)1份。 承包单位(章)：××建筑工程公司 项目经理：××× 日　期：××年×月×日

续表

审查意见： 经审查，本月编制的施工进度计划具有可行性和可操作性，与工程实际情况相符合，满足合同工期及总控制计划的要求，予以通过。 同意按此计划组织施工。 专业监理工程师(签字)　××× ××年×月×日
审核意见： 同意按此施工进度计划组织施工。 项目监理机构(盖章)　××监理公司××项目监理部 总监理工程师(签字)　××× ××年×月×日

《任务实施》

在完成任务资讯模块的学习后，学生们应已具备解决任务工单问题的知识与能力。以下是针对任务工单所提问题的解答，供学生们参考与检验学习成果。

判断题

1. 答案：错误。文中明确提到工程开工报审表要致建设单位和项目监理机构，并且最终需建设单位审批。

2. 答案：错误。审核意见是由项目监理机构签署，总监理工程师签字、加盖执业印章；审批意见是由建设单位签署，建设单位代表签字，两者是不同主体，不能由同一个人签署。

3. 答案：错误。施工进度计划审查应包括多个基本内容，除符合施工合同中工期的约定外，还应满足主要工程项目无遗漏、施工顺序安排符合施工工艺要求、资源供应计划满足施工进度计划的需要及符合建设单位提供的施工条件等要求。

任务三　质量控制资料

《任务工单》

本任务工单旨在引导学生通过学习任务资讯模块中的相关知识与技能，独立解决以下问题。

判断题

1. 质量控制文件中，质量事故报告及处理资料只需由监理单位和城建档案馆归档保存。（　　）

2. 旁站监理记录是项目监理机构对工程所有部位和工序的施工质量进行监督活动的记录。（　　）

3. 见证取样和送检人员备案表由施工单位填写并归档保存。（　　）

《任务资讯》

根据《建设工程文件归档规范（2019 年版）》（GB/T 50328—2014）的规定，质量控制文件包括质量事故报告及处理资料、旁站监理记录、见证取样和送检人员备案表、见证记录、工程技术文件报审表，见表 3-3-1。

表 3-3-1　质量控制文件

类别	归档文件	保存单位				
		建设单位	设计单位	施工单位	监理单位	城建档案馆
B3	质量控制文件					
1	质量事故报告及处理资料	▲		▲	▲	▲
2	旁站监理记录	△		△	▲	
3	见证取样和送检人员备案表	▲		▲	▲	
4	见证记录	▲		▲	▲	
5	工程技术文件报审表			△		
注：表中符号“▲”表示必须归档保存；“△”表示选择性归档保存						

一、质量事故报告及处理资料

对需要返工处理或加固补强的质量事故，项目监理机构应要求施工单位报送质量事故调查报告和经设计等相关单位认可的处理方案，并应对质量事故的处理过程进行跟踪检查，同时应对处理结果进行验收。

项目监理机构应及时向建设单位提交质量事故书面报告，并应将完整的质量事故处理记录整理归档。

项目监理机构向建设单位提交的质量事故书面报告应包括以下内容。

（1）工程及各参建单位名称。

（2）质量事故发生的时间、地点、工程部位。

（3）事故发生的简要经过、造成工程损伤状况、伤亡人数和直接经济损失的初步估计。

（4）事故发生原因的初步判断。

（5）事故发生后采取的措施及处理方案。

（6）事故处理的过程及结果。

工程质量事故报告单样式及填写范例见表 3-3-2。

表 3-3-2　工程质量事故报告单

工程名称：××大厦　　　　编号：×××

致：××监理公司（监理单位） ××年×月×日在六层柱混凝土施工时，发生漏筋、漏石、孔洞等质量事故，现报告如下。 事故经过、原因分析及处理意见： 我单位于××年×月×日在六层柱混凝土施工时，由于振捣工没有按照混凝土振捣操作规程操作致使六层①～Ⓐ轴交接处一根柱混凝土发生漏筋、漏石、孔洞等质量事故。 经研究决定对该柱采取返工处理，重新进行混凝土浇筑。 承包单位(章)：××建筑工程公司 项目经理：××× 日　期：××年×月×日
项目监理机构签收： 于××年×月×日×时收到。 项目监理机构(盖章)　××监理公司××项目监理部 总监理工程师(签字)　××× ××年×月×日

工程质量事故处理方案报审表样式及填写范例见表 3-3-3。

表 3-3-3　工程质量事故处理方案报审表

工程名称：××大厦　　　　编号：×××

致：××监理公司（监理单位） 我方于××年×月×日提出的由于振捣工没有按照混凝土振捣操作规程操作发生漏筋、漏石、孔洞等质量事故的报告单，现上报处理方案，请予审查。 附件： 1. 工程质量事故报告单。 2. 工程质量事故处理方案。 承包单位(章)：××建筑工程公司 项目经理：××× 日　期：××年×月×日

续表

设计单位审查意见：	项目监理机构审查意见：
同意。 项目设计单位(盖章) ××规划设计院 结构工程师/建筑师(签字) ××× 日　　期 ××年×月×日	同意。 项目监理机构(盖章) ××监理公司××项目监理部 总监理工程师(签字) ××× 日　　期 ××年×月×日

二、旁站监理记录

旁站是指项目监理机构对工程的关键部位或关键工序的施工质量进行的监督活动。

项目监理机构应根据工程特点和施工单位报送的施工组织设计，确定旁站的关键部位、关键工序，安排监理人员进行旁站，并应及时记录旁站情况。

旁站监理记录宜采用表 3-3-4 的格式。

表 3-3-4　旁站监理记录

工程名称：××大厦　　　　编号：×××

旁站的关键部位、关键工序	屋面①～⑧/Ⓐ～Ⓗ轴混凝土浇筑	施工单位	××建筑工程公司
旁站开始时间	××年×月×日×时×分	旁站结束时间	××年×月×日×时×分
旁站的关键部位、关键工序施工情况： 采用商品混凝土，混凝土强度等级为 C25，配合比编号为×××。现场采用汽车泵 1 台进行混凝土的浇筑施工。检查混凝土坍落度 4 次，实测坍落度为 150 mm，符合混凝土配合比的要求。制作混凝土试块 2 组(编号××、××，其中编号为××的试块为见证试块)，混凝土浇筑过程符合施工验收规范的要求。			
发现问题及处理情况： 混凝土浇筑后没有及时进行覆盖。 在混凝土表面覆盖塑料布进行养护。 旁站监理人员(签字) ××× ×× 年 × 月 × 日			

三、见证取样和送检人员备案表

见证取样是指项目监理机构对施工单位进行的涉及结构安全的试块、试件及工程材料现场取样、封样、送检工作的监督活动。

见证取样和送检人员备案表宜采用表 3-3-5 的格式。

表 3-3-5　**见证取样和送检人员备案表**

<table>
<tr><td>工程名称</td><td>××大厦</td><td>编号</td><td>×××</td></tr>
<tr><td>质量监督站</td><td>××市建设工程质量监督站</td><td>日期</td><td>××年×月×日</td></tr>
<tr><td>检测单位</td><td colspan="3"></td></tr>
<tr><td>施工总承包单位</td><td colspan="3"></td></tr>
<tr><td>专业承包单位</td><td colspan="3"></td></tr>
<tr><td rowspan="5">见证人员签字</td><td></td><td rowspan="5">见证取样和送检印章</td><td rowspan="5"></td></tr>
<tr><td></td></tr>
<tr><td></td></tr>
<tr><td></td></tr>
<tr><td></td></tr>
<tr><td colspan="2">建设单位(章)</td><td colspan="2">监理单位(章)</td></tr>
</table>

四、见证记录

在施工过程中，见证人应按照事先编写的见证取样和送检计划进行取样及送检，并按规定填写见证记录。

见证记录宜采用表 3-3-6 的格式。

表 3-3-6　**见证记录**

<table>
<tr><td>工程名称</td><td colspan="2">××大厦</td><td>编号</td><td colspan="2">×××</td></tr>
<tr><td>样品名称</td><td>混凝土标养试块</td><td>试件编号</td><td>×××</td><td>取样数量</td><td>一组</td></tr>
<tr><td>取样部位/地点</td><td colspan="2">地上四层②～③/Ⓒ～Ⓓ轴顶板</td><td>取样日期</td><td colspan="2">××年×月×日</td></tr>
<tr><td>见证取样说明</td><td colspan="5">见证取样取自 06 号罐车，试块上已作明标识。</td></tr>
</table>

续表

见证取样送检印章	××监理公司 有见证取样和送检印章	
签字栏	取样人员	见证人员
	×××	×××

五、工程技术文件报审表

工程技术文件是反映建设工程项目的规模、内容、标准、功能等的文件。

工程技术文件报审表宜采用表 3-3-7 的格式。

表 3-3-7　工程技术文件报审表

<table>
<tr><td rowspan="3">工程名称</td><td rowspan="3">××工程</td><td>施工编号</td><td>×××</td></tr>
<tr><td>监理编号</td><td>×××</td></tr>
<tr><td>日期</td><td>××年×月×日</td></tr>
<tr><td colspan="4">致：××监理公司（监理单位）
我方已编制完成了×××技术文件，并经相关技术负责人审查批准，请予以审定。
附：技术文件___页___册

施工总承包单位×××　　　　项目经理/负责人×××
专业承包单位×××　　　　项目经理/负责人×××</td></tr>
<tr><td colspan="4">专业监理工程师审查意见：
工程技术文件合理、可行，请总监理工程师审核。

专业监理工程师×××
日期××年×月×日</td></tr>
<tr><td colspan="4">总监理工程师审批意见：
审定结论：☑同意　☐修改后再报　☐重新编制

监理单位××监理公司
总监理工程师×××
日期××年×月×日</td></tr>
</table>

施工组织设计
审查内容

《任务实施》

在完成任务资讯模块的学习后，学生们应已具备解决任务工单问题的知识与能力。以下是针对任务工单所提问题的解答，供学生们参考与检验学习成果。

判断题

1. 答案：错误。对质量事故报告及处理资料，建设单位、施工单位、监理单位和城建档案馆都必须归档保存，所以该说法错误。

2. 答案：错误。原文指出“旁站是指项目监理机构对工程的关键部位或关键工序的施工质量进行的监督活动”，并非所有部位和工序，所以该说法错误。

3. 答案：错误。文中提到见证取样是项目监理机构对施工单位相关工作的监督活动，并且见证取样和送检人员备案表，建设单位、施工单位和监理单位都必须归档保存，不是仅由施工单位填写归档，故此说法错误。

任务四　造价控制资料

《任务工单》

本任务工单旨在引导学生通过学习任务资讯模块中的相关知识与技能，独立解决以下问题。

填空题

1. 在造价控制文件中，工程款支付包括合同内工程款、工程变更增减费用、批准的索赔费用，扣除应扣预付款、保留金及__________________________。

2. 工程款支付证书是项目监理机构收到施工单位提交的工程款支付申请表之后，依据______________及相关规定的审查复核流程签署而成的。

《任务资讯》

根据《建设工程文件归档规范(2019 年版)》(GB/T 50328—2014)的规定，造价控制文件包括工程款支付、工程款支付证书、工程变更费用报审表、费用索赔申请表、费用索赔审批表，见表 3-4-1。

表 3-4-1 造价控制文件

类别	归档文件	保存单位				
		建设单位	设计单位	施工单位	监理单位	城建档案馆
B4	造价控制文件					
1	工程款支付	▲		△	△	
2	工程款支付证书	▲		△	△	
3	工程变更费用报审表	▲		△	△	
4	费用索赔申请表	▲		△	△	
5	费用索赔审批表	▲		△	△	
注：表中符号“▲”表示必须归档保存；“△”表示选择性归档保存						

一、工程款支付

工程款支付包括合同内工程款、工程变更增减费用、批准的索赔费用，扣除应扣预付款、保留金及施工合同中约定的其他费用。承包单位根据施工合同中工程款支付约定，向项目监理机构申请。

工程款支付宜采用表 3-4-2 的格式。

表 3-4-2 工程款支付

工程名称	××大厦	编号	×××
		日期	××年×月×日

致 ××监理公司 (监理单位)

我方已完成了 ±0.000～+10.500 m的主体结构工程施工 工作，按施工合同 × 条 × 款的约定，建设单位应在 ×× 年 × 月 × 日前支付该项工程款共(大写) 壹佰叁拾伍万柒仟贰佰捌拾玖元整 (小写：￥1 357 289.00)，现报上 ×××× 工程付款申请表，请予以审查并开具工程款支付证书。

附件：

(1)工程量清单。

(略)

(2)计算方法。

(略)

施工总承包单位 ××× 项目经理/负责人 ×××

二、工程款支付证书

工程款支付证书是项目监理机构收到施工单位提交的工程款支付申请表之后，依据承包合同以及相关规定的审查复核流程签署而成的。这份文件，旨在证明建设单位应当向施工单位支付工程款项，同时也是项目监理机构向建设单位转交的支付凭证文件。

工程款支付证书宜采用表 3-4-3 的格式。

表 3-4-3 工程款支付证书

工程名称：××工程　　　　编号：×××

致：××建筑工程公司（承包单位） 根据施工合同的规定，经审核承包单位的付款申请和报表，并扣除有关款项，同意本期支付工程款共(大写)贰佰柒拾万叁仟肆佰玖拾捌元整（小写：￥2 703 498）。请按合同规定及时付款。 其中： (1)承包单位申报款为：贰佰玖拾陆万伍仟零肆拾元整 (2)经审核承包单位应得款为：贰佰捌拾叁万柒仟零伍拾伍元整 (3)本期应扣款为：壹拾叁万叁仟伍佰伍拾柒元整 (4)本期应付款为：贰佰柒拾万叁仟肆佰玖拾捌元整 附件： (1)承包单位的工程付款申请表及附件。 (2)项目监理机构审查记录。(略) 项目监理机构：××监理公司××项目监理部 总监理工程师：××× 日　　期：××年×月×日

三、工程变更费用报审表

工程变更费用报审表，即为施工单位在收到总监理工程师签认的工程变更单、图纸会审记录及设计变更通知单之后，于承包合同规定限期内，就变更工程价款部分经项目监理机构审核确认的相关资料。

总监理工程师需在承包合同规定的期限内签发工程变更费用报审表，并在签署该表前需同建设单位、施工单位进行协商。

工程变更费用报审表宜采用表 3-4-4 的格式。

表 3-4-4 工程变更费用报审表

<table>
<tr><td rowspan="3">工程名称</td><td rowspan="3">××大厦</td><td>施工编号</td><td>×××</td></tr>
<tr><td>监理编号</td><td>×××</td></tr>
<tr><td>日期</td><td>××年×月×日</td></tr>
<tr><td colspan="4">致 ××监理公司 (监理单位)
兹申报第 ×× 号工程变更单，申请费用见附表，请予以审核。
附件：工程变更费用计算书

专业承包单位 ××× 项目经理/责任人 ×××
施工总承包单位 ××× 项目经理/责任人 ×××</td></tr>
<tr><td colspan="4">监理工程师审核意见：
1. 工程量符合实际情况。
2. 此变更符合《工程变更单》所包括的工作内容。
3. 定额项目选用合理，单价、合价计算正确。

监理工程师 ×××
日 期 ××年×月×日</td></tr>
<tr><td colspan="4">总监理工程师审查意见：
同意施工单位提出的该项变更费用申请。

监理单位 ××监理公司
总监理工程师 ×××
日期 ××年×月×日</td></tr>
</table>

工程变更处理程序

四、费用索赔申请表

索赔是指合法的所有者及权利方申请或要求其认为理应获取的资格、权益或付款。索赔属于正常且合理合法的情形，并非针对任何一方的不友好惩罚举措，而是对实际损失和额外费用的补偿，所以，必须正确对待索赔。

费用索赔申请是由承包单位向建设单位发起费用索赔，报送项目监理机构核查、认定与批复。施工单位需在费用索赔事件结束后的规定时限内，填写费用索赔申请表，向项目监理机构提出费用索赔。表中应详述索赔事件的经过、索赔缘由、索赔金额的计算过程，并附上相关证明材料。

费用索赔申请表宜采用表3-4-5的格式。

表3-4-5　费用索赔申请表

工程名称	××大厦	编号	×××
		日期	××年×月×日

致　××监理公司　(监理单位)

根据施工合同条款　××　条的规定，由于　三层②～⑦/Ⓑ～Ⓗ轴混凝土工程已按原设计图施工完毕，设计单位变更通知修改，按洽商附图施工的　原因，我方要求索赔金额(大写)　贰拾玖万叁仟零伍拾　元，请予以批准。

附件：

1. 索赔的详细理由及经过

三层②～⑦/Ⓑ～Ⓗ轴混凝土工程已按施工图纸(结—10，结—1)施工完毕后，设计单位变更通知修改，以核发的新设计图为准。因平面布置、配筋等均发生重大变动，造成我方直接经济损失。

2. 索赔金额的计算

(根据实际情况，依照工程概预算定额计算)

3. 证明材料

工程洽商记录及附图。

(证明材料主要包括合同文件；监理工程师批准的施工进度计划；合同履行过程中的来往函件；施工现场记录；工地会议纪要；工程照片；监理工程师发布的各种书面指令；工程进度款支付凭证；检查和试验记录；汇率变化表；各类财务凭证；其他有关资料)

专业承包单位　×××　　　　项目经理/责任人　×××

施工总承包单位　×××　　　　项目经理/责任人　×××

五、费用索赔审批表

总监理工程师应在施工合同约定的期限内签发费用索赔审批表，或发出要求承包单位提交有关费用索赔的进一步详细资料的通知。

费用索赔审批表宜采用表 3-4-6 的格式。

表 3-4-6　费用索赔审批表

工程名称：××工程　　　　编号：×××

致：××建筑工程公司（承包单位） 根据施工合同条款 × 条的规定，你方提出的 因工程设计变更而造成的 费用索赔申请(第 ××× 号)，索赔(大写) 壹拾万伍仟肆佰陆拾贰元整 ，经我方审核评估： □ 不同意此项索赔。 ☑ 同意此项索赔，金额为(大写) 壹拾万伍仟肆佰陆拾贰元整 。 同意/不同意索赔的理由： (1)费用索赔属于非承包方的原因。 (2)费用索赔的情况属实。 索赔金额的计算： (1)同意四层②～⑤/Ⓓ～Ⓕ轴构造柱钢筋拆除重做的费用。 (2)同意工程设计变更增加的合同外的施工项目的费用。 (3)工程延期 3 天，增加管理费 1 000 元。 项目监理机构：××监理公司××项目监理部 总监理工程师：××× 日　　期：××年×月×日

费用索赔程序

《任务实施》

在完成任务资讯模块的学习后，学生们应具备解决任务工单问题的知识与能力。以下是针对任务工单所提问题的解答，供学生们参考与检验学习成果。

填空题

1. 答案：施工合同中约定的其他费用。
2. 答案：承包合同。

任务五　工期管理资料

《任务工单》

本任务工单旨在引导学生通过学习任务资讯模块中的相关知识与技能，独立解决以下问题。

填空题

1. 根据《建设工程文件归档规范(2019 年版)》(GB/T 50328—2014)的规定，工期管理文件包括工程延期申请表和________________。
2. 工程延期申请表是依据合同规定，________________，导致施工单位要求工期补偿时采用的申请用表。

《任务资讯》

根据《建设工程文件归档规范(2019 年版)》(GB/T 50328—2014)的规定，工期管理文件包括工程延期申请表、工程延期审批表，见表 3-5-1。

表 3-5-1　工期管理文件

类别	归档文件	保存单位				
		建设单位	设计单位	施工单位	监理单位	城建档案馆
B5	工期管理文件					
1	工程延期申请表	▲		▲	▲	▲
2	工程延期审批表	▲			▲	▲
注：表中符号“▲”表示必须归档保存						

一、工程延期申请表

工程延期申请表是依据合同规定，非施工单位原因造成的工期延期，导致施工单位要求工期补偿时采用的申请用表。

工程延期申请表宜采用表 3-5-2 的格式。

表 3-5-2 工程延期申请表

<table>
<tr><td rowspan="2">工程名称</td><td rowspan="2">××大厦</td><td>编　　号</td><td>×××</td></tr>
<tr><td>日　　期</td><td>××年×月×日</td></tr>
<tr><td colspan="4">致 ××监理公司 （监理单位）
根据施工合同 ×× （条款），由于 非我方原因停水 原因，我方申请工程临时/最终延期 1 天(日历天)，请予以批准。

附件：
1. 工程延期依据及工期计算：8 h/d。
2. 证明材料：停水通知/公告。

专业承包单位 ×××　　项目经理/负责人 ×××
施工总承包单位 ×××　　项目经理/负责人 ×××</td></tr>
</table>

二、工程延期审批表

工程延期审批是指在出现施工合同约定由建设单位负责的延长工期情况后，承包单位所提出的工期索赔，需报送项目监理机构进行审核与确认。总监理工程师在签署认可工程延期之前，应和建设单位、承包单位展开协商，并且最好将费用索赔一并纳入考量与处理。总监理工程师要按照施工合同约定的时限，签发工程延期审批表，或者发出要求承包单位提交有关延期更进一步详细资料的通知。

工程延期审批表宜采用表 3-5-3 的格式。

表 3-5-3 工程延期审批表

<table>
<tr><td>工程名称</td><td>××大厦</td><td>编号</td><td>×××</td></tr>
<tr><td colspan="4">致： ××建筑工程公司 （施工总承包/专业承包单位）
根据施工合同条款 × 条的规定，我方对你方提出的 ×××× 工程延期申请(第 ××× 号)要求延长工期 15 日历天的要求，经过审核评估：
暂时同意工期延长 15 日历天。使竣工日期(包括已指令延长的工期)从原来的 ×× 年 11 月 20 日延迟到 ×× 年 12 月 05 日。请你方执行。
□ 不同意延长工期，请按约定竣工日期组织施工。

说明：
工程延期事件发生在已批准的网络进度计划的关键线路上，经建设单位与承包单位协商，暂时同意延长工期15天。

监理单位 ××监理公司
总监理工程师 ×××
日期 ××年×月×日</td></tr>
</table>

《任务实施》

在完成任务资讯模块的学习后，学生应已具备解决任务工单问题的知识与能力。以下是针对任务工单所提问题的解答，供学生们参考与检验学习成果。

填空题

1. 答案：工程延期审批表。
2. 答案：非施工单位原因造成的工期延期。

任务六　监理验收资料

《任务工单》

本任务工单旨在引导学生通过学习任务资讯模块中的相关知识与技能，独立解决以下问题。

填空题

1. 竣工移交证书是监理单位确认工程项目已按合同约定完成施工、质量符合设计及规范要求，并具备正式移交条件的____________。
2. 工程监理单位应根据工程特点和有关规定，保存监理档案，并应向有关单位、部门移交需要存档的____________。

《任务资讯》

根据《建设工程文件归档规范(2019 年版)》(GB/T 50328—2014)的规定，监理验收文件包括竣工移交证书、监理资料移交书，见表 3-6-1。

表 3-6-1　监理验收文件

类别	归档文件	保存单位				
		建设单位	设计单位	施工单位	监理单位	城建档案馆
B6	监理验收文件					
1	竣工移交证书	▲		▲	▲	▲
2	监理资料移交书	▲			▲	
注：表中符号“▲”表示必须归档保存						

一、竣工移交证书

竣工移交证书是监理单位确认工程项目已按合同约定完成施工、质量符合设计及规范要求，并具备正式移交条件的书面证明文件。其标志着工程实体由施工单位向建设单位移交，监理工作的阶段性终结，工程进入保修或正式运营阶段。

竣工移交证书宜采用表 3-6-2 的格式。

表 3-6-2 竣工移交证书

<table>
<tr><td colspan="2">致 ××集团公司 (建设单位名称)：
兹证明施工单位 ××建筑工程公司 施工的 ×× 工程，已按施工合同的要求完成，并验收合格，即日起该工程移交建设单位管理，并进入保修期。
附件：单位工程质量竣工验收记录。</td></tr>
<tr><td>总监理工程师(签字)</td><td>监理单位(章)</td></tr>
<tr><td>× × ×

日　期：××年×月×日</td><td>日　期：××年×月×日</td></tr>
<tr><td>建设单位代表(签字)</td><td>建设单位(章)</td></tr>
<tr><td>× × ×

日　期：××年×月×日</td><td>日　期：××年×月×日</td></tr>
</table>

二、监理资料移交书

工程监理单位应根据工程特点和有关规定，保存监理档案，并应向有关单位、部门移交需要存档的监理文件资料。

监理资料移交书宜采用表 3-6-3 的格式。

表 3-6-3　监理资料移交书

<table>
<tr><td>移交单位</td><td></td></tr>
<tr><td>接收单位</td><td></td></tr>
<tr><td>工程名称</td><td></td></tr>
<tr><td colspan="2">移交单位向建设单位移交工程监理资料共计　　盒。其中包括文字材料　　册，图纸资料　　，其他材料　　。(移交单位可根据资料具体移交内容进行调整)
附件：移交明细表</td></tr>
<tr><td>移交单位(公章)：</td><td>接收单位(公章)：</td></tr>
<tr><td>总监理工程师：</td><td>部门负责人：</td></tr>
<tr><td>移交人(签字)：
联系电话：</td><td>接收人(签字)：
联系电话：</td></tr>
<tr><td>移交时间：　　年　　月　　日</td><td>接收时间：　　年　　月　　日</td></tr>
</table>

《建设工程监理规范》
(GB/T 50319—2013)

《任务实施》

在完成任务资讯模块的学习后，学生们应已具备解决任务工单问题的知识与能力。以下是针对任务工单所提问题的解答，供学生们参考与检验学习成果。

填空题

1. 答案：书面证明文件。
2. 答案：监理文件资料。

项目拓展

从党的二十大报告看
建筑企业数字化转型

项目实训

实训设计：监理单位实地调研与交流

一、实训目的

(1)让学生深入了解监理公司各项工作流程，尤其是资料管理的实际操作情况，增强对理论知识的感性认识。

(2)通过实地学习，熟悉监理资料编制与整理的具体要求和方法，提高学生在资料管理方面的实践能力。

(3)借助与监理公司资料员的交流互动，了解行业实际需求，培养学生的职业素养和解决实际问题的能力。

二、实训步骤

1. 前期准备

(1)教师提前与当地一家信誉良好、业务全面的监理公司取得联系，沟通实训事宜，确定参观学习的时间、地点和内容。

(2)教师向学生介绍本次实训的大致安排和目的，强调实训的重要性和注意事项，让学生提前做好心理准备。

(3)将学生分成若干小组，每组指定一名组长，负责组织和协调小组成员的行动。

2. 实地参观

(1)在约定时间，教师带领学生前往监理公司。到达后，由监理公司的工作人员引导学生参观公司的办公区域、资料室等，让学生对监理公司的整体工作环境有初步了解。

(2)安排学生参观监理项目的相关资料展示，包括各类监理文件、档案等，让学生直观感受资料管理的成果。

3. 资料员讲解

邀请监理公司的资料员为学生进行详细讲解。

资料员首先介绍监理资料管理在整个监理工作中的重要地位和作用，让学生明确监理资料管理的意义。

接着，资料员结合实际案例，讲解监理资料编制的流程和方法。从监理规划、监理实施细则等文件的编制依据和要点，到监理月报、监理日志等日常记录的填写规范，逐一进行说明，让学生了解不同资料文件的具体编制要求。

然后，资料员展示监理资料整理的全过程，包括资料的分类、归档、装订等操作。讲解如何按照《建设工程文件归档规范(2019 年版)》(GB/T 50328—2014)的要求，对各类监理资料进行科学整理和妥善保存，确保资料的完整性和可追溯性。

在讲解过程中，资料员鼓励学生随时提问，针对学生的疑问进行详细解答，确保学生能够理解所讲内容。

4. 学生实践操作

讲解结束后，资料员提供一些实际的监理资料样本和空白表格，让学生分组进行实践操作。每个小组根据所学知识，模拟编制一份监理规划或监理实施细则，并对一些日常监理记录进行整理和归档。

资料员在学生实践过程中进行巡视指导，及时发现并纠正学生存在的问题，给予学生实际操作的建议和帮助。

5. 交流与总结

(1)学生完成实践操作后，各小组推选代表进行汇报，分享实践过程中的收获和遇到的问题。其他小组可以进行提问和交流，共同探讨解决方案。

(2)教师和资料员对学生的表现进行点评，总结学生在实训过程中存在的共性问题和不足之处，再次强调监理资料编制与整理的关键要点和注意事项。

(3)教师对本次实训进行总结，感谢监理公司的支持和资料员的讲解，鼓励学生将所学知识运用到今后的学习和实际工作中，不断提升自己的专业能力。

三、实训评估

1. 学生表现评估

观察学生在实训过程中的参与度、积极性和团队协作能力。对积极提问、认真听讲、主动参与实践操作的学生给予较高评价；对表现消极、不遵守纪律的学生适当扣分。

2. 实践操作成果评估

根据学生小组提交的监理资料编制和整理成果进行评估。从资料的完整性、准确性、规范性等方面进行打分，评估标准如下。

(1)完整性(30 分)：所编制和整理的资料内容完整，无遗漏重要信息。

(2)准确性(40 分)：资料中的数据、文字等内容准确无误，符合实际情况和规范要求。

(3)规范性(30 分)：资料的格式、装订等符合《建设工程文件归档规范(2019 年版)》(GB/T 50328—2014)及相关标准要求。

3. 实训报告评估

要求学生撰写实训报告，内容包括实训收获、体会、遇到的问题及解决方法等。根据报告的内容深度、逻辑性、语言表达等方面进行评估，评估标准如下 。

(1)内容深度(40 分)：报告能够深入总结实训收获，对遇到的问题进行详细分析，提出合理的解决方法和建议。

(2)逻辑性(30 分)：报告结构合理，层次清晰，内容连贯，能够有条理地阐述实训过程和体会。

(3)语言表达(30 分)：报告语言通顺，用词准确，无明显语病和错别字。

四、注意事项

(1)在前往监理公司和参观学习过程中，学生要严格遵守纪律，听从教师和工作人员的指挥，不得擅自离队或做出影响他人和公司正常工作秩序的行为。

(2)进入监理公司后，要注意保持环境卫生，爱护公司设施，不得随意触摸或损坏公司的物品。

(3)在与资料员交流过程中，学生要礼貌提问，尊重他人的讲解，认真记录所学知识。

(4)实训过程中，学生要注意保管好自己的个人物品，防止丢失。

(5)教师要提前了解学生的身体状况，对于有特殊情况的学生，要采取相应的照顾措施，确保学生的安全。

项目评价

完成本项目后，采用过程性评价和结果性评价相结合的方式，综合运用自我评价、小组评价和教师评价三种方式，由任课教师确定三种评价方式占总成绩的比例，加权计算出每个学生完成本项目拓展活动的考核评价表。

考核评价表

总评价分		班级	
学号		姓名	
评价方式	评价内容	分值	分数
自我评价	目标达成情况	30	
	技能与知识掌握	50	
	个人发展与自我提升	20	
小组评价	团队合作能力	30	
	项目贡献度	50	
	团队氛围与支持	20	
教师评价	学习态度与努力程度	20	
	知识应用与创新能力	40	
	个人品行与责任感	40	
总评价分＝自我评价分×（　）%＋小组评价分×（　）%＋教师评价分×（　）%＝			

项目四　编制与整理施工单位资料

学习目标

【知识目标】

1. 了解施工单位的归档资料种类。
2. 熟悉施工单位归档资料的主要内容。
3. 掌握施工单位归档资料的编制与整理。

【技能目标】

能够整理与归档施工单位资料。

【素养目标】

1. 提升学生对施工单位工作的整体认知和理解能力。
2. 增强学生在团队协作中的沟通能力。

项目导航

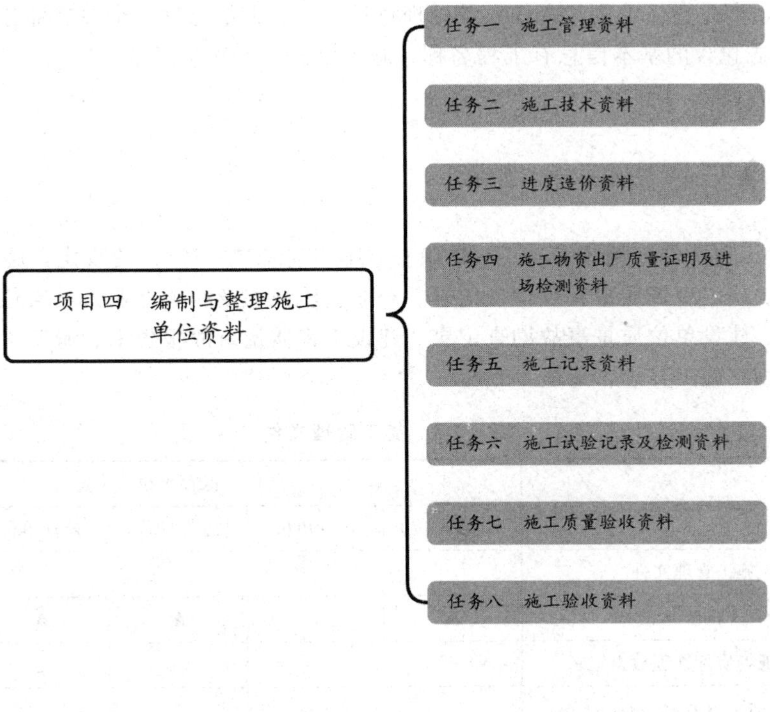

任务一　施工管理资料

《任务工单》

本任务工单旨在引导学生通过学习任务资讯模块中的相关知识与技能，独立解决以下问题。

一、填空题

1. 工程概况表是对工程基本情况的简述，应包括单位工程的________、构造特征、机电系统等。

2. 施工现场质量管理检查记录填写指引中，检查结论栏应由________或建设单位项目负责人来填写。

3. 建设单位质量事故勘查记录填写要点中，“调(勘)查笔录”栏应记录工程质量事故发生的时间、具体位置，分析造成质量事故的缘由，并且记录现场观察到的现象，同时对由此造成的________进行初步估算。

二、判断题

1. 分包单位资质报审表的审核是由专业监理工程师独立完成的。(　　)

2. 建设工程质量事故报告书通常包含基本信息、事故经过、后果与原因分析、事故发生后采取的措施、事故责任单位、责任人及处理意见、报告人信息这几个关键部分。(　　)

3. 施工日志包含的基本信息有工程名称、施工单位、天气状况等。(　　)

《任务资讯》

根据《建设工程文件归档规范(2019 年版)》(GB/T 50328—2014)的规定，施工管理文件包括工程概况表、施工现场质量管理检查记录、企业资质证书及相关专业人员岗位证书、分包单位资质报审表、建设单位质量事故勘查记录、建设工程质量事故报告书、施工检测计划、见证试验检测汇总表、施工日志，见表 4-1-1。

表 4-1-1　施工管理文件

类别	归档文件	保存单位				
		建设单位	设计单位	施工单位	监理单位	城建档案馆
C1	施工管理文件					
1	工程概况表	▲		▲	▲	△
2	施工现场质量管理检查记录			△	△	
3	企业资质证书及相关专业人员岗位证书	△		△	△	△

续表

类别	归档文件	保存单位				
		建设单位	设计单位	施工单位	监理单位	城建档案馆
4	分包单位资质报审表	▲		▲	▲	
5	建设单位质量事故勘查记录	▲		▲	▲	▲
6	建设工程质量事故报告书	▲		▲	▲	▲
7	施工检测计划	△		△	△	
8	见证试验检测汇总表	▲		▲	▲	▲
9	施工日志			▲		
注：表中符号“▲”表示必须归档保存；“△”表示选择性归档保存						

一、工程概况表

工程概况表是对工程基本情况的简述，应包括单位工程的一般情况、构造特征、机电系统名称等。

工程概况表宜采用表 4-1-2 的格式。

表 4-1-2　工程概况表

<table>
<tr><td>工程名称</td><td colspan="2">××大厦</td><td>编号</td><td>×××</td></tr>
<tr><td rowspan="11">一般情况</td><td>建设单位</td><td colspan="3">×××集团开发有限公司</td></tr>
<tr><td>建设用途</td><td>民用</td><td>设计单位</td><td>×××建筑设计院</td></tr>
<tr><td>建设地点</td><td>×××市×××区×××路</td><td>勘察单位</td><td>×××勘察设计院</td></tr>
<tr><td>建筑面积</td><td>30 000 m²</td><td>监理单位</td><td>×××建设监理有限公司</td></tr>
<tr><td>工期</td><td>××年×月×日至××年×月×日</td><td>施工单位</td><td>×××建设公司
×××装饰装修有限公司</td></tr>
<tr><td>计划开工日期</td><td>××年×月×日</td><td>计划竣工日期</td><td>××年×月×日</td></tr>
<tr><td>结构类型</td><td>框架-剪力墙</td><td>基础类型</td><td>筏形基础</td></tr>
<tr><td>层次</td><td>地下 2 层，地上 17 层</td><td>建筑檐高</td><td>3.5 m</td></tr>
<tr><td>地上面积</td><td></td><td>地下面积</td><td></td></tr>
<tr><td>人防等级</td><td>2 级</td><td>抗震等级</td><td>7 度</td></tr>
<tr><td colspan="4"></td></tr>
<tr><td rowspan="5">构造特征</td><td>地基与基础</td><td colspan="3">基础持力层为砂卵石层，局部为中砂层，Ⅱ类场地土，筏形基础板厚为 300～500 mm，混凝土强度等级为 C30，抗渗等级为 P8</td></tr>
<tr><td>柱、内外墙</td><td colspan="3">柱强度等级：地下室为 C50，1～12 层为 C40，13 层以上为 C30，最大截面尺寸为 950 mm×950 mm。
内墙厚度为 200 mm，外墙厚度为 300 mm；强度等级 13 层以下为 C40，13 层以上为 C30。
二次结构为 120 mm、240 mm 厚陶粒混凝土砌块隔墙</td></tr>
<tr><td>梁、板、楼盖</td><td colspan="3"></td></tr>
<tr><td>外墙装饰</td><td colspan="3">以面砖为主，主入口干挂石材</td></tr>
<tr><td>内墙装饰</td><td colspan="3">以乳胶漆为主，局部房间为壁布吸声墙面和软包墙面，顶棚为矿棉吸声板、铝塑板、石膏板吊顶，楼梯为水泥面层</td></tr>
</table>

续表

工程名称		××大厦	编号	×××
构造特征	楼地面装饰	地砖、花岗石、地毯		
	屋面构造	平屋面；设保温层、找平层，不上人屋面聚氯乙烯柔性防水层，上人屋面缸砖保护层		
	防火设备	自动喷水灭火系统		
机电系统名称		机电一体化系统		
其他				

二、施工现场质量管理检查记录

施工现场质量管理检查记录应符合《建筑工程施工质量验收统一标准》(GB 50300—2013)的有关规定。

施工现场质量管理检查记录的填写指引如下。

(1)表格内各单位称呼需要填写完整名称，且应同合同或协议书里的称呼相契合。

(2)检查项目板块要如实填写各检查项目对应文件的名目或编号，同时，将文件的原件或复印件附在表格后面以供核查，核查结束后将文件交还给原单位；检查项目填写内容依据检查实际情况，把检查结果填写到对应的栏目中。可以直接填写相关资料的名称，当资料数量较多时，也可对相关资料进行编号填写，并且注明份数。

(3)表格应在开工前进行填写，由施工单位负责人完成填写工作，监理单位的总监理工程师在对现场检查之后填写检查结论。

(4)检查结论栏应由总监理工程师或建设单位项目负责人来填写，填写内容要清晰明确，不能使用含糊不清的措辞。

施工现场质量管理检查记录宜采用表 4-1-3 的格式。

表 4-1-3　施工现场质量管理检查记录

工程名称	××大厦	施工许可证（开工证）	×××	编号	×××
建设单位	××集团公司		项目负责人	×××	
设计单位	××建筑设计院		项目负责人	×××	
勘察单位	××勘察设计院		项目负责人	×××	
监理单位	××监理公司		总监理工程师	×××	
施工单位	××建筑工程公司	项目经理	×××	项目技术负责人	×××
序号	项目		内容		
1	现场质量管理制度		质量例会制度；月评比及奖罚制度；三检及交接检制度；质量与经济挂钩制度		
2	质量责任制		岗位责任制；设计交底制；技术交底制；挂牌制度		
3	主要专业工程操作上岗证书		测量工、钢筋工、起重工、木工、混凝土工、电焊工、架子工等，有证		
4	专业承包单位资质管理制度		—		
5	施工图审查情况		审查报告及审查批准书××设××号		
6	地质勘察资料		地质勘探报告		
7	施工组织设计编制及审批		施工组织设计编制、审批齐全		

续表

<table>
<tr><td>序号</td><td>项目</td><td>内容</td></tr>
<tr><td>8</td><td>施工技术标准</td><td>有模板、钢筋、混凝土灌注等 20 多种</td></tr>
<tr><td>9</td><td>工程质量检验制度</td><td>有原材料及施工检验制度；抽测项目的检验计划</td></tr>
<tr><td>10</td><td>混凝土搅拌站及计量设施</td><td>有管理制度和计量设施精确度及控制措施</td></tr>
<tr><td>11</td><td>现场材料、设备存放与管理制度</td><td>钢材、砂石、水泥及玻璃、地面砖的管理办法</td></tr>
<tr><td>12</td><td></td><td></td></tr>
<tr><td colspan="3">检查结论：

施工现场质量管理制度完整，符合要求，工程质量有保障。

监理工程师(建设单位项目负责人)：×××　　　　××年×月×日</td></tr>
</table>

三、分包单位资质报审表

在分包工程开启之前，项目监理机构需要对施工单位呈交的分包单位资格报审表展开审核，专业监理工程师给出审查意见之后，要由总监理工程师予以审核并签认。

分包单位资格审核涵盖的基本内容如下。

(1)营业执照及企业资质等级证书。

(2)安全生产许可相关文件。

(3)过往类似工程的业绩情况。

(4)专职管理人员和特种作业人员所具备的资格情况。

分包单位资质报审表宜采用表 4-1-4 的格式。

表 4-1-4　分包单位资质报审表

<table>
<tr><td rowspan="3">工程名称</td><td rowspan="3" colspan="2">××大厦</td><td>施工编号</td><td>×××</td></tr>
<tr><td>监理编号</td><td>×××</td></tr>
<tr><td>日期</td><td>××年×月×日</td></tr>
<tr><td colspan="5">致：<u>××监理公司××项目监理部</u>(项目监理机构)
经考察，我方认为你选择的<u>××建筑工程公司</u>(分包单位)具有承担下列工程的施工或安装资质和能力，可以保证本工程按施工合同的约定进行施工或安装，请予以审查。
附件：1. 分包单位资质材料。
2. 分包单位业绩材料。
3. 分包单位专职管理人员和特种作业人员的资格证书。
4. 施工单位对分包单位的管理制度。</td></tr>
<tr><td>分包工程名称(部位)</td><td colspan="2">工程量</td><td>分包工程合同额</td><td>备注</td></tr>
<tr><td>××主体结构工程</td><td colspan="2">包括混凝土结构、砌体结构、劲钢(管)混凝土结构等工程</td><td>×××元</td><td></td></tr>
<tr><td></td><td colspan="2"></td><td></td><td></td></tr>
<tr><td colspan="3">合计</td><td>×××元</td><td></td></tr>
</table>

续表

<table>
<tr><td rowspan="3">工程名称</td><td rowspan="3">××大厦</td><td>施工编号</td><td>×××</td></tr>
<tr><td>监理编号</td><td>×××</td></tr>
<tr><td>日期</td><td>××年×月×日</td></tr>
<tr><td colspan="4">

施工项目经理部(盖章) ××建筑工程公司
项目经理(签字) ×××</td></tr>
<tr><td colspan="4">专业监理工程师审查意见：
经核查，××建筑工程公司具备主体结构工程施工资质，未超资质范围承担业务；已取得施工许可证，且在有效期内；各类人员资质符合要求，人员配置满足施工要求；具有同类施工资历，且无不良记录。

专业监理工程师(签字) ×××
日期： ××年×月×日</td></tr>
<tr><td colspan="4">总监理工程师审核意见：
同意××建筑工程公司进场施工。

监理单位(盖章) ××监理公司××项目监理部
总监理工程师(签字) ×××
日期： ××年×月×日</td></tr>
</table>

四、建设单位质量事故勘查记录

当建设工程出现质量事故之后，调查人员针对工程质量事故开展初步的调查了解及现场勘查，由此形成的记录便是建设工程质量事故调查、勘查记录。填写建设工程质量事故调查、勘查记录需要遵循实事求是的原则，严禁出现弄虚作假的情况。填写要点如下。

(1)填写该表格时需要注明工程名称、调(勘)查时间和地点，同时写明参与调查、勘查的人员及其所属单位、姓名、职务及电话。

(2)“调(勘)查笔录”栏应记录工程质量事故发生的时间、具体位置，分析造成质量事故的缘由，并且记录现场观察到的现象，同时，对由此造成的经济损失进行初步估算。

(3)工程质量事故发生之后，要以影像方式如实记录现场状况，以此作为分析事故原因的依据，当留存有现场证物照片或事故证据资料时，应在对应的“有”“无”选择框处划“√”，并且注明数量。

建设单位质量事故勘查记录宜采用表 4-1-5 的格式。

表 4-1-5　建设单位质量事故勘查记录

<table>
<tr><td rowspan="2">工程名称</td><td colspan="2" rowspan="2">××大厦</td><td>编号</td><td>×××</td></tr>
<tr><td>日期</td><td>××年×月×日</td></tr>
<tr><td>调(勘)查时间</td><td colspan="4">××年×月×日×时×分至×时×分</td></tr>
<tr><td>调(勘)查地点</td><td colspan="4">×××区×××(工程项目所在地)</td></tr>
<tr><td>参加人员</td><td>单位</td><td>姓名</td><td>职务</td><td>电话</td></tr>
<tr><td>被调查人</td><td>×××建筑工程公司</td><td>×××</td><td>项目经理</td><td>×××</td></tr>
<tr><td rowspan="2">陪同调(勘)查人员</td><td>×××</td><td>×××</td><td>施工员</td><td>×××</td></tr>
<tr><td>×××</td><td>×××</td><td>质检员</td><td>×××</td></tr>
<tr><td>调(勘)查笔录</td><td colspan="4">××年×月×日在六层柱混凝土施工时，由于振捣工没有按照混凝土振捣操作规程操作，致使六层①～④轴交接处一根柱混凝土发生漏筋、孔洞等质量缺陷。</td></tr>
<tr><td>现场证物照片</td><td colspan="4">☑有　无　共 5 张　共 4 页</td></tr>
<tr><td>事故证据资料</td><td colspan="4">☑有　无　共 8 条　共 4 页</td></tr>
<tr><td>被调查人签字</td><td colspan="2">×××</td><td>调(勘)查人签字</td><td>×××</td></tr>
</table>

五、建设工程质量事故报告书

建设工程质量事故报告书是在工程建设过程中，当发生由于建设、勘察、设计、施工、监理等单位违反工程质量相关法律法规和工程建设标准，导致工程在结构安全、重要使用功能等方面出现缺陷，进而引发人身伤亡或重大经济损失的事故后，所编写的正式报告文件。

建设工程质量事故报告书通常包含以下几个关键部分。

(1)基本信息：详细记录了工程名称、建设地点、建设单位、设计单位、施工单位等基本信息，以及事故发生的时间、上报时间和经济损失等。

(2)事故经过、后果与原因分析：描述了事故的详细经过，包括事故发生的具体时间、地点和过程，分析了事故造成的后果，如结构损坏、人员伤亡等，并深入剖析了事故的原因，如操作不当、材料质量问题等。

(3)事故发生后采取的措施：记录了事故发生后，相关单位和个人所采取的紧急应对措施，以及为防止事故进一步扩大和减少损失所做的努力。

(4)事故责任单位、责任人及处理意见：明确了事故的责任单位和责任人，并提出了相应的处理意见，包括对相关责任人的处罚、对事故责任的追究及对事故教训的总结等。

(5)报告人信息：记录了报告人的姓名、职务及报告日期等信息，以确保报告的权威性和可追溯性。

建设工程质量事故报告书宜采用表 4-1-6 的格式。

表 4-1-6　建设工程质量事故报告书

<table>
<tr><td colspan="2">工程名称</td><td colspan="2">××综合楼</td><td colspan="1">建设地点</td><td colspan="1">××区××路××号</td></tr>
<tr><td colspan="2">建设单位</td><td colspan="2">××大学</td><td>设计单位</td><td>××建筑设计院</td></tr>
<tr><td colspan="2">施工单位</td><td colspan="2">××建筑工程公司</td><td>建筑面积
工作量</td><td>6 321.00 m²
631.00 万元</td></tr>
<tr><td colspan="2">结构类型</td><td colspan="2">框架结构</td><td>事故发生时间</td><td>××年×月×日</td></tr>
<tr><td colspan="2">上报时间</td><td colspan="2">××年×月×日</td><td>经济损失</td><td>2 000.00 元</td></tr>
<tr><td colspan="6">事故经过、后果与原因分析：
××年×月×日在六层柱混凝土施工时，由于振捣工没有按照混凝土振捣操作规程操作致使六层①～Ⓐ轴交接处一根柱混凝土发生漏筋、漏石、孔洞等质量缺陷。</td></tr>
<tr><td colspan="6">事故发生后采取的措施：
经研究决定对该柱采取返工处理，重新进行混凝土浇筑。</td></tr>
<tr><td colspan="6">事故责任单位、责任人及处理意见：
事故责任单位：混凝土施工班组
责任人：振捣工
处理意见：
(1)对直接责任人进行质量意识教育，切实加强混凝土操作规程培训学习及贯彻执行，持证上岗，并处以适当经济处罚。
(2)对所在班组提出批评，切实加强过程控制。</td></tr>
<tr><td>负责人</td><td>×××</td><td>报告人</td><td>×××</td><td>日期</td><td>××年×月×日</td></tr>
</table>

《建设工程质量管理条例》

六、见证试验检测汇总表

见证试验检测汇总表是在工程建设过程中，用于记录实验室见证的试验检测情况的一份重要文档。通过这份汇总表，可以清晰地了解试验的进展和结果，确保工程材料、构配件等的质量符合相关标准和要求。

见证试验检测汇总表通常包含以下几个关键部分。

(1)基本信息：包括工程名称、填表日期、建设单位、检测单位、监理单位、见证人员、施工单位及取样人员等信息，这些信息有助于准确追踪和识别试验的相关责任方。

(2)试验项目及相关数据：详细列出了各项试验项目，如混凝土试块、砌筑砂浆试块、钢筋原材等，并记录了应试验的组数或次数、实际见证的试验组数或次数及不合格次数。这些数据直观反映了各项试验的完成情况和质量状况。

(3)制表人信息：包括制表人的签字，确保了汇总表的权威性和可追溯性。

见证试验检测汇总表宜采用表 4-1-7 的格式。

表 4-1-7　见证试验检测汇总表

工程名称	××工程		编号	×××
			填表日期	××年×月×日
建设单位	××建设集团有限公司		检测单位	××质量检测单位
监理单位	××监理公司		见证人员	×××
施工单位	××建筑工程公司		取样人员	×××
试验项目	应试验组/次数	见证试验组/次数	不合格次数	备注
混凝土试块	65	27	0	
砌筑砂浆试块	20	8	0	
钢筋原材	42	15	0	
直螺纹钢筋接头	20	8	0	
SBS 防水卷材	5	3	0	
制表人(签字)	×××			

七、施工日志

施工日志也称为施工日记，是在建筑工程整个施工阶段的施工组织管理、施工技术等有关施工活动和现场情况变化的真实综合性记录。它不仅是处理施工问题的备忘录和总结施工管理经验的基本素材，还是工程交竣工验收资料的重要组成部分。

施工日志包含以下主要内容。

(1)基本信息：包括工程名称、施工单位、天气状况等，这些信息有助于了解施工当天的外部环境和基本条件。

(2)施工情况记录：详细记录了当天的施工进展，如各部位的钢筋绑扎、模板安装、塔式起重机作业等，以及施工班组的人员情况和具体作业内容。同时，还记录了施工图纸的修改通知和施工暂停情况，这反映了施工过程中的动态变化和管理决策。

(3)技术、质量、安全工作记录：包括技术、质量安全工作例会的召开情况、会议决定、施工中发现问题的处理措施及安全生产方面的巡查检查结果。这些记录体现了施工过程中的质量控制和安全管理。

(4)发现的问题与整改：施工日志中明确指出了施工中发现的问题，如钢筋保护层厚度不够、马凳铁间距未按要求布置等，并记录了立即返修、整改复查的处理措施，这体现了施工过程中的问题导向和持续改进。

施工日志宜采用表 4-1-8 的格式。

表 4-1-8　施工日志

<table>
<tr><td rowspan="2">工程名称</td><td rowspan="2" colspan="2">×××工程</td><td>编号</td><td>×××</td></tr>
<tr><td>日期</td><td>××年×月×日</td></tr>
<tr><td>施工单位</td><td colspan="4">×××建筑工程公司</td></tr>
<tr><td>天气状况</td><td colspan="2">风力</td><td colspan="2">最高/最低温度</td></tr>
<tr><td>晴</td><td colspan="2">2～3 级</td><td colspan="2">24 ℃/19 ℃</td></tr>
<tr><td colspan="5">施工情况记录(施工部位、施工内容、机械使用情况、劳动力情况、施工中存在的问题等)：
地下二层
(1)Ⅰ段(①～⑬/Ⓐ～Ⓙ轴)顶板钢筋绑扎，埋件固定，塔式起重机作业，型号为××，钢筋班组为 15 人，组长：×××。
(2)Ⅱ段(⑭～⑲/Ⓐ～Ⓙ轴)梁开始钢筋绑扎，塔式起重机作业，型号为××，钢筋班组为 18 人。
(3)Ⅲ段(⑳～㉘/Ⓑ～Ⓕ轴)施工图纸由设计单位提出修改，待设计通知单下发后，组织相关人员施工。
(4)Ⅳ段(㉙～㊶/Ⓑ～Ⓖ轴)剪力墙、柱模板安装，塔式起重机作业，型号为××，木工班组为 21 人。
(5)发现问题：Ⅰ段顶板(①～⑬/Ⓐ～Ⓙ轴)钢筋保护层厚度不够，马凳铁间距未按要求布置。</td></tr>
<tr><td colspan="5">技术、质量、安全工作记录(技术、质量安全活动、检查验收、技术质量安全问题等)：
(1)建设单位、设计单位、监理单位、施工单位在现场召开技术质量安全工作会议，参加人员：×××(职务)等。
会议决定：
①±0.000 m 以下结构于×月×日前完成。
②地下三层回填土于×月×日前完成，地下二层回填土于×月×日前完成。
③对施工中发现问题(××××××××××××××××××××问题)，立即返修，整改复查，符合设计、规范要求。
(2)安全生产方面：由安全员带领 3 人巡视检查，主要是“三宝、四边、五临边”，检查全面到位，无隐患。
(3)检查评定验收：各施工班组施工工序合理、科学，Ⅱ段(⑭～⑲/Ⓐ～Ⓙ轴)梁、Ⅳ段(㉙～㊶/Ⓑ～Ⓖ轴)剪力墙、柱予以验收，实测误差达到规范要求。</td></tr>
<tr><td>记录人(签字)</td><td colspan="4">×××</td></tr>
</table>

《任务实施》

在完成任务资讯模块的学习后，学生们应已具备解决任务工单问题的知识与能力。以下是针对任务工单所提问题的解答，供学生们参考与检验学习成果。

一、填空题

1. 答案：一般情况。

2. 答案：总监理工程师。

3. 答案：经济损失。

二、判断题

1. 答案：错误。专业监理工程师给出审查意见之后，要由总监理工程师予以审核并签认。

2. 答案：正确。

3. 答案：正确。

任务二　施工技术资料

《任务工单》

本任务工单旨在引导学生通过学习任务资讯模块中的相关知识与技能，独立解决以下问题。

一、填空题

1. 危险性较大的分部分项工程范围中，基坑工程包括开挖深度超过 3 m(含 3 m)的基坑(槽)的土方开挖、支护、降水工程，以及开挖深度虽未超过 3 m，但地质条件、周围环境和地下管线复杂，或影响毗邻建(构)筑物安全的基坑(槽)的土方开挖、支护、降水工程。其中，模板工程及支撑体系中的混凝土模板支撑工程，搭设高度为________及以上，或搭设跨度为 10 m 及以上。

2. 图纸会审记录所包含的主要内容有工程基本信息、图纸问题及建议、________等。

二、判断题

1. 施工组织设计按编制对象，可分为施工组织总设计、单位工程施工组织设计和施工方案。(　　)

2. 在设计变更通知单中，变更详情只需要列出需要变更的图纸图号即可。(　　)

《任务资讯》

根据《建设工程文件归档规范(2019 年版)》(GB/T 50328—2014)的规定，施工技术文件包括工程技术文件报审表、施工组织设计及施工方案、危险性较大分部分项工程施工方案、技术交底记录、图纸会审记录、设计变更通知单、工程洽商记录(技术核定单)，见表 4-2-1。

表 4-2-1　施工技术文件

类别	归档文件	保存单位				
		建设单位	设计单位	施工单位	监理单位	城建档案馆
C2	施工技术文件					
1	工程技术文件报审表	△		△	△	
2	施工组织设计及施工方案	△		△	△	△
3	危险性较大分部分项工程施工方案	△		△	△	△
4	技术交底记录	△		△		
5	图纸会审记录	▲	▲	▲	▲	▲
6	设计变更通知单	▲	▲	▲	▲	▲
7	工程洽商记录(技术核定单)	▲	▲	▲	▲	▲
注：表中符号“▲”表示必须归档保存；“△”表示选择性归档保存						

一、施工组织设计及施工方案

(1)施工组织设计是以施工项目为对象编制的，用以指导施工的技术、经济和管理的综合性文件。

(2)施工组织设计按编制对象，可分为施工组织总设计、单位工程施工组织设计和施工方案。

(3)施工组织设计应包括编制依据、工程概况、施工部署、施工进度计划、施工准备与资源配置计划、主要施工方法、施工现场平面布置及主要施工管理计划等基本内容。

二、危险性较大分部分项工程施工方案

当工程中存在危险性较大分部分项工程时，为确保工程质量安全，应组织相关专家充分论证相应施工方案。

危险性较大分部分项工程范围如下。

1. 基坑工程

(1)开挖深度超过 3 m(含 3 m)的基坑(槽)的土方开挖、支护、降水工程。

(2)开挖深度虽未超过 3 m，但地质条件、周围环境和地下管线复杂，或影响毗邻建(构)筑物安全的基坑(槽)的土方开挖、支护、降水工程。

2. 模板工程及支撑体系

(1)各类工具式模板工程：包括滑模、爬模、飞模、隧道模等工程。

(2)混凝土模板支撑工程：搭设高度在 5 m 及以上，或搭设跨度在 10 m 及以上，或施工总荷载(荷载效应基本组合的设计值，以下简称设计值)在 10 kN/m^2 及以上，或集中线荷载(设计值)在

15 kN/m及以上，或高度大于支撑水平投影宽度且相对独立无联系构件的混凝土模板支撑工程。

(3)承重支撑体系：用于钢结构安装等满堂支撑体系。

3. 起重吊装及起重机械安装拆卸工程

(1)采用非常规起重设备、方法，且单件起吊质量在 10 kN 及以上的起重吊装工程。

(2)采用起重机械进行安装的工程。

(3)起重机械安装和拆卸工程。

4. 脚手架工程

(1)搭设高度 24 m 及以上的落地式钢管脚手架工程(包括采光井、电梯井脚手架)。

(2)附着式升降脚手架工程。

(3)悬挑式脚手架工程。

(4)高处作业吊篮。

(5)卸料平台、操作平台工程。

(6)异型脚手架工程。

5. 拆除工程

可能影响行人、交通、电力设施、通信设施或其他建(构)筑物安全的拆除工程。

6. 暗挖工程

采用矿山法、盾构法、顶管法施工的隧道、洞室工程。

7. 其他

(1)建筑幕墙安装工程。

(2)钢结构、网架和索膜结构安装工程。

(3)人工挖孔桩工程。

(4)水下作业工程。

(5)装配式建筑混凝土预制构件安装工程。

(6)采用新技术、新工艺、新材料、新设备可能影响工程施工安全，尚无国家、行业及地方技术标准的分部分项工程。

危险性较大分部分项工程施工方案专家论证表宜采用表 4-2-2 的格式。

表 4-2-2　危险性较大分部分项工程施工方案专家论证表

<table>
<tr><td>工程名称</td><td colspan="3">××工程</td><td colspan="2">编号</td><td>×××</td></tr>
<tr><td>施工总承包单位</td><td colspan="3">××建筑集团公司</td><td colspan="2">项目负责人</td><td>×××</td></tr>
<tr><td>专业承包单位</td><td colspan="3">××建筑公司</td><td colspan="2">项目负责人</td><td>×××</td></tr>
<tr><td>分项工程名称</td><td colspan="6">模板工程及支撑体系</td></tr>
<tr><td colspan="7">专家一览表</td></tr>
<tr><td>姓名</td><td>性别</td><td>年龄</td><td>工作单位</td><td>职务</td><td>职称</td><td>专业</td></tr>
<tr><td></td><td></td><td></td><td></td><td></td><td></td><td></td></tr>
<tr><td></td><td></td><td></td><td></td><td></td><td></td><td></td></tr>
<tr><td></td><td></td><td></td><td></td><td></td><td></td><td></td></tr>
<tr><td></td><td></td><td></td><td></td><td></td><td></td><td></td></tr>
<tr><td></td><td></td><td></td><td></td><td></td><td></td><td></td></tr>
<tr><td></td><td></td><td></td><td></td><td></td><td></td><td></td></tr>
</table>

续表

工程名称	××工程	编号	×××
专家论证意见： 年 月 日			
签字栏	组长： 专家：		

危险性较大的分部分项工程专项施工方案编制指南

三、技术交底记录

技术交底记录是指在工程建设过程中，技术负责人向参与施工的人员传达工程技术细节、标准、规范、要求等内容的过程记录。它是技术交底活动的书面体现，对于确保工程质量和施工顺利进行具有重要的意义。

技术交底记录所包含的内容见表 4-2-3。

表 4-2-3 技术交底记录的内容

序号	项目	内容
1	总工程师向项目经理部负责人进行技术交底	(1)工程概况和各项技术经济指标与要求； (2)主要施工方法、关键性的施工技术措施及实施中可能出现的问题； (3)特殊工程部位的技术处理细节及其注意事项； (4)新技术、新工艺、新材料、新结构施工技术要求与实施方案及注意事项； (5)施工组织设计中的网络计划、进度要求、施工部署、施工机械、劳动力安排与组织； (6)施工质量标准和安全技术
2	项目经理部负责人向单位工程负责人、质量检查员、安全员及有关职能人员进行技术交底	(1)工程情况和当地地形、地貌、工程地质及各项技术经济指标； (2)设计图纸的具体要求、做法及其施工难度的要求； (3)施工组织设计或施工方案的具体要求及其实施步骤与方法； (4)施工中的具体做法，采用什么工艺标准和本企业哪几项工法；关键部位及其实施过程中可能遇到的问题与解决办法； (5)施工进度要求、工序交接、施工部署与施工班组任务确定； (6)施工中所采用主要施工机械型号、数量及其进场时间、作业程序安排等有关问题； (7)新工艺、新结构、新材料的有关操作规程、技术规定及其注意事项； (8)施工质量标准和安全技术具体措施及其注意事项

续表

序号	项目	内容
3	单位工程负责人或技术主管工程师向各作业班组长和各工种工人进行技术交底	(1)侧重交代清楚每个作业班组负责施工的分部分项工程的具体技术要求和采用的施工工艺标准或企业内部施工方法； (2)各分部分项工程的施工质量标准； (3)质量通病预防办法及其注意事项； (4)施工安全交底及介绍以往同类工程的安全事故教训及应采取的具体安全对策

技术交底记录宜采用表 4-2-4 的格式。

表 4-2-4　技术交底记录

<table>
<tr><td rowspan="2">工程名称</td><td colspan="2" rowspan="2">××工程</td><td>编号</td><td colspan="2">×××</td></tr>
<tr><td>交底日期</td><td colspan="2">××年×月×日</td></tr>
<tr><td>施工单位</td><td colspan="2">××建筑工程公司</td><td>分项工程名称</td><td colspan="2">灰土地基</td></tr>
<tr><td>交底摘要</td><td colspan="2">灰土地基(垫层)施工技术交底</td><td>页数</td><td colspan="2">共 3 页 第 1 页</td></tr>
<tr><td colspan="6">交底内容：
（略）</td></tr>
<tr><td rowspan="2">签字栏</td><td>交底人</td><td>×××</td><td>审核人</td><td colspan="2">×××</td></tr>
<tr><td>接受交底人</td><td colspan="4">×××</td></tr>
</table>

四、图纸会审记录

图纸会审记录是在建筑工程项目设计图纸进行会审的过程中所做的详细记录。它主要起到以下几个方面的作用。

(1)记录会审过程：图纸会审记录详细记录了会审的时间、地点、参与人员等基本信息，以及会审过程中各方对图纸的讨论、审查过程。

(2)记录讨论结果：在会审过程中，各方会对图纸中存在的问题、疑点进行讨论，并提出修改建议。这些讨论结果和建议都会被记录在图纸会审记录中，以便后续参考和审查。

(3)明确决策和共识：通过会审，各方会就图纸中的某些问题达成共识，并作出相应的决策。这些决策和共识也会被记录在图纸会审记录中，以确保各方都明确了解并遵守。

图纸会审记录所包含的主要内容如下。

(1)工程基本信息：包括工程名称、设计单位、专业名称、会审地点和会审日期等，这些信息有助于明确会审的具体背景和目的。

(2)图纸问题及建议：记录了在会审过程中发现的图纸问题及针对这些问题的建议。例如，图纸中混凝土材料的抗渗等级未明确，建议明确为 P8；地下一层顶板部分区域分布筋未标注，

建议双向双排 Φ8@200 等。

(3)签字确认：包括建设单位、监理单位、设计单位和施工单位的代表签字，表明各方已对会审内容进行了确认，并同意按照会审记录中的决策和共识进行后续工作。

图纸会审记录宜采用表 4-2-5 的格式。

表 4-2-5　**图纸会审记录**

<table>
<tr><td rowspan="2">工程名称</td><td colspan="3" rowspan="2">××工程</td><td>编号</td><td colspan="2">×××</td></tr>
<tr><td>日期</td><td colspan="2">××年×月×日</td></tr>
<tr><td>设计单位</td><td colspan="3">××建筑设计院</td><td>专业名称</td><td colspan="2">建筑结构</td></tr>
<tr><td>地点</td><td colspan="3">×××会议室</td><td>页数</td><td colspan="2">共　页　第　页</td></tr>
<tr><td>序号</td><td>图号</td><td colspan="3">图纸问题</td><td colspan="2">答复意见</td></tr>
<tr><td>1</td><td>结－1</td><td colspan="3">结构说明 3 中，混凝土材料：地下室底板外墙使用抗渗混凝土，未给出抗渗等级</td><td colspan="2">抗渗等级为 P8</td></tr>
<tr><td>2</td><td>结－3，结－5</td><td colspan="3">地下一层顶板③～⑤/Ⓒ～Ⓔ轴分布筋未标注</td><td colspan="2">分布筋双向双排，均为 Φ8@200</td></tr>
<tr><td>3</td><td>结－10</td><td colspan="3">Z14 中标高为 25.20～28.00 mm 与剖面图不符</td><td colspan="2">Z14 标高应改为 21.50～28.00 mm</td></tr>
<tr><td>4</td><td>建－1，结－3，结－12</td><td colspan="3">地下室外墙防水层使用 SBSⅡ型防水卷材，是否需加砌砖墙做防水保护层</td><td colspan="2">砌 120 mm 厚砖墙做保护层</td></tr>
<tr><td>5</td><td></td><td colspan="3"></td><td colspan="2"></td></tr>
<tr><td>6</td><td></td><td colspan="3"></td><td colspan="2"></td></tr>
<tr><td>7</td><td></td><td colspan="3"></td><td colspan="2"></td></tr>
<tr><td>8</td><td></td><td colspan="3"></td><td colspan="2"></td></tr>
<tr><td rowspan="2">签字栏</td><td>建设单位</td><td colspan="2">监理单位</td><td colspan="2">设计单位</td><td>施工单位</td></tr>
<tr><td>×××</td><td colspan="2">×××</td><td colspan="2">×××</td><td>×××</td></tr>
</table>

五、设计变更通知单

设计变更通知单是在建筑工程项目施工过程中，由于各种原因需要对设计文件的部分内容进行修改时，由设计单位下发的书面通知文件。它是施工图纸的补充和修改的记载，是现场施工的重要依据。

设计变更通知单所包含的主要内容如下。

(1)基本信息：包括工程名称、设计单位、专业名称、变更摘要等，这些信息有助于明确变更的具体背景和目的。

(2)变更详情：详细列出了需要变更的图纸图号、变更内容及变更后的具体要求。例如，图纸中某些梁的标高需要调整、配筋规格需要改变等。

(3)签字确认：设计变更通知单需要由设计专业负责人及建设(监理)单位和施工单位的相关负责人共同签认，以确保变更内容的准确性和可执行性。

设计变更通知单宜采用表 4-2-6 的格式。

表 4-2-6　设计变更通知单

工程名称	××工程		编　　号	×××
			日　　期	××年×月×日
设计单位	××建筑设计院		专业名称	建筑结构
变更摘要	建筑结构设计变更		页　　数	共　页　第　页
序号	图号	变更内容		
1	结施—2、3	DL1、DL2 梁底标高—2.000 m 改为—1.800 m，切 DL1 上挑耳取消		
2	结施—14	Z10 中配筋 Φ18 改为 Φ20，根数不变		
3	结施—30	KL—42，44 的梁高 700 mm 改为 900 mm		
4	结施—40	二层梁顶 LL—18 梁高出板面 0.55 m 改为 0.60 m		
5	结施—50	结构图中标注尺寸 878 全部改为 873		
签字栏	建设单位	监理单位	设计单位	施工单位
	×××	×××	×××	×××

六、工程洽商记录(技术核定单)

工程洽商记录(技术核定单)是建筑工程施工过程中，用于记录各方就技术问题或其他事务进行洽商和核定的文件。它是协调业主、施工单位、设计单位等各单位意见，确保工程顺利进行的重要工具。

工程洽商记录(技术核定单)所包含的主要内容如下。

(1)基本信息：包括工程名称、提出单位、专业名称、洽商摘要等，这些信息有助于明确洽商的具体背景和目的。

(2)洽商内容：详细记录了需要洽商和核定的技术事宜，如装修做法的变更。

(3)签字确认：工程洽商记录需要由建设、监理、设计、施工等各单位代表共同签字确认，以确保洽商内容的合法性和有效性。

工程洽商记录(技术核定单)宜采用表 4-2-7 的格式。

表 4-2-7　工程洽商记录(技术核定单)

工程名称	××工程	编号	×××
		日期	××年×月×日
提出单位	×××	专业名称	建筑
洽商摘要	关于主变间、地下电缆夹层装修做法	页数	共　页　第　页
序号	图号	洽商内容	
1	建—1	主变间、主变间夹层、地下电缆夹层，原设计顶棚为喷大白浆，现改为耐擦洗涂料	
2	建—1	主变间内墙、地下电缆夹层墙面，原设计为 1∶3 石灰膏砂浆打底，纸筋灰罩面，现改为水泥砂浆打底、压光	

续表

工程名称	××工程		编号	×××
			日期	××年×月×日
3	建—1	主变间内墙、地下电缆夹层内墙，面层原设计为喷大白浆，现改为耐擦洗涂料		
签字栏	建设单位	监理单位	设计单位	施工单位
	×××	×××	×××	×××

《任务实施》

在完成任务资讯模块的学习后，学生们应已具备解决任务工单问题的知识与能力。以下是针对任务工单所提问题的解答，供学生们参考与检验学习成果。

一、填空题

1. 答案：5 m。

2. 答案：签字确认。

二、判断题

1. 答案：正确。

2. 答案：错误。还需详细列出变更内容及变更后的具体要求。

任务三　进度造价资料

《任务工单》

本任务工单旨在引导学生通过学习任务资讯模块中的相关知识与技能，独立解决以下问题。

判断题

1. 施工进度计划报审表和施工进度计划都需要建设单位、设计单位、施工单位、监理单位、城建档案馆归档保存。（　）

2. 人、机、料动态表记录了工程项目在不同时间段内的人员投入、机械设备的使用情况及原材料的库存和消耗情况。（　）

《任务资讯》

根据《建设工程文件归档规范(2019 年版)》(GB/T 50328—2014)的规定，进度造价文件包括工程开工报审表，工程复工报审表，施工进度计划报审表，施工进度计划，人、机、料动态表，工程延期申请表，工程款支付申请表，工程变更费用报审表，费用索赔申请表，见表 4-3-1。

表 4-3-1　进度造价文件

类别	归档文件	保存单位				
		建设单位	设计单位	施工单位	监理单位	城建档案馆
C3	进度造价文件					
1	工程开工报审表	▲	▲	▲	▲	▲
2	工程复工报审表	▲	▲	▲	▲	▲
3	施工进度计划报审表			△	△	
4	施工进度计划			△	△	
5	人、机、料动态表			△	△	
6	工程延期申请表	▲		▲	▲	▲
7	工程款支付申请表	▲		△	△	
8	工程变更费用报审表	▲		△	△	
9	费用索赔申请表	▲		△	△	
注：表中符号“▲”表示必须归档保存；“△”表示选择性归档保存						

一、施工进度计划

施工进度计划是为实现项目设定的工期目标，对各项施工过程的施工顺序、起止时间和相互衔接关系所做的统筹策划和安排。

(1)施工组织总设计中的施工总进度计划：施工总进度计划应按照项目总体施工部署的安排进行编制；施工总进度计划可采用网络图或横道图表示，并附必要说明。

(2)单位工程施工组织设计中的施工进度计划：单位工程施工进度计划应按照施工部署的安排进行编制；施工进度计划可采用网络图或横道图表示，并附必要说明；对于工程规模较大或较复杂的工程宜采用网络图表示。

(3)施工方案中的施工进度计划：分部(分项)工程或专项工程施工进度计划应按照施工安排，并结合总承包单位的施工进度计划进行编制；施工进度计划可采用网络图或横道图表示，并附必要说明。

二、人、机、料动态表

人、机、料动态表通过表格的形式，详细记录了工程项目在不同时间段内的人员投入(包括工种、人数、持证人数等)、机械设备的使用情况(包括机械名称、生产厂家、规格型号、数量等)及原材料的库存和消耗情况(包括上月库存量、本月进场量、本月消耗量、本月库存量等)。这些信息为项目管理者提供了全面的资源使用数据，有助于他们进行资源调配和进度控制。

人、机、料动态表所包含的主要内容如下。

(1)劳动力统计：记录了不同工种的人员数量及持证人数，这有助于管理者了解项目团队的人员构成和技能水平。

(2)机械统计：详细列出了使用的机械设备及其相关信息，包括机械名称、生产厂家、规格型号和数量等，这有助于管理者掌握机械设备的投入和使用情况。

(3)主要材料统计：记录了主要材料的库存和消耗情况，包括上月库存量、本月进场量、本月消耗量和本月库存量等，这有助于管理者监控原材料的供应和使用情况。

人、机、料动态表宜采用表 4-3-2 的格式。

表 4-3-2　人、机、料动态表

<table>
<tr><td rowspan="2">工程名称</td><td rowspan="2" colspan="5">××工程</td><td colspan="2">编号</td><td colspan="2">×××</td></tr>
<tr><td colspan="2">日期</td><td colspan="2">××年×月×日</td></tr>
<tr><td colspan="10">致　×××　(监理单位)
根据　××　年　×　月施工进度情况，我方现报上　××　年　×　月人、机、料统计表。</td></tr>
<tr><td rowspan="3">劳动力</td><td colspan="2">工种</td><td></td><td></td><td></td><td></td><td></td><td></td><td>合计</td></tr>
<tr><td colspan="2">人数</td><td></td><td></td><td></td><td></td><td></td><td></td><td></td></tr>
<tr><td colspan="2">持证人数</td><td></td><td></td><td></td><td></td><td></td><td></td><td></td></tr>
<tr><td rowspan="3">主要机械</td><td colspan="2">机械名称</td><td colspan="2">生产厂家</td><td colspan="2">规格、型号</td><td colspan="3">数量</td></tr>
<tr><td colspan="2"></td><td colspan="2"></td><td colspan="2"></td><td colspan="3"></td></tr>
<tr><td colspan="2"></td><td colspan="2"></td><td colspan="2"></td><td colspan="3"></td></tr>
<tr><td rowspan="3">主要材料</td><td>名称</td><td>单位</td><td colspan="2">上月库存量</td><td colspan="2">本月进场量</td><td colspan="2">本月消耗量</td><td>本月库存量</td></tr>
<tr><td></td><td></td><td colspan="2"></td><td colspan="2"></td><td colspan="2"></td><td></td></tr>
<tr><td></td><td></td><td colspan="2"></td><td colspan="2"></td><td colspan="2"></td><td></td></tr>
<tr><td colspan="10">附件：
略

施工单位　×××
项目经理　×××</td></tr>
</table>

三、工程款支付申请表

申请支付工程款金额包括合同内工程款、工程变更增减费用、批准的索赔费用，扣除应扣预付款、保留金及施工合同中约定的其他费用。承包单位根据施工合同中工程款支付约定，向项目监理机构申请。

工程款支付申请表样式及填写范例见表 4-3-3。

表 4-3-3　工程款支付申请表

工程名称	××大厦	编号	×××
		日期	××年×月×日
致 ××监理公司 (监理单位) 我方已完成了 ±0.000～+10.500 m的主体结构工程施工 工作，按施工合同 × 条 × 款的约定，建设单位应在 ×× 年 × 月 × 日前支付该项工程款共(大写) 壹佰叁拾伍万柒仟贰佰捌拾玖元整 (小写：¥1 357 289.00)，现报上 ×××× 工程付款申请表，请予以审查并开具工程款支付证书。 附件： (1)工程量清单。 (略) (2)计算方法。 (略) 施工总承包单位 ×××　　项目经理/负责人 ×××			

《任务实施》

在完成任务资讯模块的学习后，学生们应已具备解决任务工单问题的知识与能力。以下是针对任务工单所提问题的解答，供学生们参考与检验学习成果。

判断题

1. 答案：错误。施工进度计划报审表由监理单位和施工单位选择性归档保存，施工进度计划由监理单位和施工单位选择性归档保存。

2. 答案：正确。

任务四　施工物资出厂质量证明及进场检测资料

《任务工单》

本任务工单旨在引导学生通过学习任务资讯模块中的相关知识与技能，独立解决以下问题。

一、填空题

1. 材料、构配件进场后，需要由建设(监理)单位联合施工单位一同对进场物资展开检查验收工作，并填写____________________。

2. 在设备开箱检验记录填写说明中，凡有数据要求的项目必须填写__________。

3. 进场复试报告是指在建设工程中，施工物资进场后，由施工单位在监理单位见证下，按一定比例抽取样品，送至具有资质的检测单位进行检验试验，检测单位出具的__________。

二、判断题

1. 材料、构配件进场检验记录可由施工单位单独填写。(　　)

2. 在设备开箱检验记录中，没有数据要求的项目可不填写。(　　)

3. 进场复试报告不是证明材料质量是否符合工程要求的重要文件。(　　)

《任务资讯》

根据《建设工程文件归档规范(2019 年版)》(GB/T 50328—2014)的规定，施工物资出厂质量证明及进场检测文件包括出厂质量证明文件及检测报告、进场检验通用表格、进场复试报告，见表 4-4-1。

表 4-4-1　施工物资出厂质量证明及进场检测文件

类别	归档文件	保存单位				
		建设单位	设计单位	施工单位	监理单位	城建档案馆
C4	施工物资出厂质量证明及进场检测文件					
	出厂质量证明文件及检测报告					
1	砂、石、砖、水泥、钢筋、隔热保温材料、防腐材料、轻骨料出厂证明文件	▲		▲	▲	△
2	其他物资出厂合格证、质量保证书、检测报告和报关单或商检证等	△		▲	△	
3	材料、设备的相关检验报告、型式检测报告、3C 强制认证合格证书或 3C 标志	△		▲	△	
4	主要设备、器具的安装使用说明书	▲		▲	△	
5	进口的主要材料设备的商检证明文件	△		▲		
6	涉及消防、安全、卫生、环保、节能的材料、设备的检测报告或法定机构出具的有效证明文件	▲		▲	▲	△

续表

类别	归档文件	保存单位				
		建设单位	设计单位	施工单位	监理单位	城建档案馆
7	其他施工物资产品合格证、出厂检验报告					
	进场检验通用表格					
1	材料、构配件进场检验记录			△	△	
2	设备开箱检验记录			△	△	
3	设备及管道附件试验记录	▲		▲	△	
	进场复试报告					
1	钢材试验报告	▲		▲	▲	▲
2	水泥试验报告	▲		▲	▲	▲
3	砂试验报告	▲		▲	▲	▲
4	碎(卵)石试验报告	▲		▲	▲	▲
5	外加剂试验报告	△		▲	▲	▲
6	防水涂料试验报告	▲		▲	△	
7	防水卷材试验报告	▲		▲	△	
8	砖(砌块)试验报告	▲		▲	▲	▲
9	预应力筋复试报告	▲		▲	▲	▲
10	预应力锚具、夹具和连接器复试报告	▲		▲	▲	▲
11	装饰装修用门窗复试报告	▲		▲	△	
12	装饰装修用人造木板复试报告	▲		▲	△	
13	装饰装修用花岗石复试报告	▲		▲	△	
14	装饰装修用安全玻璃复试报告	▲		▲	△	
15	装饰装修用外墙面砖复试报告	▲		▲	△	
16	钢结构用钢材复试报告	▲		▲	▲	▲
17	钢结构用防火涂料复试报告	▲		▲	▲	▲
18	钢结构用焊接材料复试报告	▲		▲	▲	▲
19	钢结构用高强度大六角头螺栓连接副复试报告	▲		▲	▲	▲
20	钢结构用扭剪型高强度螺栓连接副复试报告	▲		▲	▲	▲
21	幕墙用铝塑板、石材、玻璃、结构胶复试报告	▲		▲	▲	▲
22	散热器、供暖系统保温材料、通风与空调工程绝热材料、风机盘管机组、低压配电系统电缆的见证取样复试报告	▲		▲	▲	▲

续表

类别	归档文件	保存单位				
		建设单位	设计单位	施工单位	监理单位	城建档案馆
23	节能工程材料复试报告	▲		▲	▲	▲
24	其他物资进场复试报告					
注：表中符号“▲”表示必须归档保存；“△”表示选择性归档保存						

一、出厂质量证明文件及检测报告

1. 概念解析

(1)定义。出厂质量证明文件及检测报告是指由物资生产单位或供应商提供的、证明施工物资符合国家或行业标准及合同要求的书面文件，包括但不限于以下文件。

①质量合格证书：标明产品型号、规格、性能指标及生产批号等信息。

②型式检验报告：由第三方检测机构出具，验证产品符合设计规范。

③出厂检验记录：记录生产过程质量控制的关键数据。

(2)技术属性。文件需包含可追溯性信息(如生产日期、批次号)、检测依据的标准编号(如GB/T、JG/T等)、检测项目及结果，并加盖生产单位或检测机构的有效签章，确保其法律效力。

2. 作用与意义

(1)质量控制依据。

①作为施工物资进场验收的法定凭证，确保材料性能符合设计要求，避免因质量问题引发的工程风险。

②通过检测数据的横向比对，验证物资在运输、存储过程中的稳定性。

(2)工程档案完整性。根据规范要求，施工文件(C类)需要包含完整的质量证明文件，以支持工程档案的系统性和可追溯性，满足城建档案馆的归档标准。

(3)法律与验收保障。在工程竣工验收及后期运维中，此类文件是质量责任划分的关键证据，尤其在发生质量纠纷时具有法律效力。

3. 实施要点

(1)动态管理。文件形成需与施工进度同步，严禁事后补编，确保时效性与真实性。

(2)分类与编码。依据《建设工程文件归档规范(2019年版)》(GB/T 50328—2014)附录A的编号体系，对文件进行分类编码，并编制案卷目录，便于检索与长期保存。

4. 常见的出厂质量证明文件及检测报告

(1)土建工程常用物资所需质量证明文件及要求。

①水泥。水泥进场后，要核对水泥的品种及出厂编号是否正确、合格证是否有效，当水泥出厂不满28 d时，厂家还应提供施工企业3 d的报告，报告中要写清楚水泥的基本性能，初凝、终凝时间还要有结论。28 d以后水泥施工厂家应及时补报。

②预拌混凝土。施工现场使用预拌混凝土前应有技术交底和具备混凝土工程的标准养护条件。预拌混凝土搅拌单位必须按规定向施工单位提供质量合格的混凝土，并随车提供预拌混凝土证明文件。

预拌混凝土出厂价格证由搅拌单位负责提供，应包括以下内容：订货单位、合格证编号、工程名称与浇筑部位、混凝土强度等级、抗渗等级、供应数量、供应日期、配合比编号、原材料名称、品种及规格、试验编号、混凝土28 d抗压强度值、抗渗等级性能试验、抗压强度统计结果及结论。技术负责人签字，填表人签字，供货单位盖章。

预拌混凝土出厂合格证样式及填写范例见表 4-4-2。

表 4-4-2　预拌混凝土出厂合格证

编号：×××

订货单位	××项目部				合格证编号	×××
工程名称与浇筑部分	××工程五层①～③轴顶板					
强度等级	C25	抗渗等级	/		供应数量/m^3	45
供应日期	××年×月×日		至		××年×月×日	
配合比编号	××××－×××					
原材料名称	水泥	砂	石	掺合料	外加剂	
品种及规格	P·O 42.5R	中砂	5～25 碎石	Ⅱ级粉煤灰	NF-2	
试验编号	×××	×××	×××	×××	×××	
每组抗压强度值/MPa	试验编号	强度值	试验编号	强度值	备注：	
	×××	41.8	/	/		
	/	/	/	/		
	/	/	/	/		
抗渗试验	试验编号	指标	试验编号	指标		
	/	/				
	/	/				
抗压强度统计结果					结论：合　格	
组数(n)		平均值		最小值		
/		/		/		
供应单位技术负责人		填表人			加工单位（盖章）	
×××		×××				
填表日期：××年×月×日						

③混凝土预制构件。预制构件应有出厂合格证，其出厂合格证中的以下各项应填写齐全，不得有错填和漏填。如工程名称、合格证编号、构件名称、型号及规格、供应数量、制造厂名称、企业等级证、标准图号及设计图纸号、混凝土设计强度等级及浇筑日期、构件出厂日期、构件性能检验评定结果及结论、技术负责人签字、填表人签字及单位盖章等内容。

对于国家实行产品许可证的大型屋面板，预应力短(长)向圆孔板，按相关规定应有产品许可证编号。

资料员应及时收集、整理和验收预制构件的出厂合格证，任何单位不得涂改、伪造、损毁或抽撤预制构件的出厂合格证。如果预制构件的合格证是抄件(如复印件)，则应注明原件的编号、存放单位、抄件时间，并有抄件人、抄件单位签字和盖章。

混凝土预制构件出厂合格证样式及填写范例见表 4-4-3。

表 4-4-3　混凝土预制构件出厂合格证

编号：×××

<table>
<tr><td colspan="2">工程名称</td><td colspan="5">××工程</td><td>合格证编号</td><td colspan="3">×××</td></tr>
<tr><td colspan="2">构件名称</td><td colspan="3">×××</td><td colspan="2">型号规格</td><td>1</td><td colspan="2">供应数量</td><td>45</td></tr>
<tr><td colspan="2">制造厂家</td><td colspan="5">××预制构件</td><td>企业等级证</td><td colspan="3">一级</td></tr>
<tr><td colspan="2">标准图号或
设计图纸号</td><td colspan="5">×××</td><td>混凝土设计
强度等级</td><td colspan="3">C20</td></tr>
<tr><td colspan="2">混凝土浇筑日期</td><td colspan="5">××年×月×日</td><td>构件出厂日期</td><td colspan="3">××年×月×日</td></tr>
<tr><td rowspan="9">性能检验评定结果</td><td colspan="2">混凝土抗压强度</td><td colspan="8">受力主筋</td></tr>
<tr><td colspan="2">达到设计强度/%</td><td colspan="3">试验编号</td><td colspan="2">力学性能</td><td colspan="3">工艺性能</td></tr>
<tr><td colspan="2">132</td><td colspan="3">×××</td><td colspan="2">钢筋屈服点、抗拉强度、
伸长率均符合要求</td><td colspan="3">见钢筋原材料进场报告 056</td></tr>
<tr><td colspan="10">外观检查</td></tr>
<tr><td colspan="6">质量状况</td><td colspan="4">规格尺寸</td></tr>
<tr><td colspan="6">外观无缺棱掉角，混凝土表面平整</td><td colspan="4">楼梯踏步尺寸符合设计要求
(1 200 mm×200 mm)</td></tr>
<tr><td colspan="10">结构性能</td></tr>
<tr><td colspan="3">承载力/kPa</td><td colspan="3">挠度/mm</td><td colspan="2">抗裂检验/kPa</td><td colspan="2">裂缝宽度/mm</td></tr>
<tr><td colspan="3">2.00</td><td colspan="3">1.50</td><td colspan="2">1.40</td><td colspan="2">0.10≤0.15[w_{max}]</td></tr>
<tr><td colspan="7">备注：</td><td colspan="4">结论：
产品合格，同意出厂</td></tr>
<tr><td colspan="5">供应单位技术负责人</td><td colspan="3">填表人</td><td colspan="3" rowspan="3">供应单位
（盖章）</td></tr>
<tr><td colspan="5">×××</td><td colspan="3">×××</td></tr>
<tr><td colspan="8">填表日期：××年×月×日</td></tr>
</table>

④钢构件。钢构件出厂时，其质量必须合格，并应符合《钢结构工程施工质量验收标准》(GB 50205—2020)中的有关规定。钢构件出厂合格证应包括以下主要内容：工程名称、委托单位、合格证编号、钢材材质报告及其复试报告编号、焊条或焊丝及焊药型号、供货总量、加工及出厂日期、构件名称及编号、构件数量、防腐状况及使用部位、技术负责人签字、填表人签字及单位盖章等内容。合格证要填写齐全，不得漏填或错填。应保证数据真实，结论正确，符合标准要求。

钢构件出厂合格证样式及填写范例见表 4-4-4。

表 4-4-4　钢构件出厂合格证

编号：×××

<table>
<tr><td colspan="2">工程名称</td><td colspan="2">××工程</td><td>委托单位</td><td>××钢构件厂</td><td>合格证编号</td><td>×××</td></tr>
<tr><td colspan="2">钢材材质</td><td>/</td><td>出厂日期</td><td colspan="2">××年×月×日</td><td>焊药名称型号</td><td>/</td></tr>
<tr><td colspan="2">供应总量/t</td><td>80</td><td>防腐状况</td><td colspan="2">已做防腐处理</td><td>焊条或焊丝
名称、型号</td><td>E4303
32 mm×350 mm</td></tr>
<tr><td>序号</td><td colspan="2">构件名称及编号</td><td>构件数量</td><td>构件质量/kg</td><td>原材报告编号</td><td>复试报告编号</td><td>使用部位</td></tr>
<tr><td>1</td><td colspan="2">天井 1 号桁架</td><td>5</td><td>55</td><td>×××</td><td>×××</td><td>屋面</td></tr>
<tr><td></td><td colspan="2"></td><td></td><td></td><td></td><td></td><td></td></tr>
<tr><td></td><td colspan="2"></td><td></td><td></td><td></td><td></td><td></td></tr>
<tr><td></td><td colspan="2"></td><td></td><td></td><td></td><td></td><td></td></tr>
<tr><td colspan="8">备注：</td></tr>
<tr><td colspan="3">供应单位技术负责人</td><td colspan="2">填表人</td><td colspan="3" rowspan="3">供应单位
（盖章）</td></tr>
<tr><td colspan="3">×××</td><td colspan="2">×××</td></tr>
<tr><td colspan="5">填表日期：××年×月×日</td></tr>
</table>

(2)建筑给水排水及采暖工程常用物资所需质量证明文件及要求。建筑给水排水及采暖工程常用物资所需质量证明文件及要求见表 4-4-5。

表 4-4-5　建筑给水排水及采暖工程常用物资所需质量证明文件及要求

序号	物资名称	供应单位提供的质量证明文件	检验报告应含基本检测项目
1	镀锌钢管	质量证明书	
2	无缝钢管	质量证明书	
3	焊接钢管	质量证明书	
4	二次镀锌管道及附件	质量证明书、检验报告	锌层厚度、附着强度、外观
5	建筑给水塑料管道	质量证明书、检验报告、备案证明	生活饮用给水管道的卫生性能、纵向回缩率、维卡软化温度等
6	建筑排水塑料管道	质量证明书、检验报告、备案证明	纵向回缩率、维卡软化温度等，螺旋消声管材要有消声检测证明

续表

序号	物资名称	供应单位提供的质量证明文件	检验报告应含基本检测项目
7	铜管道及配件	质量证明书、检验报告	生活饮用给水管道的卫生性能
8	柔性接口排水铸铁管	质量证明书、产品合格证、备案证明	
9	不锈钢管	质量证明书、检验报告	生活饮用给水管道的卫生性能
10	钢管外涂塑管道(室外景观)	质量证明书	涂覆材料、涂层颜色、外观质量、涂层厚度、针孔检测、附着力
11	法兰	产品合格证或质量证明书、检验报告	国家标准或行业标准
12	沟槽连接件	质量证明书、检验报告	用于生活饮用水系统应有胶圈卫生性能
13	快速接头(园林绿化)	产品合格证、检验报告	壳体试验、密封试验、上密封试验、连接尺寸、标志包装、铸件质量/表面质量、装配质量、阀体壁厚
14	刚性密闭套管	质量证明书(外购)	
15	柔性防水套管	质量证明书(外购)	
16	人防密闭套管	质量证明书(外购)	
17	型钢(角钢、槽钢、扁钢、工字钢)	质量证明书	
18	电焊条	产品合格证、质量证明书	
19	水表、热量表	产品合格证、计量检定证书	
20	压力表、温度计	产品合格证	
21	各种阀类(截止阀、闸阀、蝶阀、球阀等)	产品合格证、检验报告	强度、严密度
22	安全阀、减压阀	产品合格证、调试报告及定压合格证书	
23	消防供水设备、消火栓箱	产品合格证、检验报告	强制检验
24	消火栓、灭火器、消防接口、消防枪炮、防火阻燃材料	产品合格证、检验报告	形式认可
25	洒水喷头、湿式报警阀、水流指示器、消防用压力开关、消防水带	产品合格证、检验报告	强制认证
26	散热器	质量证明书、检验报告	耐压强度、热工性能
27	整体或拼装水箱	质量证明书、检验报告(生活水箱)	卫生性能

续表

序号	物资名称	供应单位提供的质量证明文件	检验报告应含基本检测项目
28	卫生洁具	质量证明书、检验报告、备案证明	冲击功能、吸水率、抗龟裂试验、水封试验、污水排放试验、环保检测
29	疏水器、过滤器、除污器	质量证明书	
30	地漏、清扫口	产品合格证	
31	金属波纹补偿器	产品合格证、检验报告、成品补偿器预拉伸证明书	外观、尺寸偏差、形位偏差、补偿量、刚度检测、应变、耐压力、气密性、稳定性
32	绝热材料	产品合格证、检验报告	容重、导热性能、燃烧性能
33	布基胶带	产品合格证、检验报告	总厚度、初粘、持粘、剥离力、抗拉强度
34	锅炉、压力容器	质量证明书、检验报告、安装使用说明书	焊缝无损探伤
35	热交换器	质量证明书、安装使用说明书	
36	水泵、变频供水设备	产品合格证、质量证明书、安装使用说明书	

注：1. 各类管材应有产品质量证明文件。

2. 阀门、调压装置、消防设备、卫生洁具、给水设备、中水设备、排水设备、采暖设备、热水设备、散热器、锅炉及附属设备、各类开(闭)式水箱(罐)、分(集)水器、安全阀、水位计、减压阀、热交换器、补偿器、疏水器、除污器、过滤器、游泳池水系统设备等应有产品质量合格证及相关检验报告。

3. 对于国家有规定的特定设备及材料，如消防、卫生、压力容器等，应附有相应资质检验单位提供的检验报告，如安全阀、减压阀的调试报告、锅炉(承压设备)焊缝无损探伤检测报告、给水管道材料卫生检验报告、卫生器具环保检测报告、水表和热量表计量检定证书等。

4. 绝热材料应有产品质量合格证和材质检验报告。

5. 主要设备、器具应有安装使用说明书。

6. 对涉及建筑工程质量、安全、节能、环保的建筑材料，实行供应备案管理。

7. 已实施产品强制认证制度的消防产品包括点型感烟火灾探测器、点型感温火灾探测器、火灾报警控制器、洒水喷头、湿式报警阀、水流指示器、消防用压力开关、消防水带、手动火灾报警按钮、消防联动控制设备。实施形式认可制度的消防产品包括灭火剂、防火门、消火栓、灭火器、消防接口、消防枪炮、消防应急灯具、火灾报警设备(可燃气体报警控制器、可燃气体探测器、家用可燃气体报警器)、防火阻燃材料(钢结构、饰面型、电缆、无机防火堵料、有机防火堵料、阻火包)。实施强制检验制度的消防产品包括气体灭火系统、干粉灭火系统、气溶胶灭火系统、防火卷帘门、防排烟风机、防火阀、排烟防火阀、消防供水设备、消火栓箱等。

8. 境内制造、使用的锅炉压力容器，制造企业必须取得《中华人民共和国锅炉压力容器制造许可证》。

9. 安装于建筑工程中用于贸易结算的电度表、水表、煤气表、热量表等计量仪表的生产厂家必须提供产品合格证和法定计量检测单位出具的计量检定证书。

10. 国家实施生产许可证产品目录包括电焊条、空气压缩机、家用燃气快速热水器、泵、燃气调压器(箱)、铜及铜合金管材、耐火材料、锅炉及压力容器用钢管(管坯)、锅炉、压力容器用钢板、制冷设备等产品

(3)通风与空调工程常用物资所需质量证明文件及要求。通风与空调工程常用物资所需质量证明文件及要求见表 4-4-6。

表 4-4-6 通风与空调工程常用物资所需质量证明文件及要求

序号	物资名称	供货厂家提供的质量证明文件	检测报告应含检测项目
1	冷水机组	质量监督检验证书、合格证、安装使用说明书	—
2	各类水泵	合格证或质量证明书、安装使用说明书	—
3	热交换器	质量证明书、安装使用说明书	—
4	空调箱、新风机组	检测报告、合格证、安装使用说明书	外观、主要零部件检查、启动与运转、风量、出口全压、输入功率、漏风量、振动速度
5	风机盘管	合格证、质量证明书、安装使用说明书	—
6	冷却塔	质量证明书、安装使用说明书	—
7	减压阀、水位差浮球阀、浮球阀	检测报告、合格证	—
8	气压罐、分水器、低压硅磷晶加药设备、紫外线消毒器、集水器、综合水处理器	合格证、CCC 认证、设备保修卡、质量证明书、安装使用说明书	—
9	金属风管	质量证明书、形式检验报告	漏风量
10	金属风管及配件	合格证、质量证明书	—
11	镀锌钢管	质量证明书	—
12	无缝钢管	质量证明书	—
13	焊接钢管	质量证明书	—
14	钢板卷管	质量证明书、焊缝射线探伤报告	—
15	各类管件	合格证、质量证明书	—
16	各类法兰	合格证、质量证明书	—
17	刚性密闭套管	出厂检验报告、合格证	—
18	柔性防水套管	质量证明书、合格证	—
19	型钢(角钢、槽钢、扁钢、工字钢、C 型钢)	质量证明书	—
20	各种阀类(密闭阀、闸阀、蝶阀)	质量证明书、合格证	—
21	各类水箱	质量证明书	—
22	金属波纹补偿器	合格证、检验报告	外观、尺寸偏差、形位偏差、补偿量、刚度检测、应变、耐压力、气密性、稳定性
23	保温材料	合格证、检测报告	燃烧性能

续表

序号	物资名称	供货厂家提供的质量证明文件	检测报告应含检测项目
24	布基胶带	合格证、测试报告	总厚度、初粘、持粘、剥离力、抗拉强度
25	消声静压箱	合格证	—
26	液体消声器	材料/构配件/设备报验单	—
27	电动调节阀	合格证、检验报告	严密性检验（工作压力大于1 000 Pa应有1.5倍压力下自由开关强度测试报告）
28	防火调节阀	合格证、检验报告	严密性检验（工作压力大于1 000 Pa应有1.5倍压力下自由开关强度测试报告）
29	排烟阀	合格证、检验报告	严密性检验
30	多叶调节阀	合格证、检验报告	严密性检验
31	防火风管	合格证、质量证明书	—
32	橡胶减振垫	合格证、质量证明书	—
33	管道支架底部减振垫	合格证、质量证明书	—
34	橡塑吊架减振器	合格证、质量证明书	—
35	橡胶剪切减振器	质量证明书	—
36	电动阀、定流量阀	设备进场验收报告	—
37	橡胶软接头	质量证明书	—
38	消声设备	合格证	—
39	金属软管	检测报告	外观检查、尺寸检查、压力试验、气密性

注：1. 各类管材应有产品质量证明文件。

2. 阀门、调压装置、各类开(闭)式水箱(罐)、分(集)水器、安全阀、水位计、减压阀、热交换器、补偿器、疏水器、除污器、过滤器等应有产品质量合格证及相关检验报告。

3. 对于国家有规定的特定设备及材料，如消防、压力容器等，应附有相应资质检验单位提供的检验报告，如水表和热量表计量检定证书等。

4. 绝热材料应有产品质量合格证和材质检验报告。

5. 主要设备、器具应有安装使用说明书。

6. 对涉及建筑工程质量、安全、节能、环保的建筑材料，应实行供应备案管理。

7. 已实施产品强制认证制度的消防产品包括点型感烟火灾探测器、点型感温火灾探测器、火灾报警控制器、洒水喷头、湿式报警阀、水流指示器、消防用压力开关、消防水带、手动火灾报警按钮、消防联动控制设备。实施形式认可制度的消防产品包括灭火剂、防火门、消火栓、灭火器、消防接口、消防枪炮、消防应急灯具、火灾报警设备(可燃气体报警控制器、可燃气体探测器、家用可燃气体报警器)、防火阻燃材料(钢结构、饰面型、电缆、无机防火堵料、有机防火堵料、阻火包)。实施强制检验制度的消防产品包括气体灭火系统、干粉灭火系统、气溶胶灭火系统、防火卷帘门、防排烟风机、防火阀、排烟防火阀、消防供水设备、消火栓箱等。

8. 安装于建筑工程中用于贸易结算的电度表、水表、煤气表、热量表等计量仪表的生产厂家必须提供产品合格证和法定计量检测单位出具的计量检定证书。

9. 国家实施生产许可证产品目录包括电焊条、空气压缩机、家用燃气快速热水器、泵、燃气调压器(箱)、铜及铜合金管材、耐火材料、锅炉及压力容器用钢管(管坯)、锅炉、压力容器用钢板、制冷设备等产品

(4)电梯工程常用物资所需质量证明文件及要求。

①产品出厂合格证。电梯产品具有一定的特殊性，出厂时并不是一件完整的产品，只有在建筑物中完成安装以后才能视为"成品"，可以说，电梯的生产经历了两个过程：一是在电梯生产厂内的部件生产；二是施工单位在现场装配成整机，完成调试。

工程中所要求的出厂合格证，是针对上述的第一个过程而言的，应是电梯生产厂对建设单位购买的尚未安装的电梯提供生产质量合格的证明。由于有些电梯生产厂可能不生产全部的电梯部件，部分部件是从外协厂购买的，所以这里所说的出厂合格证，不应是那些外协厂家提供的合格证的罗列，而应是电梯生产厂对其出厂的所有部件生产质量合格的承诺。

②门锁装置、限速器、安全钳、缓冲器的形式试验证书复印件。门锁装置、限速器、安全钳、缓冲器是电梯的四种安全部件，其作用是电梯出现故障时保证人身安全或防止设备损坏。提供的形式试验证书是这四种安全部件是否符合《电梯制造与安装安全规范》(GB/T 7588.1～7588.2—2020)要求的证明文件。

③其他的随机文件。装箱单是进场设备的清单，是清点和核对进场设备的依据。装箱单应清晰、准确地说明零部件的名称(或编号)、数量、位置等信息，以便施工现场的清点核对。按装箱单对进场设备正确地清点核对，以便电梯安装工程的顺利进行，可以及时发现问题(如缺件、损坏等)，明确责任，避免因缺件、坏件导致停工而造成经济损失和工期拖延，并可防止纠纷发生。

安装说明书是指导电梯安装的说明性技术文件；使用维护说明书是指导正确使用、维护电梯的说明性技术文件。安装说明书和使用维护说明书两者可以合称为"安装、使用维护说明书"。

电气原理图是动力电路和安全电路的设计文件，是电梯电气装置分项工程安装、接线、调试及交付使用后维修必备的技术文件。电梯对安全性、可靠性的要求较高，动力电路和安全电路是电梯电气系统中最为重要的两个部分，直接关系到电梯的使用性能和安全，因此，电梯生产厂应提供此文件。

(5)节能工程常用物资所需质量证明文件及要求。随同进场材料、设备等一同提供的能够证明其质量状况的文件，通常包括出厂合格证、中文说明书、形式检验报告及相关性能检测报告等。进口产品应包括出入境商品检验合格证明。

二、进场检验通用表格

1. 材料、构配件进场检验记录

材料、构配件进场后，需要由建设(监理)单位联合施工单位一同对进场物资展开检查验收工作，并填写材料、构配件进场检验记录。

检查涵盖的内容有物资的出厂质量证明文件及检验(测)报告是否完备；数量、规格和型号等是否契合设计与生产计划的要求；外观质量是否达到设计或规范的标准；按要求需要抽检的材料、构配件是否按时进行了抽检，检验结果与结论是否完整。

填写材料、构配件进场检验记录时需要留意以下几点。

(1)工程名称的填写要精准且统一，日期要准确无误。

(2)物资名称、规格、数量、检验项目及结果等信息的填写要规范、精确。

(3)检验结论和相关人员的签字要清晰可辨，杜绝他人代签的情况。

(4)依据规定需进场复试的工程物资，务必在进场检查验收合格之后取样进行复试。

材料、构配件进场检验记录宜采用表4-4-7的格式。

表4-4-7　材料、构配件进场检验记录

<table>
<tr><td colspan="2" rowspan="2">工程名称</td><td colspan="3" rowspan="2">××工程</td><td>编号</td><td colspan="2">×××</td></tr>
<tr><td>检验日期</td><td colspan="2">××年×月×日</td></tr>
<tr><td rowspan="2">序号</td><td rowspan="2">名称</td><td rowspan="2">规格</td><td rowspan="2">进场数量</td><td>生产厂家</td><td>外观检验项目</td><td>试件编号</td><td rowspan="2">备注</td></tr>
<tr><td>质量证明书编号</td><td>检验结果</td><td>复验结果</td></tr>
<tr><td rowspan="2">1</td><td rowspan="2">普通硅酸盐水泥</td><td rowspan="2">P·O 42.5</td><td rowspan="2">200 t</td><td>×××</td><td>外观、质量证明文件</td><td>×××</td><td rowspan="2"></td></tr>
<tr><td>×××</td><td>合格</td><td>合格</td></tr>
<tr><td rowspan="2">2</td><td rowspan="2">砂</td><td rowspan="2">中砂</td><td rowspan="2">500 m³</td><td>×××</td><td>外观、质量证明文件</td><td>×××</td><td rowspan="2"></td></tr>
<tr><td>×××</td><td>合格</td><td>合格</td></tr>
<tr><td rowspan="2">3</td><td rowspan="2">螺纹钢筋</td><td rowspan="2">Φ22HRB400</td><td rowspan="2">2.353 t</td><td>×××</td><td>外观、质量证明文件</td><td>×××</td><td rowspan="2"></td></tr>
<tr><td>×××</td><td>合格</td><td>合格</td></tr>
<tr><td rowspan="2">4</td><td rowspan="2">圆盘</td><td rowspan="2">Φ8Q235A</td><td rowspan="2">8.46 t</td><td>×××</td><td>外观、质量证明文件</td><td>×××</td><td rowspan="2"></td></tr>
<tr><td>×××</td><td>合格</td><td>合格</td></tr>
<tr><td rowspan="2">5</td><td rowspan="2"></td><td rowspan="2"></td><td rowspan="2"></td><td></td><td></td><td></td><td rowspan="2"></td></tr>
<tr><td></td><td></td><td></td></tr>
<tr><td colspan="8">检查意见(施工单位)：
以上材料、构配件经外观检查合格，管径壁厚均匀，材质、规格型号及数量经复验均符合设计、规范要求，产品质量证明文件齐全。

附件：共__页</td></tr>
<tr><td colspan="8">验收意见(监理/建设单位)

☑同意　□重新检验　□退场　验收日期：</td></tr>
<tr><td rowspan="3">签字栏</td><td rowspan="2">施工单位</td><td colspan="2" rowspan="2">××建筑工程公司</td><td>专业质检员</td><td>专业工长</td><td colspan="2">质检员</td></tr>
<tr><td>×××</td><td>×××</td><td colspan="2">×××</td></tr>
<tr><td>监理或建设单位</td><td colspan="3">×××</td><td>专业工程师</td><td colspan="2">×××</td></tr>
</table>

2. 设备开箱检验记录

建筑工程所使用的设备进场后，应由施工单位、建设(监理)单位、供货单位共同开箱检查，并进行记录，然后填写工程物资进场报验单报请监理单位核查确认，并填写设备开箱检查记录。

设备开箱检查项目主要包括设备的产地、品种、规格、外观、数量、附件情况、标识和质量证明文件、相关技术文件等。

设备开箱检验记录填写说明如下。

(1)凡有数据要求的项目必须填写实际测量的数据。

(2)“检查意见”栏需要进行详细记录，对于发现包装、文件、部件的缺损情况应做出准确的文字描述。没有数据要求的项目可填写“符合规范要求”的字样。

(3)在实际检查未涉及表格所列的项目时，可将此项目用“/”在“检查意见”栏中划除。

(4)发现的问题必须由建设(监理)单位、供应单位和安装单位形成共同的验收意见，将形成的处理意见填写在表格的“验收意见”栏中，各单位各保存一份，以备对处理意见解决情况进行核实检查。

设备开箱检验记录宜采用表 4-4-8 的格式。

表 4-4-8　设备开箱检验记录

<table>
<tr><td rowspan="2">工程名称</td><td rowspan="2" colspan="2">××给水工程</td><td colspan="2">编号</td><td>×××</td></tr>
<tr><td colspan="2">检验日期</td><td>××年×月×日</td></tr>
<tr><td>设备名称</td><td colspan="2">离心水泵</td><td colspan="2">规格型号</td><td>×××</td></tr>
<tr><td>生产厂家</td><td colspan="2">××设备制造公司</td><td colspan="2">产品合格证编号</td><td>×××</td></tr>
<tr><td>总数量</td><td colspan="2">×××台</td><td colspan="2">检验数量</td><td>×××台</td></tr>
<tr><td colspan="6">进场检验记录</td></tr>
<tr><td>包装情况</td><td colspan="5">包装完整良好，无损坏，标识明确</td></tr>
<tr><td>随机文件</td><td colspan="5">设备装箱单 1 份，中文质量合格证明 1 份，安装使用说明书 1 份</td></tr>
<tr><td>备件与附件</td><td colspan="5">配套法兰、螺栓、螺母等齐全</td></tr>
<tr><td>外观情况</td><td colspan="5">外观良好，无损坏锈蚀现象</td></tr>
<tr><td>测试情况</td><td colspan="5">良好</td></tr>
<tr><td colspan="6">缺、损附备件明细</td></tr>
<tr><td>序号</td><td>附备件名称</td><td>规格</td><td>单位</td><td>数量</td><td>备注</td></tr>
<tr><td></td><td></td><td></td><td></td><td></td><td></td></tr>
<tr><td></td><td></td><td></td><td></td><td></td><td></td></tr>
<tr><td></td><td></td><td></td><td></td><td></td><td></td></tr>
<tr><td colspan="6">检查意见(施工单位)：
设备包装、外观状况、测试情况良好，随机文件、备件与附件齐全，符合设计及施工质量验收规范要求。
附件：共____页</td></tr>
<tr><td colspan="6">验收意见(监理/建设单位)：
合格
☑同意　☐重新检验　☐退场　验收日期：××年×月×日</td></tr>
<tr><td rowspan="3">签字栏</td><td colspan="2">供应单位</td><td>×××</td><td>责任人</td><td>×××</td></tr>
<tr><td colspan="2">施工单位</td><td>×××</td><td>专业工长</td><td>×××</td></tr>
<tr><td colspan="2">监理或建设单位</td><td>×××</td><td>专业工程师</td><td>×××</td></tr>
</table>

3. 设备及管道附件试验记录

设备、阀门、密封水箱(罐)、成组散热器及其他散热设备于安装前均应按规定进行强度试验并做记录。设备、密封水箱(罐)的试验应符合设计、施工质量验收规范或产品说明书的规定。

设备及管道附件试验记录宜采用表 4-4-9 的格式。

表 4-4-9　设备及管道附件试验记录

<table>
<tr><td rowspan="2">工程名称</td><td rowspan="2">××通风与空调工程</td><td>编号</td><td>×××</td></tr>
<tr><td>检验日期</td><td>××年×月×日</td></tr>
<tr><td>设备名称</td><td>屋顶风机</td><td>规格型号</td><td>XYF-6</td></tr>
<tr><td>生产厂家</td><td>××设备制造公司</td><td>产品合格证编号</td><td>×××</td></tr>
<tr><td>总数量</td><td>×××台</td><td>检验数量</td><td>×××台</td></tr>
<tr><td colspan="4">进场检验记录</td></tr>
<tr><td>包装情况</td><td colspan="3">包装完整良好，无损坏，标识明确</td></tr>
</table>

续表

<table>
<tr><td rowspan="2">工程名称</td><td colspan="2" rowspan="2">××通风与空调工程</td><td colspan="2">编号</td><td>×××</td></tr>
<tr><td colspan="2">检验日期</td><td>××年×月×日</td></tr>
<tr><td>随机文件</td><td colspan="5">设备装箱单 1 份，中文质量合格证明 1 份，安装使用说明书 1 份</td></tr>
<tr><td>备件与附件</td><td colspan="5">减振垫、螺栓等齐全</td></tr>
<tr><td>外观情况</td><td colspan="5">外观良好，喷涂均匀，无铸造缺陷</td></tr>
<tr><td>测试情况</td><td colspan="5">良好</td></tr>
<tr><td colspan="6">缺、损附备件明细</td></tr>
<tr><td>序号</td><td>附备件名称</td><td>规格</td><td>单位</td><td>数量</td><td>备注</td></tr>
<tr><td></td><td></td><td></td><td></td><td></td><td></td></tr>
<tr><td colspan="6">检查意见(施工单位)：
设备包装、外观状况、测试情况良好，随机文件、备件与附件齐全，符合设计及施工质量验收规范要求。

附件：共____页</td></tr>
<tr><td colspan="6">验收意见(监理/建设单位)：

合格

☑同意　□重新检验　□退场　验收日期：××年×月×日</td></tr>
<tr><td rowspan="3">签字栏</td><td>供应单位</td><td>×××</td><td>责任人</td><td colspan="2">×××</td></tr>
<tr><td>施工单位</td><td>×××</td><td>专业工长</td><td colspan="2">×××</td></tr>
<tr><td>监理或建设单位</td><td>×××</td><td>专业工程师</td><td colspan="2">×××</td></tr>
</table>

三、进场复试报告

进场复试报告是指在建设工程中，施工物资(如钢材、水泥、砂石等)进场后，由施工单位在监理单位的见证下，按一定比例抽取样品，送至具有资质的检测单位进行检验试验，检测单位出具的报告。该报告详细记录了材料的检测过程、结果及结论，是证明材料质量是否符合工程要求的重要文件。

常用建筑材料进场复试项目、主要检测参数和取样依据

主要原材料的复试报告宜采用表 4-4-10～表 4-4-12 的格式。

表 4-4-10　钢材试验报告

编号：×××

试验编号：××××-×××

委托编号：××××-×××

工程名称	××工程　一层框架柱			试件编号	010
委托单位	×××			试验委托人	×××
钢材种类	热轧带肋	规格或牌号	HRB400Φ25	生产厂	××钢铁集团公司
代表数量	20 t	来样日期	××年×月×日	试验日期	××年×月×日
公称直径(厚度)	25.00 mm			公称面积	490.0 mm^2

续表

工程名称	××工程　一层框架柱					试件编号	010	
试验结果	力学性能试验结果						弯曲性能	
	屈服点/MPa	抗拉强度/MPa	伸长率/%	$\sigma_{b实}/\sigma_{s实}$	$\sigma_{s实}/\sigma_{b标}$	弯心直径	角度/°	结果
	385	605	26	1.57	1.15	75	180	合格
	385	605	26	1.57	1.15	75	180	合格
	化学分析							
	分析编号	化学成分/%						
		C	Si	Mn	P	S	C_{eq}	其他：
结论：依据《钢筋混凝土用钢 第2部分：热轧带肋钢筋》(GB 1499.2—2024)规定，符合要求。								
批准	×××	审核	×××	试验	×××			
试验单位	××建筑构件厂(中心实验室)							
报告日期	××年×月×日							

表 4-4-11　水泥试验报告

编号：×××

试验编号：2025—0666

委托编号：2025—06379

工程名称	××工程　三层墙体砌筑		试样编号	×××	
委托单位	××建筑工程公司		试验委托人	×××	
品种及强度等级	P·S 42.5	出厂编号及日期	××年×月×日	厂别牌号	×××
代表数量/t	200	来样日期	××年×月×日	试验日期	××年×月×日

试验结果								
一、细度	1. 80 μm方孔筛余量	%						
	2. 比表面积	m^2/kg						
二、标准稠度用水量/P	25.4%							
三、凝结时间	初凝	03 h 30 min	终凝	05 h 25 min				
四、安定性	雷氏法	mm	饼法	—				
五、其他	—	—	—	—				
六、强度/MPa								
抗折强度				抗压强度				
3 d		28 d		3 d		28 d		
单块值	平均值	单块值	平均值	单块值	平均值	单块值	平均值	
4.5	4.4	8.7	8.7	23.0	23.5	52.5	53.1	
				23.8		53.2		
4.3		8.8		23.2		52.7		
				24.1		53.8		
4.3		8.7		23.8		53.2		
				22.9		53.1		

续表

工程名称	××工程　三层墙体砌筑	试样编号	×××		
结论： 依据《通用硅酸盐水泥》(GB 175—2023)规定，符合P·S 42.5水泥强度要求，安定性合格，凝结时间合格。					
批准	×××	审核	×××	试验	×××
试验单位	××建筑公司实验室				
报告日期	××年×月×日				

表 4-4-12　防水卷材试验报告

编号：×××

试验编号：××××－×××

委托编号：××××－×××

工程名称及部位		××工程地下室底板、外墙防水层			试件编号	004		
委托单位		××建筑工程公司			试验委托人	×××		
种类、等级、牌号		弹性体沥青防水卷材　Ⅰ型聚酯毡			生产厂	××防水材料有限公司		
代表数量		250卷	来样日期	××年×月×日	试验日期	××年×月×日		
试验结果	一、拉力试验	1. 拉力		纵	536.0 N	横	510.0 N	
		2. 拉伸强度		纵	7 MPa	横	7 MPa	
	二、断裂伸长率(延伸率)			纵	9.6%	横	9.4%	
	三、耐热度	温度/℃			评定			
	四、不透水性	1. 压力0.2 MPa；2. 恒压时间30 min；3. 评定：合格						
	五、柔韧性(低温柔性、低温弯折性)	温度/℃		−15	评定	合格		
	六、其他	有见证试验						
结论： 依据《弹性体改性沥青防水卷材》(GB 18242—2008)规定，符合Ⅰ型胎弹性体沥青防水卷材质量标准。								
批准		×××	审核	×××	试验	×××		
试验单位		××建筑工程公司实验室						
报告日期		××年×月×日						

《任务实施》

在完成任务资讯模块的学习后，学生们应已具备解决任务工单问题的知识与能力。以下是针对任务工单所提问题的解答，供学生们参考与检验学习成果。

一、填空题

1. 答案：材料、构配件进场检验记录。
2. 答案：实际测量的数据。
3. 答案：报告。

二、判断题

1. 答案：错误。需由建设(监理)单位联合施工单位一同填写。
2. 答案：错误。没有数据要求的项目可填写“符合规范要求”的字样。
3. 答案：错误。进场复试报告是证明材料质量是否符合工程要求的重要文件。

任务五　施工记录资料

《任务工单》

本任务工单旨在引导学生通过学习任务资讯模块中的相关知识与技能，独立解决以下问题。

一、填空题

1. 隐蔽工程验收记录中的基本信息包括工程名称、编号、________和隐检部位。

2. 施工检查记录的目的是确保施工质量符合相关标准与规范，及时发现并解决问题，以保证工程的________和功能性。

二、判断题

1. 隐蔽工程验收记录仅包括隐检依据和隐检内容两部分。(　　)

2. 工程定位测量记录中的测量结果只需标明测量数据，无须说明允许误差范围。(　　)

3. 地基验槽记录的检查结论是对验槽内容的总结和评价，为施工人员提供地基是否满足设计要求的直观判断依据。(　　)

《任务资讯》

根据《建设工程文件归档规范(2019 年版)》(GB/T 50328—2014)的规定，施工记录文件包括隐蔽工程验收记录、工程定位测量记录、基槽验线记录、沉降观测记录、地基验槽记录、预应力筋张拉记录、有粘结预应力结构灌浆记录、网架(索膜)施工记录等，见表 4-5-1。

表 4-5-1　施工记录文件

类别	归档文件	保存单位				
		建设单位	设计单位	施工单位	监理单位	城建档案馆
C5	施工记录文件					
1	隐蔽工程验收记录	▲		▲	▲	▲
2	施工检查记录			△		
3	交接检查记录			△		
4	工程定位测量记录	▲		▲	▲	▲
5	基槽验线记录	▲		▲	▲	▲
6	楼层平面放线记录			△	△	△
7	楼层标高抄测记录			△	△	△
8	建筑物垂直度、标高观测记录	▲		▲	△	△
9	沉降观测记录	▲		▲	△	▲
10	基坑支护水平位移监测记录			△	△	
11	桩基、支护测量放线记录			△	△	
12	地基验槽记录	▲	▲	▲	▲	▲
13	地基钎探记录	▲		△	△	▲
14	混凝土浇灌申请书			△	△	
15	预拌混凝土运输单			△		
16	混凝土开盘鉴定			△	△	
17	混凝土拆模申请单			△	△	
18	混凝土预拌测温记录			△		
19	混凝土养护测温记录			△		
20	大体积混凝土养护测温记录			△		
21	大型构件吊装记录	▲		△	△	▲
22	焊接材料烘焙记录			△		
23	地下工程防水效果检查记录	▲		△	△	
24	防水工程试水检查记录	▲		△	△	
25	通风(烟)道、垃圾道检查记录	▲		△	△	
26	预应力筋张拉记录	▲		▲	△	▲
27	有粘结预应力结构灌浆记录	▲		▲	△	▲

续表

类别	归档文件	保存单位				
		建设单位	设计单位	施工单位	监理单位	城建档案馆
28	钢结构施工记录	▲		▲	△	
29	网架(索膜)施工记录	▲		▲	△	▲
30	木结构施工记录	▲		▲	△	
31	幕墙注胶检查记录	▲		▲	△	
32	自动扶梯、自动人行道的相邻区域检查记录	▲		▲	△	
33	电梯电气装置安装检查记录	▲		▲	△	
34	自动扶梯、自动人行道电气装置检查记录	▲		▲	△	
35	自动扶梯、自动人行道整机安装质量检查记录	▲		▲	△	
36	其他施工记录文件					
注：表中符号“▲”表示必须归档保存；“△”表示选择性归档保存						

一、隐蔽工程验收记录

隐蔽工程验收记录是指在建筑工程中，对完工后无法直接查看或检验的工程部位或环节进行验收并记录的文件。具体来说，这份记录包括以下几个部分。

(1)基本信息。

①工程名称：描述所进行的工程项目。

②编号：为该项验收记录分配的独特编号，便于档案管理。

③隐检项目及隐检日期：明确隐蔽工程的具体内容和验收的日期。

④隐检部位：指出工程中的具体哪个部位需要隐蔽，包括层、轴线和标高等信息。

(2)隐检依据。

①施工图号：依据的设计图纸的编号。

②设计变更/洽商/技术核定单：如果有任何设计上的变更，需要记录其编号。

③现行国家标准：工程实施所依据的国家标准或规范。

④主要材料名称及规格/型号：列出使用的主要材料及规格型号。

(3)隐检内容。需要详细描述隐蔽工程的具体内容，包括施工方法和质量等。

(4)检查结论。验收人员需要根据实际情况选择是否同意隐蔽，或者不同意隐蔽并需要修改后复查。

(5)复查结论。如果初次检查不同意隐蔽，修改后的复查结果需要记录在此。

(6)签字栏。包括施工单位、监理或建设单位的相关人员签字，以确保责任明确，包括专业技术负责人、专业质检员、专业工长及专业工程师等。

土建隐蔽工程验收记录宜采用表 4-5-2～表 4-5-5 的格式。

表 4-5-2　土方工程隐蔽工程验收记录

<table>
<tr><td colspan="2">工程名称</td><td>××工程</td><td>编号</td><td colspan="2">×××</td></tr>
<tr><td colspan="2">隐检项目</td><td>土方工程</td><td>隐检日期</td><td colspan="2">××年×月×日</td></tr>
<tr><td colspan="2">隐检部位</td><td colspan="4">基础层 ①～⑧/Ⓐ～Ⓚ轴 －2.50 m 标高</td></tr>
<tr><td colspan="6">隐检依据：施工图号 结施－1、结施－2、地质勘察报告(编号××) ，设计变更/洽商/技术核定单(编号 /)
及有关现行国家标准等。
主要材料名称及规格/型号： /</td></tr>
<tr><td colspan="6">隐检内容：
(1)基础基底标高为－2.50 m，槽底土质为粉砂、细砂层，水位与地质勘察报告相符。
(2)基槽土层已挖至－2.50 m，基底清理到位，浮土、松土清除到持力层，无砖块、石头等杂物。
(3)基底轮廓尺寸。
隐检内容已做完，请予以检查。</td></tr>
<tr><td colspan="6">检查结论：
经检查，现场情况与隐检内容相符，符合规范规定，满足设计要求，检查通过，同意进行下道工序。
☑同意隐蔽　　□不同意，修改后进行复查</td></tr>
<tr><td colspan="6">复查结论：
复查人：×××　　　　复查日期：××年×月×日</td></tr>
<tr><td rowspan="3">签字栏</td><td rowspan="2">施工单位</td><td rowspan="2">××建筑工程有限公司</td><td>专业技术负责人</td><td>专业质检员</td><td>专业工长</td></tr>
<tr><td>×××</td><td>×××</td><td>×××</td></tr>
<tr><td>监理或建设单位</td><td colspan="2">×××</td><td>专业工程师</td><td>×××</td></tr>
</table>

表 4-5-3 基坑工程隐蔽工程验收记录

<table>
<tr><td colspan="2">工程名称</td><td colspan="2">××工程</td><td>编号</td><td>×××</td></tr>
<tr><td colspan="2">隐检项目</td><td colspan="2">基坑支护工程(排桩墙)</td><td>隐检日期</td><td>××年×月×日</td></tr>
<tr><td colspan="2">隐检部位</td><td colspan="4">基础层 ①～⑳/Ⓐ～Ⓓ轴 －6.90 m 标高</td></tr>
<tr><td colspan="6">隐检依据：施工图号 结施－1、结施－2 ，设计变更/洽商/技术核定单(编号 /)及有关现行国家标准等。
主要材料名称及规格/型号： 主筋 HRB400Φ22，箍筋 ϕ8 圆钢，P·O 42.5 普通硅酸盐水泥</td></tr>
<tr><td colspan="6">隐检内容：
(1)采用悬臂式排桩墙，悬臂长度为 4 m。
(2)桩径为 800 mm，桩间距、规格、尺寸符合设计要求。
(3)含水层范围内的排桩墙支护基坑有可靠的止水措施(见施工方案)。
(4)采用人工和装载机配合清理孔口积土，桩底沉渣＜200 mm。
隐检内容已做完，请予以检查。</td></tr>
<tr><td colspan="6">检查结论：
经检查，现场情况与隐检内容相符，符合规范规定，满足设计要求，检查通过，同意进行下道工序。
☑同意隐蔽　　□不同意，修改后进行复查</td></tr>
<tr><td colspan="6">复查结论：

复查人：×××　　　　复查日期：××年×月×日</td></tr>
<tr><td rowspan="3">签字栏</td><td rowspan="2">施工单位</td><td rowspan="2">××建筑工程有限公司</td><td>专业技术负责人</td><td>专业质检员</td><td>专业工长</td></tr>
<tr><td>×××</td><td>×××</td><td>×××</td></tr>
<tr><td>监理或建设单位</td><td colspan="2">×××</td><td>专业工程师</td><td>×××</td></tr>
</table>

表 4-5-4　桩基工程隐蔽工程验收记录

<table>
<tr><td colspan="2">工程名称</td><td colspan="2">××工程</td><td>编号</td><td colspan="2">×××</td></tr>
<tr><td colspan="2">隐检项目</td><td colspan="2">桩基工程</td><td>隐检日期</td><td colspan="2">××年×月×日</td></tr>
<tr><td colspan="2">隐检部位</td><td colspan="5">基础层 ①～⑩/Ⓐ～Ⓓ轴线 －7.500 m 标高</td></tr>
<tr><td colspan="7">隐检依据：施工图号 结施－1、结施－4 ，设计变更/洽商/技术核定单(编号 /)及有关现行国家标准等。
主要材料名称及规格/型号： 钢板、焊条 </td></tr>
<tr><td colspan="7">隐检内容：
(1)采用焊接接桩时，应先将四周点焊固定，然后对称焊接，并确保焊缝质量和设计尺寸。
(2)焊接的材质(钢板、焊条)均符合设计要求，焊接件应做好防腐处理。
(3)焊接接桩，其预埋件表面应清洁，上下节之间的间隙应用铁片垫实焊牢。
(4)接桩时，在距地面 1 m 左右进行，上下节桩的中心线偏差不得大于 10 mm，节点弯曲矢高不得大于 1% 桩长。
隐检内容已做完，请予以检查。</td></tr>
<tr><td colspan="7">检查结论：
经检查，现场情况与隐检内容相符，符合规范规定，满足设计要求，检查通过，同意进行下道工序。
☑同意隐蔽　　□不同意，修改后进行复查</td></tr>
<tr><td colspan="7">复查结论：
复查人：×××　　复查日期：××年×月×日</td></tr>
<tr><td rowspan="3">签字栏</td><td rowspan="2">施工单位</td><td rowspan="2">××建筑工程有限公司</td><td colspan="2">专业技术负责人</td><td>专业质检员</td><td>专业工长</td></tr>
<tr><td colspan="2">×××</td><td>×××</td><td>×××</td></tr>
<tr><td>监理或建设单位</td><td colspan="3">×××</td><td>专业工程师</td><td>×××</td></tr>
</table>

表 4-5-5　钢筋绑扎工程隐蔽工程验收记录

工程名称	××工程	编号	×××
隐检项目	钢筋绑扎工程	隐检日期	××年×月×日
隐检部位	地下二层 ①～⑫/Ⓐ～Ⓗ轴线 −2.95～0.10 m 标高		

隐检依据：施工图号 结施－3、结施－4、结施－11、结施－12 ，设计变更/洽商/技术核定单(编号 7)及有关现行国家标准等。

主要材料名称及规格/型号： Φ12、Φ14

隐检内容：

(1)墙厚 300 mm，钢筋双向双层，水平筋 Φ12@200，在内侧，竖向筋 Φ14@150，在外侧。

(2)墙体的钢筋搭接绑扎，搭接长度为 $42d$(Φ12：405 mm/Φ14：588 mm)，接头纵横错开 50%，接头净距为 50 mm。

(3)墙体筋定位筋采用 Φ12 竖向梯子筋，每跨 3 道，上口设水平梯子筋与主筋绑牢。

(4)竖向筋起步距柱 50 mm，水平筋起步距梁 50 mm，间距排距均匀。

(5)绑扎丝为双铅丝，每个相交点用八字扣绑扎，丝头朝向混凝土内部。

(6)墙外侧保护层 35 mm 厚，内侧 20 mm 厚，采用塑料垫块间距为 600 mm，梅花形布置。

(7)钢筋均无锈、无污染，如钢筋原材做复试，另附钢筋原材复试报告。试验编号××。

隐检内容已做完，请予以检查。

检查结论：

经检查：

(1)地下二层，①～⑫/Ⓐ～Ⓗ轴墙钢筋品种、级别、规格、配筋数量、位置、间距符合设计要求。

(2)钢筋绑扎安装质量牢固，无漏扣现象，观感符合要求，搭接长度为 $42d$。

(3)墙体定位梯子筋各部位尺寸间距准确，与主筋绑扎。

(4)保护层厚度符合要求，采用塑料垫块绑扎牢固，间距为 600 mm，梅花形布置。

(5)钢筋无锈蚀、无污染，进场复试合格，符合《混凝土结构工程施工质量验收规范》(GB 50204—2015)的规定。

☑同意隐蔽　　□不同意，修改后进行复查

复查结论：

复查人：×××　　　　复查日期：××年×月×日

签字栏	施工单位	××建筑工程有限公司	专业技术负责人	专业质检员	专业工长
			×××	×××	×××
	监理或建设单位	×××		专业工程师	×××

土建主要隐检项目及内容

给水排水及采暖工程隐蔽工程验收记录宜采用表 4-5-6 的格式。

表 4-5-6　给水排水及采暖工程隐蔽工程验收记录

工程名称	××工程	编号	×××
隐检项目	室内废水水平管安装	隐检日期	××年×月×日
隐检部位	地下一层 ㊱～㊷/Ⓒ～Ⓓ轴线 －7.000 m 标高		

隐检依据：施工图号 设 1 ，设计变更/洽商/技术核定单(编号 /)及有关现行国家标准等。
主要材料名称及规格/型号： 承插法兰式柔性接口排水铸铁管 DN150

隐检内容：

1. 管材为承插法兰式柔性接口排水铸铁管，管件为厂家配套产品。
2. 管道安装位置位于㊱～㊷/Ⓒ～Ⓓ轴，标高为－7.000 m，坡度为 0.01。
3. 管道连接做法为承插法兰式，质量良好，支架固定，间距为 2 m。
4. 已按设计要求及施工规范规定完成灌水试验，结果合格。

检查结论：

经检查，符合设计要求及《建筑给水排水及采暖工程施工质量验收规范》(GB 50242—2002)的规定。

☑同意隐蔽　　☐不同意，修改后进行复查

复查结论：

复查人：×××　　　　复查日期：××年×月×日

签字栏	施工单位	××建筑工程有限公司	专业技术负责人	专业质检员	专业工长
			×××	×××	×××
	监理或建设单位	×××		专业工程师	×××

建筑电气工程隐蔽工程验收记录宜采用表 4-5-7 的格式。

表 4-5-7　建筑电气工程隐蔽工程验收记录

<table>
<tr><td colspan="2">工程名称</td><td colspan="2">××工程</td><td>编号</td><td colspan="2">×××</td></tr>
<tr><td colspan="2">隐检项目</td><td colspan="2">硬质 PVC 管暗配</td><td>隐检日期</td><td colspan="2">××年×月×日</td></tr>
<tr><td colspan="2">隐检部位</td><td colspan="5">地上三层 ⑤～⑪/Ⓒ～Ⓗ轴线 +8.90 m 标高</td></tr>
<tr><td colspan="7">隐检依据：施工图号 电一8 ，设计变更/洽商/技术核定单(编号 /)及有关现行国家标准等。
主要材料名称及规格/型号： 硬质 PVC 管×××</td></tr>
<tr><td colspan="7">隐检内容：
(1)避雷引线共 26 处，分别利用轴Ⓐ、①，轴Ⓐ、③……处两根 ϕ25 柱主筋上下对应引上，位置符合电气施工图纸。
(2)柱主筋采用搭接焊接，焊接长度大于钢筋直径的 6 倍，且两面施焊；药皮已清除，无夹渣咬肉现象(柱筋连接采用压力埋弧焊等做法时，可按实填写)。
以上隐检内容已做完，请予以检查。</td></tr>
<tr><td colspan="7">检查结论：
经检查，避雷引线位置、施工做法、柱主筋搭接符合设计要求及《建筑电气工程施工质量验收规范》(GB 50303—2015)的规定。
☑同意隐蔽　□不同意，修改后进行复查</td></tr>
<tr><td colspan="7">复查结论：
复查人：×××　复查日期：××年×月×日</td></tr>
<tr><td rowspan="3">签字栏</td><td rowspan="2">施工单位</td><td colspan="2" rowspan="2">××建筑工程有限公司</td><td>专业技术负责人</td><td>专业质检员</td><td>专业工长</td></tr>
<tr><td>×××</td><td>×××</td><td>×××</td></tr>
<tr><td>监理或建设单位</td><td colspan="3">×××</td><td>专业工程师</td><td>×××</td></tr>
</table>

通风与空调工程隐蔽工程验收记录宜采用表 4-5-8 的格式。

表 4-5-8 通风与空调工程隐蔽工程验收记录

<table>
<tr><td colspan="2">工程名称</td><td colspan="2">××工程</td><td>编号</td><td>×××</td></tr>
<tr><td colspan="2">隐检项目</td><td colspan="2">送排风系统安装</td><td>隐检日期</td><td>××年×月×日</td></tr>
<tr><td colspan="2">隐检部位</td><td colspan="4">地下一层 ㊱～㊷/Ⓒ～Ⓓ轴线 －7.000 m 标高</td></tr>
<tr><td colspan="6">隐检依据：施工图号 设 1 ，设计变更/洽商/技术核定单(编号 /)及有关现行国家标准等。
主要材料名称及规格/型号： 镀锌风管 700×700</td></tr>
<tr><td colspan="6">隐检内容：
检查风管的标高是否与图纸一致，风管接口严密性，支、吊、托架安装固定。</td></tr>
<tr><td colspan="6">检查结论：
经检查，送排风管道安装符合设计要求及《通风与空调工程施工质量验收规范》(GB 50243—2016)的规定。
☑同意隐蔽 □不同意，修改后进行复查</td></tr>
<tr><td colspan="6">复查结论：
复查人：××× 复查日期：××年×月×日</td></tr>
<tr><td rowspan="3">签字栏</td><td rowspan="2">施工单位</td><td rowspan="2">××建筑工程有限公司</td><td>专业技术负责人</td><td>专业质检员</td><td>专业工长</td></tr>
<tr><td>×××</td><td>×××</td><td>×××</td></tr>
<tr><td>监理或建设单位</td><td colspan="2">×××</td><td>专业工程师</td><td>×××</td></tr>
</table>

电梯工程隐蔽工程验收记录宜采用表 4-5-9～表 4-5-11 的格式。

表 4-5-9　电梯承重梁、起重吊环埋设隐蔽工程验收记录

编号：×××

工程名称	××工程	隐检项目	承重梁、起重吊环埋设		
检查部位	电梯机房承重梁	填写日期	××年×月×日		
施工日期	××年×月×日	天气情况	晴	气温/℃	28

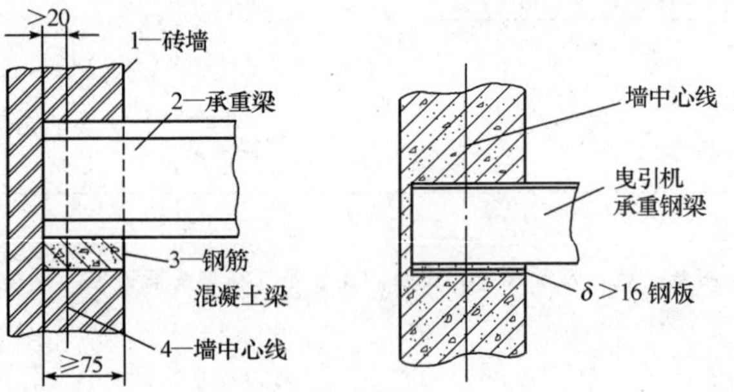

承重梁规格	2 700 mm×280 mm ×120 mm	数量	2 根	承重墙类型	现浇	厚度	240 mm
埋设长度	160 mm	过墙中心	40 mm	梁垫规格	20 mm×200 mm×170 mm		
焊接情况	满焊	防腐措施	防锈漆	梁端封固	型钢焊接、混凝土灌注		
起重吊环设计荷载/kg		3 000		起重吊环材料规格		A3，ϕ24	
混凝土承重梁位置规格		2 620 mm×2 000 mm		吊环与钢筋锚固尺寸		焊接	
A3 圆钢吊环荷载		ϕ16，1.5 t	ϕ20，2.1 t	ϕ22，2.7 t	ϕ24，3.3 t		

检查意见	复查意见
承重梁两端埋设深度超过墙体中心 40 mm，埋设长度 160 mm，梁下垫 20 mm 钢板，固定可靠，焊接牢固。 日期：××年×月×日	经查：承重梁架设平稳牢固，埋设深度符合规范要求，复查合格。 日期：××年×月×日

签字栏			
建设(监理)单位	安装单位	××电梯设备安装公司	
	专业技术负责人	专业质检员	专业工长
×××	×××	×××	×××

表 4-5-10　电梯钢丝绳头灌注隐蔽工程验收记录

编号：×××

<table>
<tr><td>工程名称</td><td colspan="2">××工程</td><td colspan="2">隐检项目</td><td colspan="3">钢丝绳头灌注</td></tr>
<tr><td>操作场地</td><td colspan="2">×××</td><td colspan="2">填写日期</td><td colspan="3">××年×月×日</td></tr>
<tr><td>操作日期</td><td colspan="2">××年×月×日</td><td colspan="2">天气情况</td><td>阴</td><td>气温/℃</td><td>28</td></tr>
<tr><td>钢绳用途</td><td>曳引</td><td>钢绳规格</td><td colspan="2">ϕ16</td><td>锥套数</td><td colspan="2">共 19 个</td></tr>
<tr><td>隐检内容</td><td colspan="7">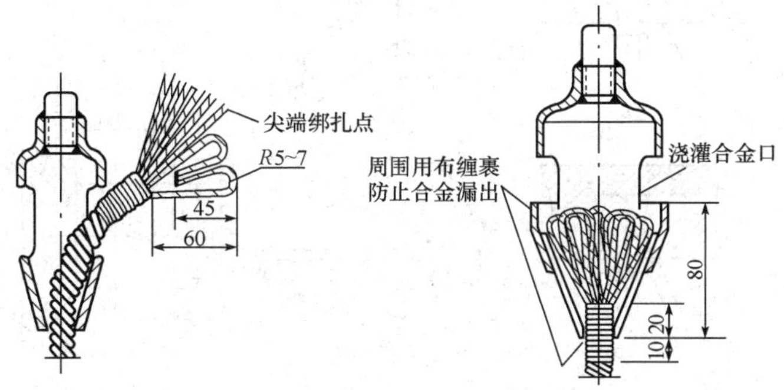

将钢绳清洗干净，绳头分段后，每股端部绑扎防止散丝；去掉麻芯，各绳股向中心弯曲后，拉入锥套内；将锥套加热至 40～50 ℃，熔化合金温度为 270～400 ℃；必须一次与锥套浇平，严禁一个锥套二次浇灌。</td></tr>
<tr><td>检查意见</td><td colspan="2">监察绳头组合现场制作全过程，完全符合全部要求。

日期：××年×月×日</td><td>复查意见</td><td colspan="4">复查合格。

日期：××年×月×日</td></tr>
<tr><td rowspan="3">签字栏</td><td rowspan="2" colspan="2">建设（监理）单位</td><td colspan="2">安装单位</td><td colspan="3">××电梯设备安装公司</td></tr>
<tr><td colspan="2">专业技术负责人</td><td colspan="2">专业质检员</td><td>专业工长</td></tr>
<tr><td colspan="2">×××</td><td colspan="2">×××</td><td colspan="2">×××</td><td>×××</td></tr>
</table>

表 4-5-11 电梯导轨、层门的支架、螺栓埋设隐蔽工程检查记录

编号：×××

工程名称	××工程	隐检项目	导轨、层门的支架、螺栓埋设	
检查部位	电梯井道内	填写日期	××年×月×日	
施工日期	××年×月×日	天气情况	晴	气温/℃ 32

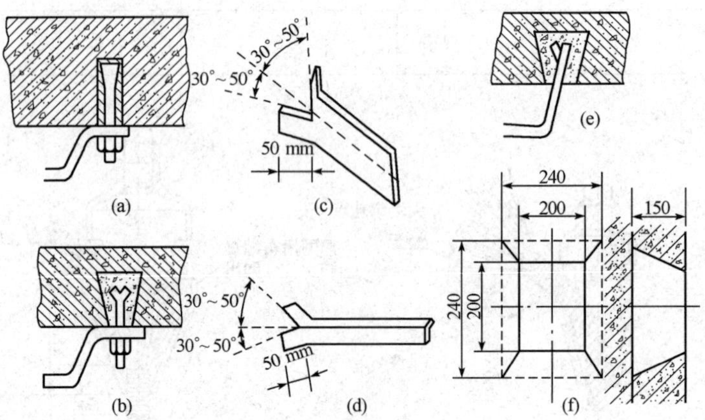

井壁结构	现浇	适用工艺	膨胀螺栓	适应图号	(a)、(b)、(c)、(d)、(e)、(f)
埋铁厚度	δ≤16 mm	螺栓规格	M16×150	型钢规格	/
燕尾夹角	≤60°	埋设深度	≤120 mm	墙洞尺寸	××
清渣冲水	/	混凝土配合比（水泥：砂：豆石）	/	养护/d	/

检查意见	复查意见
同意隐蔽。 日期：××年×月×日	复查合格。 日期：××年×月×日

签字栏			
建设（监理）单位	安装单位	××电梯设备安装公司	
	专业技术负责人	专业质检员	专业工长
×××	×××	×××	×××

二、施工检查记录

施工检查记录是在建筑或工程施工过程中，用于记录各项检查结果的一种文档。其目的是确保施工质量符合相关标准与规范，及时发现并解决问题，以保证工程的安全性和功能性。

施工检查记录通常包含以下内容。

(1)工程名称：记录正在施工的项目名称。

(2)检查部位/项目：具体指出本次检查的是工程的哪个部分或项目。

(3)检查日期：记录检查进行的日期。

(4)检查依据：列明本次检查所遵循的标准、规范或依据的文件。

(5)检查内容：详细记录检查的具体内容，包括检查的项目、使用的设备和方法等。

(6)检查结论：根据检查结果，得出相应的结论，指出是否存在问题及问题的性质。

(7)复查结论：如果有复查环节，记录复查的结果和结论。

(8)复查人及复查日期：如果进行了复查，记录谁进行了复查及复查的日期。

(9)施工单位：记录执行施工工作的单位名称。

(10)签字栏：包括专业技术负责人、专业质检员和专业工长等人员的签字，以示对检查结果的确认与责任。

施工检查记录宜采用表 4-5-12 的格式。

表 4-5-12　施工检查记录

<table>
<tr><td rowspan="2">工程名称</td><td rowspan="2" colspan="2">××工程</td><td colspan="2">编号</td><td>×××</td></tr>
<tr><td colspan="2">检查日期</td><td>××年×月×日</td></tr>
<tr><td>检查部位</td><td colspan="2">三层①～⑫/Ⓐ～Ⓚ轴</td><td colspan="2">检查项目</td><td>砌筑</td></tr>
<tr><td colspan="6">检查依据：
(1)施工图纸结一1、结一5。
(2)《砌体结构工程施工质量验收规范》(GB 50203—2011)。</td></tr>
<tr><td colspan="6">检查内容：
(1)瓦工班 15 人砌筑①～⑫/Ⓐ～Ⓚ轴填充墙，并于当日全部完成。
(2)质检员检查时发现一处填充墙砌筑不合格(①/Ⓑ～Ⓒ轴卧室)并责令瓦工班进行返工处理。
(3)试验员制作两组砌筑砂浆试块，强度等级为 M7.5。</td></tr>
<tr><td colspan="6">检查结论：
经检查，①/Ⓑ～Ⓒ轴卧室处填充墙的砌筑符合设计及《砌体结构工程施工质量验收规范》(GB 50203—2011)的规定。</td></tr>
<tr><td colspan="6">复查结论：
经复查，返工部分已整改完成，符合设计要求。

复查人：　　　　　　　　　　　　复查日期：</td></tr>
<tr><td rowspan="3">签字栏</td><td>施工单位</td><td colspan="4">××建筑工程公司</td></tr>
<tr><td>专业技术负责人</td><td colspan="2">专业质检员</td><td colspan="2">专业工长</td></tr>
<tr><td>×××</td><td colspan="2">×××</td><td colspan="2">×××</td></tr>
</table>

三、交接检查记录

交接检查记录是施工管理中一个至关重要的环节，它确保了各工序之间的顺利交接，并明确了各单位的责任。

交接检查记录包含以下内容。

(1)基本信息：包括编号、工程名称、检查日期、移交单位、见证单位、交接部位和接收单位等，这些信息为交接检查记录提供了明确的背景和环境。

(2)交接内容：详细描述了交接的具体细节，如施工做法和技术要求，这是评估交接是否符合标准的重要依据。

(3)检查结论与复查结论：分别由检查人员和接收单位填写，用于确认交接内容是否符合预期要求，这是确保交接质量的关键步骤。

(4)签字栏：提供了移交单位、接收单位和见证单位的签字空间，确保了交接过程的正式性和可追溯性。

交接检查记录宜采用表 4-5-13 的格式。

表 4-5-13　**交接检查记录**

<table>
<tr><td rowspan="2">工程名称</td><td rowspan="2">××工程</td><td>编号</td><td>×××</td></tr>
<tr><td>检查日期</td><td>××年×月×日</td></tr>
<tr><td>移交单位</td><td>接地装置安装单位</td><td>见证单位</td><td>××监理公司</td></tr>
<tr><td>交接部位</td><td>设备基础</td><td>接收单位</td><td>支模或浇捣混凝土单位</td></tr>
<tr><td colspan="4">交接内容：
1. 本工程采用桩基础为接地体并与钢筋焊接形成接地装置。
2. 重复接地引下线用热镀锌扁钢引至总配电箱。
3. 避雷引下线按设计要求分别利用柱筋相交，各柱内 2 根柱筋上下贯通焊接作为防雷引下线并与接地装置可靠焊接连成一体。
上述内容按设计要求施工完成后，经检查确认，才能支模或浇捣混凝土。</td></tr>
<tr><td colspan="4">检查结论：
经检查，与交接内容相符。</td></tr>
<tr><td colspan="4">复查结论(由接收单位填写)：

复查人：×××　　复查日期：××年×月×日</td></tr>
<tr><td colspan="4">见证单位意见：
同意交接。

复查人：×××　　复查日期：××年×月×日</td></tr>
<tr><td rowspan="2">签字栏</td><td>移交单位</td><td>接收单位</td><td>见证单位</td></tr>
<tr><td>×××</td><td>×××</td><td>×××</td></tr>
</table>

四、工程定位测量记录

工程定位测量是施工单位根据测绘部门提供的放线成果、红线桩及场地控制网或建筑物控制网，测定建筑物的位置、主控轴线、建筑物±0.000处绝对高程等，标明现场标准水准点、坐标点位置。工程定位测量记录详细记录了建筑物或构筑物的定位测量过程和结果。

工程定位测量记录主要包括以下内容。

(1)基本信息：如工程名称、图纸编号、委托单位、施测日期、复测日期等，这些信息为记录提供了明确的背景。

(2)测量依据：包括平面坐标依据、高程依据、使用仪器等，这些依据确保了测量的准确性和可追溯性。

(3)测量结果：通过定位抄测示意图和具体的测量数据，展示了测量的实际结果，并说明了允许误差范围，以评估测量精度。

(4)责任人员：明确了施工单位、测量人员、专业技术负责人、复测人、施测人及监理或建设单位等相关人员的责任和角色，确保了测量工作的规范性和可追溯性。

工程定位测量记录宜采用表4-5-14的格式。

表4-5-14　工程定位测量记录

工程名称	××大学综合楼	编号	×××
		图纸编号	×××
委托单位	××公司	施测日期	××年×月×日
复测日期	××年×月×日	平面坐标依据	××—036 A、方1、D
高程依据	测××——036 BMG	使用仪器	DS1 96007
允许误差	±13 mm	仪器校验日期	××年×月×日

定位抄测示意图：

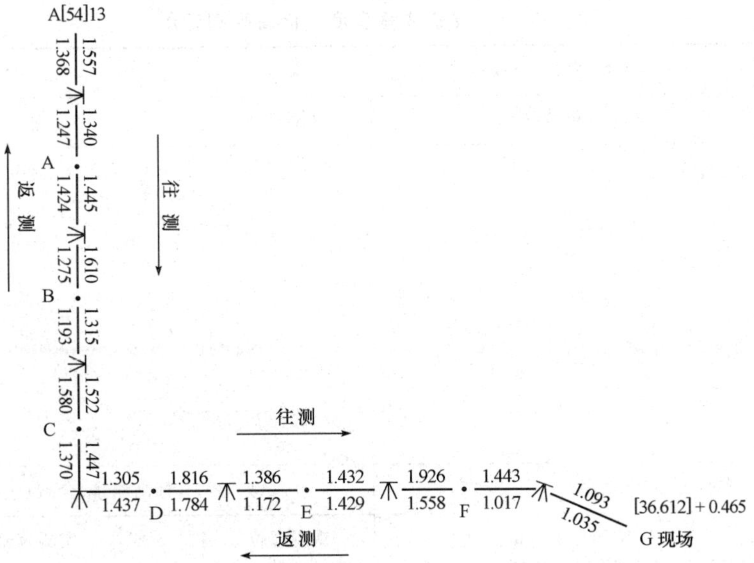

续表

<table>
<tr><td colspan="2" rowspan="2">工程名称</td><td colspan="2" rowspan="2">××大学综合楼</td><td colspan="2">编号</td><td>×××</td></tr>
<tr><td colspan="2">图纸编号</td><td>×××</td></tr>
<tr><td colspan="7">复测结果：
$h_{往}=\sum_{后}-\sum_{前}=+0.273$(m)
$h_{返}=\sum_{后}-\sum_{前}=-0.281$(m)
$f_{测}=\sum_{后}+\sum_{前}=-8$(m)
$f_{允}=\pm 5$ mm　　$\sqrt{N}=\pm 5$ mm　　允许误差±13 mm>$f_{测}$　精度合格
高差 $h=+0.277$ m</td></tr>
<tr><td rowspan="3">签字栏</td><td>施工单位</td><td>××建筑工程公司</td><td>测量人员岗位证书号</td><td>02－001038</td><td>专业技术负责人</td><td>×××</td></tr>
<tr><td>施工测量负责人</td><td>×××</td><td>复测人</td><td>×××</td><td>施测人</td><td>×××</td></tr>
<tr><td>监理或建设单位</td><td colspan="3">×××</td><td>专业工程师</td><td>×××</td></tr>
</table>

五、建筑物垂直度、标高观测记录

建筑物垂直度、标高观测记录是建筑施工过程中不可或缺的质量控制文件。垂直度观测主要关注建筑物在垂直方向上的偏差情况，确保建筑物的结构安全和稳定；标高观测则关注建筑物各部位相对于某一基准点的高度，确保各层高度符合设计要求。通过定期观测和记录，可以及时发现并纠正施工过程中的偏差，确保建筑物的整体质量和稳定性。

建筑物垂直度、标高观测记录通常包括以下几个内容。

(1)观测部位：这一列用于记录观测的具体位置或层数，如“一层”“二层”等。它帮助明确观测点，确保观测的针对性和准确性。

(2)实测偏差：这一列用于记录观测结果与设计要求的差异，通常以毫米(mm)为单位。它反映了建筑物在垂直度或标高方面的实际偏差情况，是评估施工质量的重要依据。

建筑物垂直度、标高观测记录宜采用表 4-5-15 的格式。

表 4-5-15　建筑物垂直度、标高观测记录

<table>
<tr><td>工程名称</td><td>××大学综合楼</td><td>编号</td><td>×××</td></tr>
<tr><td>施工阶段</td><td>结构工程</td><td>观测日期</td><td>××年×月×日</td></tr>
<tr><td colspan="4">观测说明(附观测示意图)：
(图略)</td></tr>
<tr><td colspan="2">垂直度测量(全高)</td><td colspan="2">标高测量(全高)</td></tr>
<tr><td>观测部位</td><td>实测偏差/mm</td><td>观测部位</td><td>实测偏差/mm</td></tr>
<tr><td>一层</td><td>东 3、北 2</td><td>一层</td><td>3</td></tr>
</table>

续表

垂直度测量(全高)		标高测量(全高)	
二层	东北向—2	二层	—4
三层	东2、北1	三层	—3

结论：

工程垂直度、标高测量结果符合设计及规范要求。

签字栏	施工单位	××建筑工程公司	专业技术负责人	专业质检员	施测人
			×××	×××	×××
	监理或建设单位	××监理公司		监理工程师	×××

六、地基验槽记录

地基验槽记录是在建筑工程施工中，对地基开挖完成后进行的一项关键检验与记录工作。其主要目的是确认地基土体的实际情况是否与地质勘探报告相符，包括土层的分布、土质的性质、土体的密实度等。此外，地基验槽记录还要检查地基开挖后的平面位置、几何尺寸、基底标高是否符合设计要求，以及是否存在不良地质现象，如地下水、洞穴、软泥等。通过地基验槽记录，可以确保地基条件满足后续基础施工的要求，为建筑物的稳定性和安全性提供基础保障。

地基验槽记录包含以下内容。

(1)验槽内容：这一部分详细记录了基槽开挖后的各项关键信息，如基槽开挖至的土层、持力层的确认、土质情况(包括土的类型、密实度等)、桩的相关信息(如果适用)、基地的绝对高程和相对标高等。这些信息有助于施工人员全面了解地基开挖后的实际情况。

(2)检查结论：这一部分是对验槽内容的总结和评价。它通常包括槽底土的均匀密实度评价、与地质勘探报告的相符性评价、基槽平面位置、几何尺寸、基底标高的符合性评价，以及地下水情况的说明等。检查结论为施工人员提供了地基是否满足设计要求的直观判断依据。

地基验槽记录宜采用表 4-5-16 的格式。

表 4-5-16　地基验槽记录

<table>
<tr><td>工程名称</td><td>××工程</td><td>编号</td><td colspan="3">×××</td></tr>
<tr><td>验槽部位</td><td>基槽①～⑩/Ⓐ～Ⓟ轴</td><td>验槽日期</td><td colspan="3">××年×月×日</td></tr>
<tr><td colspan="6">依据：施工图纸(施工图纸号 结－1、结－3)
设计变更/洽商(编号＿＿＿＿＿＿)及有关规范、规程。</td></tr>
<tr><td colspan="6">验槽内容：
1. 基槽开挖至勘探报告第 × 层，持力层为 × 层。
2. 土质情况 2类黏土　基底为老土层，均匀密实 。
3. 桩位置 / 、桩类型 / 、数量 / ，承载力满足设计要求。
4. 基底绝对高程和相对标高 ××m　－8.70 m 。

申报人：×××</td></tr>
<tr><td colspan="6">检查结论：
槽底土均匀密实，与地质勘探报告(编号××)相符，基槽平面位置、几何尺寸、基槽底标高、定位符合设计要求。
地下水情况：槽底地下水水位上 1.5 m，无坑或穴洞。

☑无异常，可进行下道工序　　□需要地基处理</td></tr>
<tr><td rowspan="2">签字公章栏</td><td>施工单位</td><td>勘察单位</td><td>设计单位</td><td>监理单位</td><td>建设单位</td></tr>
<tr><td>×××</td><td>×××</td><td>×××</td><td>×××</td><td>×××</td></tr>
</table>

天然地基验槽内容

七、地下工程防水效果检查记录

地下工程防水效果检查记录专门用于检查和记录地下建筑或构筑物(如地下室、地铁、隧道等)的防水施工质量。它的主要目的是通过规范性的检查、验收和记录，来确认防水措施的实施效果，从而保障地下工程的使用功能和安全性。这份记录不仅关注防水层的完整性和密封性，还应注重施工工艺和材料的合规性，确保防水措施能够长期有效地发挥作用。

地下工程防水效果检查记录通常包含以下内容。

(1)检查部位：明确记录检查的具体部位，如地下室底板、外墙等。这有助于施工人员和验收人员准确了解防水措施的实施位置和范围。

(2)检查方法及内容：详细说明采用的检查方法和标准，包括遵循的规范、测量及检测方法等。这确保了检查的规范性和准确性，有助于客观评估防水效果。

(3)检查结论：记录检查过程中发现的问题或现象，如是否存在渗漏水、防水层是否完整等。这为后续的整改和验收提供了依据。

(4)复查结论：综合检查结果，给出是否符合设计要求和规范的结论。这是评估防水效果的重要依据，也是工程验收的必备条件。

地下工程防水效果检查记录宜采用表 4-5-17 的格式。

表 4-5-17　地下工程防水效果检查记录

<table>
<tr><td colspan="2">工程名称</td><td colspan="2">××工程</td><td>编号</td><td>×××</td></tr>
<tr><td colspan="2">检查部位</td><td colspan="2">地下室底板、外墙</td><td>检查日期</td><td>××年×月×日</td></tr>
<tr><td colspan="6">检查方法及内容：
依据《地下防水工程质量验收规范》(GB 50208—2011)及施工方案，渗漏水水量调查与量测方法执行《地下防水工程质量验收规范》(GB 50208—2011)相关规定。</td></tr>
<tr><td colspan="6">检查结论：
经检查，地下室底板、外墙不存在渗漏水现象，施工工艺及观感质量合格，符合设计要求和《地下防水工程质量验收规范》(GB 50208—2011)的有关规定。</td></tr>
<tr><td colspan="6">复查结论：
符合标准。
复查人：×××　　复查日期：××年×月×日</td></tr>
<tr><td rowspan="3">签字栏</td><td rowspan="2">施工单位</td><td rowspan="2">××建筑工程公司</td><td>专业技术负责人</td><td>专业质检员</td><td>专业工长</td></tr>
<tr><td>×××</td><td>×××</td><td>×××</td></tr>
<tr><td>监理或建设单位</td><td colspan="2">××监理公司</td><td>专业工程师</td><td>×××</td></tr>
</table>

地下防水工程的隐蔽工程、观感质量检查

八、防水工程试水检查记录

防水工程试水检查记录，顾名思义，就是在防水工程完成后，通过进行蓄水试验来检验防水效果，并将试验过程和结果详细记录下来的文件。这一记录的主要目的是验证防水层的质量，确保防水措施的有效性，从而防止水渗漏对建筑物造成损害。通过试水检查记录，可以及时发现防水层存在的问题，如裂缝、孔洞等，以便及时采取措施进行修补，确保防水工程的质量。

防水工程试水检查记录通常包含以下内容。

(1)工程基本信息：如工程名称、编号、检查部位、检查日期等，这些信息有助于明确试验的对象和背景。

(2)检查方式及内容：详细描述蓄水试验的具体方法，包括蓄水的时间、水位、封堵措施等，这些内容是评估防水效果的重要依据。

(3)检查结论：记录蓄水试验的结果，包括是否发现渗漏现象、防水层是否存在问题等，这是判断防水工程质量的关键。

(4)复查结论与复查信息：如果初次检查发现问题，需要进行复查以确认问题是否得到妥善解决。复查结论和复查人的信息有助于确保防水工程的质量得到持续监控。

(5)签字栏：由施工单位、监理或建设单位的专业人员签字确认，表明各方对试验过程和结果的认可，增强了记录的权威性和可信度。

地下工程防水效果检查记录宜采用表 4-5-18 的格式。

表 4-5-18　地下工程防水效果检查记录

<table>
<tr><td colspan="2">工程名称</td><td colspan="2">××工程</td><td>编号</td><td colspan="2">×××</td></tr>
<tr><td colspan="2">检查部位</td><td colspan="2">地上三层厕浴间</td><td>检查日期</td><td colspan="2">××年×月×日</td></tr>
<tr><td colspan="2" rowspan="2">检查方式</td><td colspan="2">☑第一次蓄水　□第二次蓄水</td><td>蓄水时间</td><td colspan="2">从 ×× 年 × 月 × 日 8 时
至 ×× 年 × 月 × 日 8 时</td></tr>
<tr><td colspan="5">□淋水　□雨期观察</td></tr>
<tr><td colspan="7">检查方法及内容：
厕浴间一次蓄水试验，在门口处用水泥砂浆做挡水墙，地漏周围挡高 5 cm，用球塞(或棉丝)把地漏堵严密且不影响试水，蓄水浅水位为 20 mm，蓄水时间为 24 h。</td></tr>
<tr><td colspan="7">检查结论：
经检查，厕浴间一次蓄水试验，蓄水前水位高出地面最高点 20 mm，经 24 h 无渗漏现象，检查合格，符合标准。</td></tr>
<tr><td colspan="7">复查结论：
符合标准。
复查人：×××　　复查日期：××年×月×日</td></tr>
<tr><td rowspan="3">签字栏</td><td rowspan="2">施工单位</td><td colspan="2" rowspan="2">××建筑工程公司</td><td>专业技术负责人</td><td>专业质检员</td><td>专业工长</td></tr>
<tr><td>×××</td><td>×××</td><td>×××</td></tr>
<tr><td>监理或建设单位</td><td colspan="3">××监理公司</td><td>专业工程师</td><td>×××</td></tr>
</table>

九、预应力筋张拉记录

预应力筋张拉施工应实行见证管理，按规定做见证张拉记录。

(1)预应力筋张拉记录(一)包括预应力施工部位、预应力筋规格、平面示意图、张拉程序、预应力记录、伸长量等。

(2)预应力筋张拉记录(二)对每根预应力筋的张拉实测值进行记录。

预应力筋张拉记录宜采用表 4-5-19 和表 4-5-20 的格式。

表 4-5-19　预应力筋张拉记录(一)

编号：×××

<table>
<tr><td>工程名称</td><td colspan="2">××仓库</td><td>张拉日期</td><td>××年×月×日</td></tr>
<tr><td>施工部位</td><td colspan="2">预应力 9#屋架</td><td>预应力筋规格
及抗拉强度</td><td>ϕ^S　1 570 N/m^3</td></tr>
<tr><td colspan="5">预应力张拉程序及平面示意图：
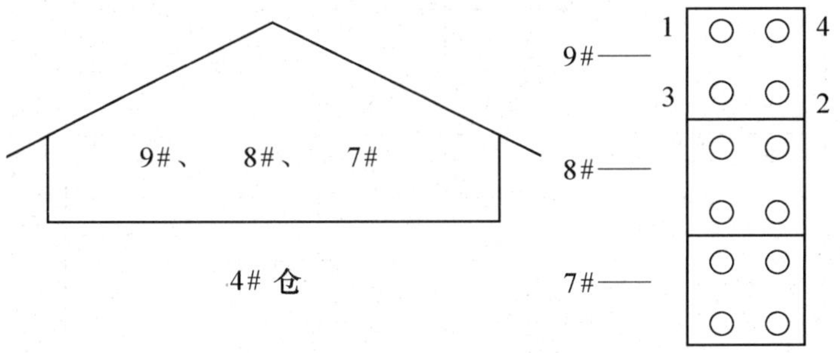

□有　☑无附页</td></tr>
<tr><td>张拉端锚具类型</td><td></td><td>固定端锚具类型</td><td colspan="2"></td></tr>
<tr><td>设计控制应力</td><td>305 kN</td><td>实际张拉力</td><td colspan="2">308 kN</td></tr>
<tr><td rowspan="2">千斤顶编号</td><td>1#(表号 498)</td><td rowspan="2">压力表编号</td><td colspan="2">20.1</td></tr>
<tr><td>2#(表号 457)</td><td colspan="2">20.3</td></tr>
<tr><td>混凝土设计强度</td><td>C50</td><td>张拉时混凝土实际强度</td><td colspan="2">75 MPa</td></tr>
<tr><td colspan="5">预应力筋计算伸长值：
$$\Delta L=\frac{E_p \cdot L}{A_p \cdot E_s}=\frac{308\times 27\ 400}{15\times 19.63\times 200}=143(\mathrm{mm})$$</td></tr>
<tr><td colspan="5">预应力筋伸长值范围：
136～157 mm</td></tr>
<tr><td>施工单位</td><td colspan="4">××建筑工程公司</td></tr>
<tr><td>专业技术负责人</td><td colspan="2">专业质检员</td><td colspan="2">记录人</td></tr>
<tr><td>×××</td><td colspan="2">×××</td><td colspan="2">×××</td></tr>
</table>

表 4-5-20　预应力筋张拉记录(二)

编号：×××

工程名称	××工程				张拉日期	××年×月×日			
施工部位	7#、8#、9#屋架								
张拉顺序编号	计算值	预应力筋张拉伸长实测值/cm							备　注
		一端张拉			另一端张拉			总伸长	
		原长 L_1	实长 L_2	伸长 ΔL	原长 L'_1	实长 L'_2	伸长 $\Delta L'$		
7#1孔	14.2	2.3	13.2	10.9	5.1	8.5	3.4	14.3	
7#2孔	14.2	3.0	13.6	10.6	4.9	8.5	3.6	14.2	
7#3孔	14.2	2.6	13.6	11.0	4.8	8.1	3.3	14.3	
7#4孔	14.2	2.8	14.2	11.4	5.2	8.2	3.0	14.4	
8#1孔	14.3	2.9	13.9	11.0	6.0	9.5	3.5	14.5	
8#2孔	14.3	2.5	13.6	11.1	4.0	7.6	3.6	14.7	
8#3孔	14.3	3.3	14.1	10.8	3.9	7.6	3.6	14.4	
8#4孔	14.3	2.9	14.3	11.4	3.8	6.9	3.1	14.5	
9#1孔	14.4	3.2	14.3	11.1	4.0	7.6	3.6	14.7	
9#2孔	14.4	2.7	13.5	10.8	3.0	6.6	3.6	14.4	

☑有　□无见证	见证单位	××公司	见证人	×××
施工单位	××建筑工程公司			
专业技术负责人	专业质检员		记录人	
×××	×××		×××	

十、有粘结预应力结构灌浆记录

有粘结预应力混凝土结构有良好的抗裂性能和抗变形能力，耐久性高，可有效降低结构高度，节约材料、节约能源，使用性能优越。

有粘结预应力结构灌浆记录宜采用表 4-5-21 的格式。

表 4-5-21　有粘结预应力结构灌浆记录

编号：×××

<table>
<tr><td>工程名称</td><td colspan="3">××工程</td><td>灌浆日期</td><td>××年×月×日</td></tr>
<tr><td>施工部位</td><td colspan="5">①～⑤/Ⓐ～Ⓕ轴预应力框架梁</td></tr>
<tr><td>灌浆配合比</td><td colspan="3">0.40</td><td>灌浆要求压力值</td><td>0.4～0.6 MPa</td></tr>
<tr><td>水泥强度等级</td><td>P·O 42.5</td><td>进厂日期</td><td>××年×月×日</td><td>复试报告编号</td><td>×××</td></tr>
<tr><td colspan="6">灌浆点简图与编号：
1. 灌浆点简图(略)。
2. 灌浆点编号由梁号、预应力筋编号和每道梁中对应的孔道顺序号组成。</td></tr>
<tr><td>灌浆点编号</td><td>灌浆压力值
/MPa</td><td>灌浆量
/升</td><td>灌浆点编号</td><td>灌浆压力值
/MPa</td><td>灌浆量
/升</td></tr>
<tr><td>YKL—1—1①1</td><td>0.4</td><td>80.6</td><td></td><td></td><td></td></tr>
<tr><td>YKL—1—2①1</td><td>0.45</td><td>96.6</td><td></td><td></td><td></td></tr>
<tr><td>YKL—1—3②1</td><td>0.45</td><td>95.5</td><td></td><td></td><td></td></tr>
<tr><td>YKL—1—4②1</td><td>0.5</td><td>80.8</td><td></td><td></td><td></td></tr>
<tr><td>YKL—1—5①1</td><td>0.55</td><td>60.5</td><td></td><td></td><td></td></tr>
<tr><td></td><td></td><td></td><td></td><td></td><td></td></tr>
<tr><td></td><td></td><td></td><td></td><td></td><td></td></tr>
<tr><td></td><td></td><td></td><td></td><td></td><td></td></tr>
<tr><td></td><td></td><td></td><td></td><td></td><td></td></tr>
<tr><td></td><td></td><td></td><td></td><td></td><td></td></tr>
<tr><td colspan="6">备注：</td></tr>
<tr><td colspan="2">施工单位</td><td colspan="4">××建筑工程公司</td></tr>
<tr><td colspan="2">专业技术负责人</td><td colspan="2">专业质检员</td><td colspan="2">记录人</td></tr>
<tr><td colspan="2">×××</td><td colspan="2">×××</td><td colspan="2">×××</td></tr>
</table>

十一、网架(索膜)施工记录

网架(索膜)施工记录宜采用表 4-5-22 的格式。

表 4-5-22　网架(索膜)施工记录

<table>
<tr><td>工程名称</td><td>××工程</td><td>编号</td><td>×××</td></tr>
<tr><td>施工单位</td><td>××建筑工程公司</td><td>结构类型</td><td>预应力结构</td></tr>
<tr><td>施工部位</td><td>网架主体结构</td><td>施工日期</td><td>××年×月×日</td></tr>
<tr><td colspan="4">施工及检查依据：
《预应力筋用锚具、夹具和连接器应用技术规程》(JGJ 85—2010)。</td></tr>
<tr><td colspan="4">支座锚栓、构件、杆件进场检查情况：
经检查，支座锚栓、构件、杆件符合施工要求。</td></tr>
<tr><td colspan="4">拼、安装及吊装过程情况及偏差值：
经检查，拼装、安装及吊装过程符合施工要求，偏差值均在规范规定的允许范围内。</td></tr>
<tr><td colspan="4">挠度值：≤设计值的 1.15 倍。
纵横向长度：±L/2 000，且±30 mm。
支座中心偏移：L/3 000，≤30 mm。
支座高差：15～30 mm。</td></tr>
<tr><td colspan="4">检查结果：
合格。</td></tr>
<tr><td>专业监理工程师：
×××
××年×月×日</td><td colspan="2">质检员：
×××
××年×月×日</td><td>网架施工员：
×××
××年×月×日</td></tr>
</table>

十二、木结构施工记录

木结构施工记录宜采用表 4-5-23 的格式。

表 4-5-23　木结构施工记录

<table>
<tr><td rowspan="2">工程名称</td><td colspan="2" rowspan="2">××工程</td><td>编号</td><td colspan="2">×××</td></tr>
<tr><td>日期</td><td colspan="2">××年×月×日</td></tr>
<tr><td>施工内容</td><td colspan="5">层板胶合木构件安装</td></tr>
<tr><td>施工依据与材质</td><td colspan="5">《木结构工程施工质量验收规范》(GB 50206—2012)</td></tr>
<tr><td>质量问题</td><td colspan="5">胶缝开裂。</td></tr>
<tr><td rowspan="4">施工单位检查结论</td><td>专业工长(施工员)</td><td>×××</td><td>记录人</td><td colspan="2">×××</td></tr>
<tr><td colspan="5">抽查试件在加载过程中有开裂现象</td></tr>
<tr><td>项目专业质检员</td><td>×××</td><td>专业技术负责人</td><td colspan="2">×××</td></tr>
<tr><td colspan="2">抽查试件在加载过程中有开裂现象</td><td colspan="3">××年×月×日</td></tr>
<tr><td rowspan="3">监理(建设)单位意见</td><td colspan="5">更换材料</td></tr>
<tr><td>专业监理工程师</td><td colspan="4">×××</td></tr>
<tr><td>(建设单位专业技术负责人)</td><td>×××</td><td colspan="3">××年×月×日</td></tr>
</table>

十三、电梯电气装置安装检查记录

电梯电气装置安装检查记录宜采用表 4-5-24 的格式。

表 4-5-24　电梯电气装置安装检查记录

编号：×××

<table>
<tr><td colspan="2">施工名称</td><td>××工程</td><td>日期</td><td>××年×月×日</td></tr>
<tr><td>序号</td><td>检验项目</td><td colspan="2">检验内容及其规范标准要求</td><td>检查结果</td></tr>
<tr><td rowspan="2">1</td><td rowspan="2">主电源开关</td><td colspan="2">位置在机房入口，各台易识别，容量适当，距离地面 1.3～1.5 m</td><td>合格</td></tr>
<tr><td colspan="2">不应切断与电源有关的照明、通风、插座及报警电路</td><td>合格</td></tr>
<tr><td>2</td><td>机房照明</td><td colspan="2">与电梯电源分开，在机房入口处设开关，地面照明不小于 200 lx</td><td>合格</td></tr>
<tr><td rowspan="2">3</td><td rowspan="2">轿厢照明和通风电路</td><td colspan="2">电源可由相应的主开关进线侧获得</td><td>合格</td></tr>
<tr><td colspan="2">在相应主开关近旁设置电源开关进行控制</td><td>合格</td></tr>
</table>

续表

<table>
<tr><th>序号</th><th>检验项目</th><th colspan="2">检验内容及其规范标准要求</th><th>检查结果</th></tr>
<tr><td rowspan="2">4</td><td rowspan="2">轿顶照明及插座</td><td colspan="2">应装设照明装置，或设置安全电压的电源插座</td><td>合格</td></tr>
<tr><td colspan="2">轿顶检修 220 V 电源插座(2P+PE 型)应设明显标志</td><td>合格</td></tr>
<tr><td rowspan="2">5</td><td rowspan="2">井道照明</td><td colspan="2">电源宜由机房照明回路获得，在机房和坑底设置控制开关</td><td>合格</td></tr>
<tr><td colspan="2">在井道最高和最低处 0.5 m 内各设一灯，并设中间灯，照度不小于 50 lx</td><td>合格</td></tr>
<tr><td rowspan="5">6</td><td rowspan="5">接地保护</td><td colspan="2">所有电气设备的外露可导电部分均应可靠接地或接零</td><td>合格</td></tr>
<tr><td colspan="2">保护线和工作零线始终分开，保护线采用黄绿双色绝缘导线</td><td>合格</td></tr>
<tr><td colspan="2">保护干线截面面积不得小于电源相线，支线应符合相关标准要求</td><td>合格</td></tr>
<tr><td colspan="2">各接地保护端应易识别，不得串联接地。接地电阻值应不大于 4 Ω</td><td>合格</td></tr>
<tr><td colspan="2">电梯轿厢可利用随行电缆的钢芯或不少于两根芯线接地</td><td>合格</td></tr>
<tr><td rowspan="3">7</td><td rowspan="3">控制屏柜</td><td colspan="2">布局合格，固定可靠，基础高出地面 50～100 mm</td><td>高 100 mm</td></tr>
<tr><td colspan="2">垂直度偏差不大于 1.5/1 000</td><td>≤1‰</td></tr>
<tr><td colspan="2">正面距门窗、维修侧距墙不小于 600 mm，距离机械设备不小于 500 mm</td><td>合格</td></tr>
<tr><td>8</td><td>防护罩壳</td><td colspan="2">在机房内必须防止直接触电。所有外壳防护等级最低为 IP2X</td><td>合格</td></tr>
<tr><td rowspan="2">9</td><td rowspan="2">线路敷设</td><td colspan="2">各台电梯的供电电源应单独敷设或采取隔离措施</td><td>合格</td></tr>
<tr><td colspan="2">机房、井道内应使用金属电线管槽，严禁使用可燃性的管槽</td><td>合格</td></tr>
<tr><td rowspan="5">10</td><td rowspan="5">电线管槽</td><td>距轿厢、钢绳</td><td>机房内不小于 50 mm，井道内不小于 20 mm</td><td>合格</td></tr>
<tr><td rowspan="2">水平和垂直偏差</td><td>机房内不大于 2/1 000</td><td>合格</td></tr>
<tr><td>井道内不大于 5/1 000，全长不大于 50 mm</td><td>合格</td></tr>
<tr><td colspan="2">均应可靠接地或接零，但线槽、软管不得作保护接线使用</td><td>合格</td></tr>
<tr><td colspan="2">轿厢顶部电线应敷设在被固定的金属电线管、槽内</td><td>合格</td></tr>
<tr><td rowspan="3">11</td><td rowspan="3">电线槽</td><td colspan="2">在机房地面敷设时，其壁厚不小于 1.5 mm</td><td>合格</td></tr>
<tr><td colspan="2">位置正确，安装牢固，每根线槽不应少于两点固定</td><td>合格</td></tr>
<tr><td colspan="2">接口严密，出线口无毛刺，槽盖齐全平整，便于开启</td><td>合格</td></tr>
<tr><td rowspan="3">12</td><td rowspan="3">电线管</td><td colspan="2">应用管卡子固定，间距均匀(符合电气安装标准)</td><td>合格</td></tr>
<tr><td colspan="2">与线槽、箱、盒连接处应用锁母锁紧，管口装设护口</td><td>合格</td></tr>
<tr><td colspan="2">暗敷设时，保护层厚度不小于 15 mm</td><td>合格</td></tr>
<tr><td rowspan="5">13</td><td rowspan="5">金属软管</td><td colspan="2">用于不易受机械损伤的分支线路，长度不大于 2 m</td><td>合格</td></tr>
<tr><td colspan="2">不得损伤和松散，与箱、盒、设备连接处应使用专用接头</td><td>合格</td></tr>
<tr><td colspan="2">应安装平直牢固，固定点间距均匀且应不大于 1 m</td><td>合格</td></tr>
<tr><td colspan="2">端头及拐弯处固定距离应不大于 0.3 m，弯曲半径应不小于其外径的 4 倍</td><td>合格</td></tr>
<tr><td colspan="2">与管、箱、盒应采用专用接地夹连接，保护线应采用截面面积不小于 4 mm^2 的多股铜线</td><td>合格</td></tr>
<tr><td rowspan="2">14</td><td rowspan="2">轿厢操作盘及显示面板</td><td colspan="2">应与轿壁贴实，洁净无划伤</td><td>合格</td></tr>
<tr><td colspan="2">按钮触动应灵活无卡阻，信号应清晰正确，无串光现象</td><td>合格</td></tr>
</table>

续表

序号	检验项目	检验内容及其规范标准要求	检查结果
15	防腐	附属构架、电线槽、电线管等均应涂防锈漆或镀锌，无遗漏	合格
16	导线敷设	应使用额定电压不低于 500 V 的铜芯绝缘导线	合格
		电缆的绝缘或护套表面应有制造厂名、型号和电压的连续标志，标志应字迹清楚，容易辨认且耐擦	合格
		动力线路与控制线路应隔离敷设，抗干扰线路应按产品要求敷设	合格
		电线管、槽内无积水、污垢	合格
		接线编号齐全清晰。保护线端子、电压 220 V 以上的端子和主电源断开后仍带电超过 50 V 的端子应有明显标记	合格
		出入电线管、槽的电线应有护口或其他保护装置	合格
		电线槽拐弯、导线受力处应加绝缘衬垫，垂直部分应可靠固定	合格
		电线管内导线总截面面积不大于管内净截面面积的 40%	合格
		电线管内导线总截面面积不大于槽内净截面面积的 60%	合格
		配线应绑扎整齐，留备用线，其长度与箱、盒内最长的导线相同	合格
		线槽内应减少接头，接头冷压端子压接可靠，绝缘良好	合格
		全部电线接头、连接端子及连接器应设置于柜、盒内或为此目的而设置的屏上	合格
		导线和电缆的保护外皮应完全进入开关和设备的壳体或应进入一个合适的封闭装置中	合格
		如果不需使用工具就能将连接件或插接式装置拔出时，则应保证重新插入时，决不会插错	合格
17	绝缘电阻	导体之间、导体对地之间应大于 1 000 Ω/V，动力电路和电气安全装置电路应≥0.5 MΩ；控制回路和照明回路应≥0.25 MΩ	合格

签字栏	建设(监理)单位	安装单位	××电梯设备安装公司	
		专业技术负责人	专业质检员	专业工长
	×××	×××	×××	×××

十四、自动扶梯、自动人行道的相邻区域检查记录

自动扶梯、自动人行道的相邻区域检查记录宜采用表 4-5-25 的格式。

表 4-5-25　自动扶梯、自动人行道的相邻区域检查记录

编号：×××

施工名称	××工程		日期	××年×月×日
序号	检验项目	检验内容及其规范标准要求		检查结果
1	出入口畅通区	其宽度不应小于扶手带中心线之间的距离，纵深尺寸从扶手带转向端起应不小于 2.5 mm；如该区宽度大于扶手带中心间距两倍时，其纵深尺寸可减至 2 m		合格

续表

序号	检验项目	检验内容及其规范标准要求	检查结果
2	照明	地面处的光照度：室内应不小于 50 lx，室外应不小于 15 lx	合格
3	防碰挡板	当扶手带中心线与障碍物或自动扶梯、自动人行道的交叉间距小于 0.5 m 时，应在外盖板上方设置无锐利边缘的垂直防碰挡板，其高度应不小于 0.3 m，软连接的链绳自由长度应不小于 75 mm	合格
4	净空高度	梯级、踏板或胶带上空垂直净高度严禁小于 2.3 m	合格
5	防护栏	自动扶梯与楼层地面开口部之间应设置保证安全的栏杆或屏障，其高度严禁小于 1.2 m	合格
6	防护网	当开口与扶梯间距大于 200 mm 时，应设防止物品下落的防护网，网孔密度不能让直径大于 50 mm 的球落下，骨架应用钢材制作	合格
7	护板	出入口应设置防儿童钻爬的护板，其高度应不小于 1.1 m，与扶手装置及其他设施的间隙应不大于 100 mm	合格
8	扶手带外缘	与墙壁或障碍物的水平距离不应小于 80 mm，该距离应保持至梯级、踏板或胶带上方不小于 2.1 m 的高度	合格
		相邻平行或交叉设置的自动扶梯，其扶手带外缘间距不应小于 120 mm	合格
9	标志须知	应采用汉字，位置明显，材料经久耐用。内容应符合《自动扶梯和自动人行道的制造与安装安全规范》(GB 16899—2011)的规定	符合规定

<table>
<tr><td rowspan="3">签字栏</td><td rowspan="2">建设(监理)单位</td><td>安装单位</td><td colspan="2">××电梯设备安装公司</td></tr>
<tr><td>专业技术负责人</td><td>专业质检员</td><td>专业工长</td></tr>
<tr><td>×××</td><td>×××</td><td>×××</td><td>×××</td></tr>
</table>

十五、自动扶梯、自动人行道的电气装置检查记录

自动扶梯、自动人行道的电气装置检查内容如下。

(1)检查由动力部门提供的电力供应(相位、零线、接地线)。

(2)检查电源的连接是否按接线图连接。

(3)接通熔断器。

(4)接通电动机及控制电源的主开关。

(5)将两个检修开关盒之一与控制屏连接，用检修上行或下行按钮点动，检查扶梯或人行道运行的方向是否正确，必要时可改变电动机的两相接头进行修正。

自动扶梯、自动人行道的电气装置检查记录宜采用表 4-5-26 的格式。

表 4-5-26　自动扶梯、自动人行道的电气装置检查记录

编号：×××

施工名称	××工程	日期	××年×月×日
序号	检验项目	检验内容及其规范标准要求	检查结果
1	主开关	每台一个，装设在驱动主机或控制装置附近，能迅速而容易地操纵，具有稳定的断开和闭合位置，并能保持在断开的位置	合格
		不应切断电源插座或检修照明电路的电源	合格

续表

序号	检验项目	检验内容及其规范标准要求	检查结果
2	照明电路、开关、插座	各分离机房、驱动和转向站内应设固定的照明和插座	合格
		在金属结构内应常备手提行灯，并配备足够的电源插座	合格
		插座应是2P+PE型(2级+保护线)250 V或安全电压形式	合格
		P+PE型(2级+保护线)250 V或安全电压形式	合格
		电源应和主机电源分开，或由主开关之前的分支电缆供电。各回路的保护开关应位于主开关近旁，并应有明显的标志	合格
3	防护罩壳	在各分离机房、驱动和转向站内应采用防护等级至少为IP2X的防护罩，以防止直接触电	合格
4	接地保护	电气设备金属罩壳均应有易识别的接地端。接地线应分别直接可靠地接至接地端上，不得互相串接后接地。接地电阻值应不大于4 Ω	合格
		接地保护线应采用黄绿双色绝缘铜芯导线，并应与零线始终分开	合格
		接地干线的截面面积不得小于相线；支路采用裸铜线时应不小于4 mm^2，采用绝缘铜芯导线时应不小于1.5 mm^2	合格
		金属软管和线槽均应可靠接地或接零，但不得作为保护线使用	合格
5	线路敷设	各台自动扶梯、自动人行道的电源线路应单独敷设或采取隔离措施	合格
		所有管线应采用不延燃型材料，并应有防止机械损伤的措施	合格
		导线敷设总截面面积(包括外保护层)不得超过线槽净截面面积的60%；不得超过线管净截面面积的40%	合格
		动力线路与控制线路应隔离敷设，抗干扰线路按产品要求	合格
		配线应绑扎整齐，接线编号应齐全清晰	合格
6	金属软管	不得损伤或松散，与箱、盒、设备连接处应使用专用接头	合格
		应安装平直牢固，固定点间距均匀且应不大于1 m，端头及拐弯处固定距离应不大于0.3 m，弯曲半径应不小于其外径的4倍	合格
		与管、箱、盒应采用专用接地夹连接，保护线应采用截面面积不小于4 mm^2的多股铜线	合格
7	导线连接	电缆的绝缘或护套表面有制造厂名、型号和电压的连续标志，标志应字迹清楚、容易辨认且耐擦	合格
		保护线端子、电压220 V以上的端子和主电源断开后仍带电超过50 V的端子应有明显标记	合格
		全部导线接头、连接端子及其连接器应设置于柜、箱、盒内；导线和电缆的保护外皮应完全进入开关和设备的壳体内	合格
8	绝缘电阻	导体之间、导体对地之间应大于1 000 Ω/V；动力电路和电气安全装置电路应不小于0.5 MΩ；其余回路(控制、照明等)应不小于0.25 MΩ	合格

签字栏	建设(监理)单位	安装单位	××电梯安装公司	
		专业技术负责人	专业质检员	专业工长
	×××	×××	×××	×××

十六、自动扶梯、自动人行道整机安装质量检查记录

自动扶梯、自动人行道整机安装质量检查记录宜采用表4-5-27的格式。

表4-5-27　自动扶梯、自动人行道整机安装质量检查记录

编号：×××

施工名称	××工程	日期	××年×月×日
序号	检验项目	检验内容及其规范标准要求	检查结果
1	一般要求	所有外露部件如装饰板、围裙板、扶手支架、扶手导轨、内外盖板、护壁板等应表面完整光滑，其接缝处的凸台不应大于0.5 mm	合格
2	装饰板（围板）	应有足够的机械强度和刚度，除梯级、踏板或胶带及扶手带等以外的运动部分均应完全封闭在无孔的围板内（可设通风孔）	合格
3	护壁板（护栏板）	应有足够的强度和刚度，其边缘应呈圆角或倒角状，对接处间隙不应大于4 mm（玻璃护壁板之间应有间隙）	合格
4	围裙板梯级踏板	应设防夹装置或在梯级踏面两端提供黄色标记	合格
		与梯级或踏板任一侧的水平间隙应不大于4 mm，两侧间隙总和应不大于7 mm	合格
		与自动人行道踏板或胶带的间隙应不大于4 mm，围裙板垂直投影不允许与踏板或胶带产生水平间隙	合格
5	扶手带	截面形状与导向件组合后，不应挤夹手指，开口处与导向件的距离在任何情况均不得超过8 mm	合格
		导向和张紧应能在正常工作时不会脱离扶手导轨	合格
6	桁架（机架）	应能承受扶梯满载重量，其最大挠度应符合《自动扶梯和自动人行道的制造与安装安全规范》(GB 16899—2011)中的要求（可核查有关证明文件）	合格
		支承固定可靠，当提升高度大于5 m时，应设中间支承或采取其他增强措施。金属结构表面应有防锈措施（可核查隐检记录）	合格
7	驱动装置	驱动主机运转时不得有杂音、冲击和异常的振动	合格
		减速器箱体分割面、视孔、端盖处及油管接头均不应有渗漏油现象。驱动链、扶手驱动链、梯级链应保持良好润滑	合格
		制动器与制动轮工作表面应保持清洁，动作应灵活可靠	合格
		飞轮上应有与自动扶梯、自动人行道运行方向相对应的标志。手轮、制动盘等光滑圆形部件，至少应部分漆成黄色	合格
8	盘车装置	应操作方便、安全、可靠，不允许采用曲柄或多孔手轮	合格
		手动盘车装置附近应备有使用说明	合格
9	应设置有效防护装置的部件	轴上的键和螺栓，电动机主轴伸出部分	合格
		传动齿轮、链轮、传动皮带、链条、外露的限速器	合格
		须在驱动或转向站内维修的梯级和踏板转向部分	合格

<table>
<tr><td rowspan="3">签字栏</td><td rowspan="2">建设（监理）单位</td><td>安装单位</td><td colspan="2">××电梯设备安装公司</td></tr>
<tr><td>专业技术负责人</td><td>专业质检员</td><td>专业工长</td></tr>
<tr><td>×××</td><td>×××</td><td>×××</td><td>×××</td></tr>
</table>

《任务实施》

在完成任务资讯模块的学习后，学生们应已具备解决任务工单问题的知识与能力。以下是针对任务工单所提问题的解答，供学生们参考与检验学习成果。

一、填空题

1. 答案：隐检项目及隐检日期。
2. 答案：安全性。

二、判断题

1. 答案：错误。还包括基本信息、检查结论、复查结论、签字栏等。
2. 答案：错误。需要说明允许误差范围。
3. 答案：正确。

任务六　施工试验记录及检测资料

《任务工单》

本任务工单旨在引导学生通过学习任务资讯模块中的相关知识与技能，独立解决以下问题。

一、填空题

1. 设备单机试运转记录的表格通常包含工程和设备信息、试运转时间和系统、________、试验结论、签名栏等关键部分。

2. 混凝土试块强度统计、评定记录包括试块组信息、各级强度值、________、判定结果等内容。

二、判断题

在施工试验记录及检测归档资料中，所有文件都必须归档保存。（　　）

《任务资讯》

根据《建设工程文件归档规范（2019 年版）》（GB/T 50328—2014）的规定，施工试验记录及检测文件包括通用表格、建筑与结构工程、给水排水及供暖工程、建筑电气工程、智能建筑工程、通风与空调工程、电梯工程，见表 4-6-1。

表 4-6-1　施工试验记录及检测文件

类别	归档文件	保存单位				
		建设单位	设计单位	施工单位	监理单位	城建档案馆
C6	施工试验记录及检测文件					
	通用表格					
1	设备单机试运转记录	▲		▲	△	△
2	系统试运转调试记录	▲		▲	△	△
3	接地电阻测试记录	▲		▲	△	△
4	绝缘电阻测试记录	▲		▲	△	△
	建筑与结构工程					
1	锚杆试验报告	▲		▲	△	△
2	地基承载力检验报告	▲		▲	△	▲
3	桩基检测报告	▲		▲	△	▲
4	土工击实试验报告	▲		▲	△	▲
5	回填土试验报告(应附图)	▲		▲	△	▲
6	钢筋机械连接试验报告	▲		▲	△	△
7	钢筋焊接连接试验报告	▲		▲	△	△
8	砂浆配合比申请书、通知单			△	△	△
9	砂浆抗压强度试验报告	▲		▲	△	▲
10	砌筑砂浆试块强度统计、评定记录	▲		▲		△
11	混凝土配合比申请书、通知单	▲		△	△	△
12	混凝土抗压强度试验报告	▲		▲	△	▲
13	混凝土试块强度统计、评定记录	▲		▲	△	△
14	混凝土抗渗试验报告	▲		▲	△	△
15	砂、石、水泥放射性指标报告	▲		▲	△	△
16	混凝土碱总量计算书	▲		▲	△	△
17	外墙饰面砖样板黏结强度试验报告	▲		▲	△	△
18	后置埋件抗拔试验报告	▲		▲	△	△
19	超声波探伤报告、探伤记录	▲		▲	△	△
20	钢构件射线探伤报告	▲		▲	△	△
21	磁粉探伤报告	▲		▲	△	△
22	高强度螺栓抗滑移系数检测报告	▲		▲	△	△
23	钢结构焊接工艺评定			△	△	△
24	网架节点承载力试验报告	▲		▲	△	△
25	钢结构防腐、防火涂料厚度检测报告	▲		▲	△	△
26	木结构胶缝试验报告	▲		▲	△	

续表

类别	归档文件	保存单位				
		建设单位	设计单位	施工单位	监理单位	城建档案馆
27	木结构构件力学性能试验报告	▲		▲	△	△
28	木结构防护剂试验报告	▲		▲	△	△
29	幕墙双组分硅酮结构胶混匀性及拉断试验报告	▲		▲	△	△
30	幕墙的抗风压性能、空气渗透性能、雨水渗透性能及平面内变形性能检测报告	▲		▲	△	△
31	外门窗的抗风压性能、空气渗透性能和雨水渗透性能检测报告	▲		▲	△	△
32	墙体节能工程保温板材与基层黏结强度现场拉拔试验	▲		▲	△	△
33	外墙保温浆料同条件养护试件试验报告	▲		▲	△	△
34	结构实体混凝土强度验收记录	▲		▲	△	△
35	结构实体钢筋保护层厚度验收记录	▲		▲	△	△
36	围护结构现场实体检验	▲		▲	△	△
37	室内环境检测报告	▲		▲	△	△
38	节能性能检测报告	▲		▲	△	▲
39	其他建筑与结构施工试验记录与检测文件					
	给水排水及供暖工程					
1	灌(满)水试验记录	▲		△	△	
2	强度严密性试验记录	▲		▲	△	△
3	通水试验记录	▲		△	△	
4	冲(吹)洗试验记录	▲		▲	△	
5	通球试验记录	▲		△	△	
6	补偿器安装记录			△	△	
7	消火栓试射记录	▲		▲	△	
8	安全附件安装检查记录			▲	△	
9	锅炉烘炉试验记录			▲	△	
10	锅炉煮炉试验记录			▲	△	
11	锅炉试运行记录	▲		▲	△	
12	安全阀定压合格证书	▲		▲	△	

续表

类别	归档文件	保存单位				
		建设单位	设计单位	施工单位	监理单位	城建档案馆
13	自动喷水灭火系统联动试验记录	▲		▲	△	△
14	其他给水排水及供暖施工试验记录与检测文件					
	建筑电气工程					
1	电气接地装置平面示意图表	▲		▲	△	△
2	电气器具通电安全检查记录	▲		△	△	
3	电气设备空载试运行记录	▲		▲	△	△
4	建筑物照明通电试运行记录	▲		▲	△	△
5	大型照明灯具承载试验记录	▲		▲	△	
6	漏电开关模拟试验记录	▲		▲	△	
7	大容量电气线路结点测温记录	▲		▲	△	
8	低压配电电源质量测试记录	▲		▲	△	
9	建筑物照明系统照度测试记录	▲		△	△	
10	其他建筑电气施工试验记录与检测文件					
	智能建筑工程					
1	综合布线测试记录	▲		▲	△	△
2	光纤损耗测试记录	▲		▲	△	△
3	视频系统末端测试记录	▲		▲	△	△
4	子系统检测记录	▲		▲	△	△
5	系统试运行记录	▲		▲	△	△
6	其他智能建筑施工试验记录与检测文件					
	通风与空调工程					
1	风管漏光检测记录	▲		△	△	
2	风管漏风检测记录	▲		▲	△	
3	现场组装除尘器、空调机漏风检测记录			△	△	
4	各房间室内风量测量记录	▲		△	△	
5	管网风量平衡记录	▲		△	△	
6	空调系统试运转调试记录	▲		▲	△	△
7	空调水系统试运转调试记录	▲		▲	△	△
8	制冷系统气密性试验记录	▲		▲	△	△

续表

类别	归档文件	保存单位				
		建设单位	设计单位	施工单位	监理单位	城建档案馆
9	净化空调系统检测记录	▲		▲	△	△
10	防排烟系统联合试运行记录	▲		▲	△	△
11	其他通风与空调施工试验记录与检测文件					
	电梯工程					
1	轿厢平层准确度测量记录	▲		△	△	
2	电梯层门安全装置检测记录	▲		▲	△	
3	电梯电气安全装置检测记录	▲		▲	△	
4	电梯整机功能检测记录	▲		▲	△	
5	电梯主要功能检测记录	▲		▲	△	
6	电梯负荷运行试验记录	▲		▲	△	△
7	电梯负荷运行试验曲线图表	▲		▲	△	
8	电梯噪声测试记录	△		△	△	
9	自动扶梯、自动人行道安全装置检测记录	▲		▲	△	
10	自动扶梯、自动人行道整机性能运行试验记录	▲		▲	△	△
11	其他电梯施工试验记录与检测文件					
注：表中符号“▲”表示必须归档保存；“△”表示选择性归档保存						

一、设备单机试运转记录

为保证系统的安全、正常运行，设备在安装中应进行必要的单机试运转试验。设备单机试运转记录是指在设备单体安装完成后，通过让设备在无负荷或低负荷状态下运行一定时间，以验证其安装质量和运行性能是否符合设计与规范要求的一种测试记录。这一过程不仅关注设备的性能表现，如温度、振动、噪声等参数是否在允许范围内，还注重在安装过程中的细节问题，如管道连接、电气连接等，以确保设备的安全性和稳定性。试运转记录作为工程验收的重要依据，具有高度的专业性和技术性，能够全面反映设备的实际情况。

设备单机试运转记录通常包含以下内容。

(1)工程和设备信息：记录工程名称、设备名称、规格型号、生产厂家等基本信息，有助于明确试运转的对象和背景。

(2)试运转时间和系统：记录试运转的具体时间和设备所在系统，为试运转提供时间参考和系统背景。

(3)试验项目记录：详细记录试运转过程中的试验项目，如无负荷运行试验，以及试验过程中的观察记录，如电动机温升、风机运转情况等，为评估设备运行性能提供依据。

(4)试验结论：根据试验项目记录，给出设备试运转的结论，是否满足设计要求和规范，为工程验收提供重要依据。

(5)签名栏：由施工单位、监理单位或建设单位的专业人员签字确认，体现试运转记录的权威性和专业性。

设备单机试运转记录宜采用表 4-6-2 的格式。

表 4-6-2　设备单机试运转记录

工程名称	×××工程	编号	×××
		试运转时间	××年×月×日
设备名称	消防水泵	设备编号	×××
规格型号	×××	额定数据	N=×××kW L=×××m^3/h H=×××m
生产厂家	××设备制造生产厂	设备所在系统	消防系统
序号	试验项目	试验记录	试验结论
1	试运转时间	2 h	正常
2	水泵试运转的轴承温升	符合设备说明书的规定	正常
3	流量	×××	正常
4	扬程	×××	正常
5	功率	×××	正常
6	叶轮与泵壳不应相碰，进、出口部位的阀门应灵活	符合要求	正常
7			
8			
试运转结论： 设备运转正常、稳定，无异常现象发生，测试结果符合设计要求及《建筑给水排水及采暖工程施工质量验收规范》(GB 50242—2002)的规定，同意进行下道工序。			

签字栏	施工单位	××公司	专业技术负责人	专业质检员	专业工长
			×××	×××	×××
	监理或建设单位	××监理公司		专业工程师	×××

设备单机试运转及调试

二、系统试运转调试记录

系统试运转调试记录是指在系统安装完成后，通过实际运转和调试过程，详细记录各项参数、问题反馈及解决结果的文档。这份记录不仅验证了系统是否按照设计要求和规范正常运行，还为工程验收和质量控制提供了重要的依据。它涵盖了系统从安装到调试的全过程，确保了系统的功能性和安全性。

系统试运转调试记录通常包含以下内容。

（1）项目名称：明确记录试运转调试的系统名称，如“低区采暖系统”，这有助于施工人员准确了解调试的对象。

（2）试运转调试内容：详细列出试运转调试的具体步骤和内容，如“低区室内采暖系统冲洗完毕应充水、加热，进行试运行和调试；通过观察，测量室温满足设计要求”。这些内容为评估系统性能提供了重要的依据。

（3）试运转调试结论：基于试运转调试过程中的观察、测量和数据分析，给出系统是否符合设计要求和规范的结论。

系统试运转调试记录宜采用表 4-6-3 的格式。

表 4-6-3　**系统试运转调试记录**

<table>
<tr><td colspan="2" rowspan="2">工程名称</td><td rowspan="2" colspan="2">××工程</td><td>编号</td><td colspan="2">×××</td></tr>
<tr><td>试运转调试时间</td><td colspan="2">××年×月×日</td></tr>
<tr><td colspan="2">试运转调试项目</td><td colspan="2">低区采暖系统</td><td>试运转调试部位</td><td colspan="2">地下一层至十层</td></tr>
<tr><td colspan="7">试运转调试内容：
低区室内采暖系统冲洗完毕应充水、加热，进行试运行和调试，通过观察、测量室温满足设计要求。</td></tr>
<tr><td colspan="7">试运转调试结论：
低区采暖系统试运转调试符合设计要求及《建筑给水排水及采暖工程施工质量验收规范》(GB 50242—2002)的规定，同意进行下道工序。</td></tr>
<tr><td rowspan="3">签字栏</td><td rowspan="2">施工单位</td><td rowspan="2">××公司</td><td colspan="2">专业技术负责人</td><td>专业质检员</td><td>专业工长</td></tr>
<tr><td colspan="2">×××</td><td>×××</td><td>×××</td></tr>
<tr><td>监理或建设单位</td><td colspan="3">××监理公司</td><td>专业工程师</td><td>×××</td></tr>
</table>

系统非设计满负荷条件
下的联合试运转及调试

三、土工击实试验报告

土工击实试验是研究土压实性能的基本方法，也是建筑工程必须试验的项目之一。土工击实试验要点如下。

(1)设计有压实系数要求的，应先取土样进行击实试验，确定最大干密度和最优含水量，并根据设计提出的压实系数计算出填料的控制干密度，再进行干密度取样试验。

(2)设计无压实系数要求且无干密度要求的，依据表 4-6-4 选择压实系数，再取土样进行击实试验，确定填料的控制干密度后，再进行干密度取样试验。

表 4-6-4　压实填土的质量控制

结构类型	填土部位	压实系数 λ_c	控制含水量/%
砌体承重结构和框架结构	在地基主要受力层范围内	≥0.97	$w_{op}\pm2$
	在地基主要受力层范围以下	≥0.95	
排架结构	在地基主要受力层范围内	≥0.96	
	在地基主要受力层范围以下	≥0.94	

注：①λ_c 为回填土控制干密度与最大干密度的比值。
②地坪垫层以下及基础底面标高以上的压实填土，压实系数不应小于 0.94。
③w_{op} 为最优含水量

(3)做标准击实试验的土样取样数量应满足：素土或灰土不少于 25 kg，砂或级配砂石不少于 45 kg。

(4)要求压实系数：应由设计提出或按现行规范规定执行。

(5)填土部位：基坑、基槽、房心、管沟、独立基础、地基或场地平整。

(6)填土种类：砂土、粉质黏土、粉土、灰土、黏性土、碎石土、砾石、卵石、级配砂石、炉渣、中砂、粗砂、土夹石。

土工击实试验报告宜采用表 4-6-5 的格式。

表 4-6-5　土工击实试验报告

编号：×××
试验编号：××××－×××
委托编号：××××－×××

工程名称及部位	××干休所	试样编号	×××
委托单位	××工程公司	试验委托人	×××
结构类型	全现场浇剪力墙	填土部位	①～⑧/Ⓐ～Ⓕ轴基槽
要求压实系数(λ_c)	0.95	土样种类	灰土
来样日期	××年×月×日	试验日期	××年×月×日
试验结果	最优含水量(w_{op})＝20.5%		
	最大干密度(ρ_{dmax})＝1.73 g/cm³		
	控制指标(控制干密度) 最大干密度×要求压实系数＝1.7 g/cm³		

续表

结论： 依据《土工试验方法标准》(GB/T 50123—2019)的规定，最优含水量为 20.6%，最大干密度为 1.72 g/cm³，现将控制指标最小干密度为 1.60 g/cm³。					
批准	×××	审核	×××	试验	×××
试验单位	××工程公司实验室				
报告日期	××年×月×日				

四、回填土试验报告

回填土包括素土、灰土、砂和砂石地基、土工合成材料地基、粉煤灰地基的夯实填方、桩基、基坑、基槽、管沟的回填夯实及其他回填夯实。

回填土试验报告宜采用表 4-6-6 的格式。

表 4-6-6　回填土试验报告

编号：×××

试验编号：××××－×××

委托编号：××××－×××

工程名称及施工部位	××大学综合楼地下二层基槽东侧									
委托单位	××建筑工程公司				试验委托人	×××				
要求压实系数(λ_c)					回填土种类	3∶7 灰土				
控制干密度(ρ_d)	1.55　g/cm³				试验日期	××年×月×日				
点号 / 项目 / 步数	1	2								
	实测干密度/(g·cm⁻³)									
	实测压实系数									
1	1.62	1.59								
	0.96	0.97								
2	1.6	1.58								
	0.97	0.98								
3	1.59	1.63								
	0.97	0.95								
4	1.64	1.69								
	0.95	0.92								
取样位置简图(附图) (略)										

续表

结论： 符合最小干密度及《土工试验方法标准》(GB/T 50123—2019)标准的规定。					
批准	×××	审核	×××	试验	×××
试验单位	××建筑工程公司实验室				
报告日期	××年×月×日				

五、钢筋连接试验报告

钢筋连接施工试验记录应符合以下规定。

(1)用于焊接、机械连接钢筋的力学性能和工艺性能应符合现行国家标准。

(2)在正式焊(连)接工程开始前及施工过程中，应对每批进场钢筋，在现场条件下进行工艺检验，工艺检验合格后方可进行焊接或机械连接的施工。

(3)钢筋焊接接头或焊接制品、机械连接接头应按焊(连)接类型和验收批的划分进行质量验收并现场取样复试。

(4)承重结构工程中的钢筋连接接头应按规定实行有见证取样和送检的管理。

(5)采用机械连接接头形式施工时，技术提供单位应提交由具备相应资质等级的检测机构出具的形式检验报告。

(6)焊(连)接工人必须具有有效的岗位证书。

钢筋连接试验报告宜采用表4-6-7的格式。

表4-6-7　钢筋连接试验报告

编号：×××

试验编号：××××－×××

委托编号：××××－×××

工程名称及部位	××大学综合楼地下室框架梁				试件编号	007		
委托单位	××建筑工程公司				试验委托人	×××		
接头类型	滚轧直螺纹连接				检验形式	/		
设计要求接头性能等级	A级				代表数量	300个		
连接钢筋种类及牌号	HRB400	公称直径	20 mm		原材料试验编号	××××－×××		
操作人	×××	来样日期	××年×月×日		试验日期	××年×月×日		
接头试件			母材试件		弯曲试件			备注
公称面积/mm²	抗拉强度/MPa	断裂特征及位置	实测面积/mm²	抗拉强度/MPa	弯心直径	角度	结果	
314.2	595	母材拉断	314.2	600				
314.2	600	母材拉断	314.2	595				
314.2	605	母材拉断	/	/				

续表

接头试件			母材试件		弯曲试件			备注
公称面积/mm²	抗拉强度/MPa	断裂特征及位置	实测面积/mm²	抗拉强度/MPa	弯心直径	角度	结果	
结论： 根据《钢筋机械连接技术规程》(JGJ 107—2016)规定，符合滚轧直螺纹A级接头性能。								

批准	×××	审核	×××	试验	×××
试验单位	××建筑工程公司实验室				
报告日期	××年×月×日				

六、砂浆抗压强度试验报告

砌筑砂浆按抗压强度划分为M30、M25、M20、M15、M10、M7.5、M5七个强度等级。

砂浆抗压强度试验报告填写应符合以下要求。

(1)"工程名称及部位"要写详细、具体，不空项。

(2)应按施工图纸的要求，检查砂浆配合比及砂浆强度报告中砂浆的种类、强度等级与使用的原材料种类，试验编号对应其原材料试验报告，配合比通知单及砂浆强度报告中相应的项目是否一致。

(3)"试验结果"一栏中，试压日期等要符合设计要求和施工规范的规定。

(4)试件在20 ℃±5 ℃环境中停置24 h±2 h拆模。拆模前要先编号，填写施工单位、工程名称及部位强度等级、制模日期，标养试块移至标养室养护28 d，送压。同条件的要在施工地点养护。水泥砂浆、微沫剂砂浆养护湿度为90%，混合砂浆养护湿度为60%～80%，养护温度均为20 ℃±3 ℃。

砂浆抗压强度试验报告宜采用表4-6-8的格式。

表4-6-8　砂浆抗压强度试验报告

编号：×××

试验编号：××××－×××

委托编号：××××－×××

工程名称及部位	××工地　地上五层①～⑧/Ⓐ～Ⓔ轴砌体			试件编号	007
委托单位	×××			试验委托人	×××
砂浆种类	水泥混合砂浆	强度等级	M10	稠度	70 mm
水泥品种及强度等级	P·O 42.5			试验编号	××年×月×日

续表

<table>
<tr><td colspan="2">矿产地及种类</td><td colspan="3">×××　中砂</td><td colspan="3">试验编号</td><td>××年×月×日</td></tr>
<tr><td colspan="2">掺和料种类</td><td colspan="3">/</td><td colspan="3">外加剂种类</td><td>/</td></tr>
<tr><td colspan="2">配合比编号</td><td colspan="7">××××—×××</td></tr>
<tr><td colspan="2">试件成型日期</td><td>××年×月×日</td><td>要求龄期</td><td>28 d</td><td colspan="3">要求试验日期</td><td>××年×月×日</td></tr>
<tr><td colspan="2">养护方法</td><td>标准</td><td>试件收到日期</td><td>××年×月×日</td><td colspan="3">试件制作人</td><td>×××</td></tr>
<tr><td rowspan="8">试验结果</td><td rowspan="2">试压日期</td><td rowspan="2">实际龄期/d</td><td rowspan="2">试件边长/mm</td><td rowspan="2">受压面积/mm²</td><td colspan="2">荷载/kN</td><td rowspan="2">抗压强度/MPa</td><td rowspan="2">达设计强度等级/%</td></tr>
<tr><td>单块</td><td>平均</td></tr>
<tr><td rowspan="6">××年×月×日</td><td rowspan="6">28</td><td rowspan="6">70.7</td><td rowspan="6">5 000</td><td>54.6</td><td rowspan="6">62.7</td><td rowspan="6">12.5</td><td rowspan="6">125</td></tr>
<tr><td>56.3</td></tr>
<tr><td>69.8</td></tr>
<tr><td>65.5</td></tr>
<tr><td>60.7</td></tr>
<tr><td>69.4</td></tr>
<tr><td colspan="9">结论：
合格。</td></tr>
<tr><td colspan="2">批准</td><td>×××</td><td>审核</td><td colspan="2">×××</td><td colspan="2">试验</td><td>×××</td></tr>
<tr><td colspan="2">试验单位</td><td colspan="7">××实验室</td></tr>
<tr><td colspan="2">报告日期</td><td colspan="7">××年×月×日</td></tr>
</table>

七、砌筑砂浆试块强度统计、评定记录

砌筑砂浆试块强度统计、评定记录，简而言之，就是对砌筑工程中使用的砂浆试块进行强度检测，并对检测数据进行统计和分析，以评定砂浆的实际强度是否满足设计要求的过程记录。这个过程通常包括试块的制作、标准养护、强度检测、数据统计及强度评定等。通过这一过程，可以确保砌体结构的施工质量，避免因砂浆强度不足而导致的结构安全问题。

砌筑砂浆试块强度统计、评定记录通常包含以下内容。

(1)基本信息：记录工程名称、施工单位、强度等级、养护方法、统计期及结构部位等基本信息，这些信息有助于明确评定记录的背景和范围。

(2)试块组数及强度数据：明确试块的总组数及每组试块的强度数据，包括平均值和最小值等关键指标。这些数据是评定砂浆强度的重要依据。

(3)每组试块的强度值：列出每组试块的具体强度值，这些数据是数据统计和分析的基础。

(4)判定式及结果：根据砂浆强度的评定标准，设置判定式，并将实际检测数据与判定式进行比较，得出判定结果。这是评定砂浆强度是否合格的关键步骤。

(5)结论：基于判定结果，给出砂浆强度是否合格的结论。这是工程验收和质量控制的重要依据。

(6)签字栏及报告日期：由相关人员签字确认，并注明报告日期，确保评定记录的权威性和可追溯性砌筑砂浆试块强度统计、评定记录宜采用表 4-6-9 的格式。

表 4-6-9　砌筑砂浆试块强度统计、评定记录

工程名称	××工程						编号		×××	
							强度等级		M7.5	
施工单位	××建筑工程公司						养护方法		标准	
统计期	××年×月×日至××年×月×日						结构部位		主体围护墙	
试块组数(n)	强度标准值 f_2/MPa			平均值 $f_{2,m}$/MPa		最小值 $f_{2,min}$/MPa			$0.75f_2$/MPa	
8	7.5			11.46		9.1			5.63	
每组强度值/MPa	12.6	10.6	9.8	10.6	14.6	11	9.1	13.4		
判定式	$f_{2,m} \geq f_2$						$f_{2,min} \geq 0.75f_2$			
结果	11.46>7.5						9.1>5.63			
结论： 依据《砌体结构工程施工质量验收规范》(GB 50203—2011)的相关规定评定为合格。										
签字栏	批准			审核				统计		
	×××			×××				×××		
	报告日期			××年×月×日						

砌筑砂浆试块强度验收时其强度合格标准

八、混凝土配合比申请书、通知单

工程结构需要的混凝土配合比，必须经有资质的实验室通过计算和试配来确定。配合比要用质量比。混凝土配合比应根据设计的混凝土强度等级和质量检验及混凝土施工和易性的要求确定，由施工单位现场取样送实验室，填写混凝土配合比申请单并向实验室提出试配申请。

混凝土配合比通知单是由实验室经试配，选取最佳配合比后填写签发的。施工中要严格按此配合比计量施工，不得随意更改。

混凝土配合比申请书、通知单宜采用表4-6-10和表4-6-11的格式。

表4-6-10 混凝土配合比申请书

编号：×××

委托编号：××××－×××

工程名称及部位	××大学科技综合楼地上四层①～⑤/Ⓐ～Ⓟ轴框架柱				
委托单位	××建筑工程公司	试验委托人	×××		
设计强度等级	C35	要求坍落度、扩展度	160～180 mm		
其他技术要求	/				
搅拌方法	机械	浇捣方法	机械	养护方法	标准
水泥品种及强度等级	P·O 42.5R	厂别牌号	×××××	试验编号	××××C－×××
砂产地及种类	×××中砂		试验编号		××××S－×××
石子产地及种类	×××碎石	最大粒径	25 mm	试验编号	××××G－×××
外加剂名称	PHF－3泵送剂		试验编号		××××D－×××
掺和料名称	Ⅱ级粉煤灰		试验编号		××××F－×××
申请日期	××年×月×日	使用日期	××年×月×日	联系电话	××××××××

表4-6-11 混凝土配合比通知单

配合比编号：××××－×××

试配编号：×××

强度等级	C35	水胶比	0.43	砂率		42%	
材料名称 项目	水泥	水	砂	石	外加剂	掺和料	其他
每1 m^3 用量/($kg \cdot m^{-3}$)	320	189	773	1 053	8.7	91	
每盘用量/kg	1.00	0.56	2.39	3.26	0.03	0.28	
混凝土碱含量/($kg \cdot m^{-3}$)							
	(注：此栏只有在有关规定及要求需要填写时才填写)						

续表

<table>
<tr><td colspan="3">说明：本配合比所使用材料均为干材料，使用单位应根据材料含水情况随时调整。</td></tr>
<tr><td>批准</td><td>审核</td><td>试验</td></tr>
<tr><td>×××</td><td>×××</td><td>×××</td></tr>
<tr><td>报告日期</td><td colspan="2">××年×月×日</td></tr>
</table>

九、混凝土抗压强度试验报告

混凝土抗压强度试验报告宜采用表 4-6-12 的格式。

表 4-6-12　混凝土抗压强度试验报告

编号：×××

试验编号：××××−×××

委托编号：××××−×××

<table>
<tr><td colspan="2">工程名称
及部位</td><td colspan="3">××干休所</td><td colspan="3">试件编号</td><td colspan="2">××−×××</td></tr>
<tr><td colspan="2">委托单位</td><td colspan="3">××建筑工程公司</td><td colspan="3">试验委托人</td><td colspan="2">×××</td></tr>
<tr><td colspan="2">设计强
度等级</td><td colspan="3">C30，P8</td><td colspan="3">实测坍落度、
扩展度</td><td colspan="2">160 mm</td></tr>
<tr><td colspan="2">水泥品种及
强度等级</td><td colspan="3">P·O 42.5</td><td colspan="3">试验编号</td><td colspan="2">××××C−×××</td></tr>
<tr><td colspan="2">砂种类</td><td colspan="3">中砂</td><td colspan="3">试验编号</td><td colspan="2">××××S−×××</td></tr>
<tr><td colspan="2">石种类、
公称直径</td><td colspan="3">碎石　5～10 mm</td><td colspan="3">试验编号</td><td colspan="2">××××G−×××</td></tr>
<tr><td colspan="2">外加剂名称</td><td colspan="3">UEA</td><td colspan="3">试验编号</td><td colspan="2">××××D−×××</td></tr>
<tr><td colspan="2">掺和料名称</td><td colspan="3">Ⅱ级粉煤灰</td><td colspan="3">试验编号</td><td colspan="2">××××F−×××</td></tr>
<tr><td colspan="2">配合比编号</td><td colspan="8">×××−××</td></tr>
<tr><td colspan="2">成型日期</td><td colspan="2">××年×月×日</td><td>要求龄期</td><td colspan="2">26 d</td><td colspan="2">要求试验日期</td><td>××年×月×日</td></tr>
<tr><td>养护方法</td><td>标养</td><td colspan="2">收到日期</td><td colspan="3">××年×月×日</td><td colspan="2">试块制作人</td><td>×××</td></tr>
<tr><td rowspan="5">试
验
结
果</td><td rowspan="2">试验日期</td><td rowspan="2">实际
龄期
/天</td><td rowspan="2">试件
边长
/mm</td><td rowspan="2">受压
面积
/mm²</td><td colspan="2">荷载/kN</td><td rowspan="2">平均抗
压强度
/MPa</td><td rowspan="2">折合 150 mm
立方体抗压
强度/MPa</td><td rowspan="2">达到设计
强度等级
/%</td></tr>
<tr><td>单块
值</td><td>平均
值</td></tr>
<tr><td rowspan="3">××年×月×日</td><td rowspan="3">26</td><td rowspan="3">100</td><td rowspan="3">10 000</td><td>460</td><td rowspan="3">463</td><td rowspan="3">46.3</td><td rowspan="3">44</td><td rowspan="3">147</td></tr>
<tr><td>450</td></tr>
<tr><td>480</td></tr>
<tr><td colspan="10">结论：

合格。</td></tr>
<tr><td>批准</td><td colspan="2">×××</td><td colspan="2">审核</td><td colspan="2">×××</td><td colspan="2">试验</td><td>×××</td></tr>
<tr><td>试验单位</td><td colspan="9">××工程公司实验室</td></tr>
<tr><td>报告日期</td><td colspan="9">××年×月×日</td></tr>
</table>

十、混凝土试块强度统计、评定记录

混凝土试块强度统计、评定记录是指对标准养护龄期后的混凝土试块进行抗压强度测试，并对测试数据进行统计和分析，以评定混凝土的实际强度是否满足设计要求的过程记录。这一过程包括试块的制作、标准养护、强度测试、数据统计及强度评定等多个环节。通过这一过程，可以及时发现混凝土强度不足的问题，并采取相应的补救措施，从而确保混凝土结构的施工质量。

表格通常包含以下几个关键部分。

(1)试块组信息：记录试块组的数量、强度标准值及相关的统计参数(如平均值、标准差、最小值等)。这些信息有助于了解试块组的整体强度水平和离散程度。

(2)各级强度值：列出每组试块的具体强度值，这些数据是数据统计和分析的基础。

(3)评定界限：明确采用的评定方法(统计方法或非统计方法)及相应的判定式。这是评定混凝土强度是否合格的关键依据。

(4)判定结果：基于评定界限和各级强度值，给出混凝土试块强度是否合格的结论。这是工程验收和质量控制的重要依据。

混凝土试块强度统计、评定记录宜采用表4-6-13的格式。

表4-6-13 混凝土试块强度统计、评定记录

<table>
<tr><td rowspan="2">工程名称</td><td colspan="4" rowspan="2">××工程</td><td>编号</td><td colspan="5">×××</td></tr>
<tr><td>强度等级</td><td colspan="5">C30</td></tr>
<tr><td>施工单位</td><td colspan="4">××建筑工程公司</td><td>养护方法</td><td colspan="5">标准</td></tr>
<tr><td>统计日期</td><td colspan="4">××年×月×日至××年×月×日</td><td>结构部位</td><td colspan="5">主体1～5层墙体</td></tr>
<tr><td rowspan="2">试块组(n)</td><td colspan="2" rowspan="2">强度标准 $f_{cu,k}$ /MPa</td><td colspan="2" rowspan="2">平均值 m_{fcu} /MPa</td><td colspan="2" rowspan="2">标准差 S_{fcu} /MPa</td><td colspan="2" rowspan="2">最小值 $f_{cu,min}$ /MPa</td><td colspan="2">合格判定系数</td></tr>
<tr><td>λ_1</td><td>λ_2</td></tr>
<tr><td>13</td><td colspan="2">30</td><td colspan="2">46.52</td><td colspan="2">8.84</td><td colspan="2">36.1</td><td>1.7</td><td>0.9</td></tr>
<tr><td rowspan="4">每组强度值 /MPa</td><td>50.4</td><td>36.1</td><td>40.8</td><td>39.4</td><td>58</td><td>37.7</td><td>36.8</td><td>57.3</td><td>56.7</td><td>51.6</td></tr>
<tr><td>57.5</td><td>42.5</td><td>39.9</td><td></td><td></td><td></td><td></td><td></td><td></td><td></td></tr>
<tr><td></td><td></td><td></td><td></td><td></td><td></td><td></td><td></td><td></td><td></td></tr>
<tr><td></td><td></td><td></td><td></td><td></td><td></td><td></td><td></td><td></td><td></td></tr>
<tr><td rowspan="3">评定界限</td><td colspan="6">☑统计方法(二)</td><td colspan="4">□非统计方法</td></tr>
<tr><td colspan="2">$0.90f_{cu,k}$</td><td colspan="2">$m_{fcu}-\lambda_1\times S_{fcu}$</td><td colspan="2">$\lambda_2\times f_{cu,k}$</td><td colspan="2">$1.15f_{cu,k}$</td><td colspan="2">$0.95f_{cu,k}$</td></tr>
<tr><td colspan="2">27</td><td colspan="2">31.49</td><td colspan="2">27</td><td colspan="2"></td><td colspan="2"></td></tr>
<tr><td>判定式</td><td colspan="2">$m_{fcu}-\lambda_1\times S_{fcu}\geqslant 0.90f_{cu,k}$</td><td colspan="2">$f_{cu,min}\geqslant\lambda_2\times f_{cu,k}$</td><td colspan="2">$m_{fcu}\geqslant 1.15f_{cu,k}$</td><td colspan="4">$f_{cu,min}\geqslant 0.95f_{cu,k}$</td></tr>
<tr><td>结果</td><td colspan="2">31.49>27</td><td colspan="2">36.1>27</td><td colspan="6"></td></tr>
<tr><td colspan="11">结论：该批混凝土符合《混凝土强度检验评定标准》(GB/T 50107—2010)验评标准，评定为合格。</td></tr>
<tr><td rowspan="3">签字栏</td><td colspan="4">批准</td><td colspan="4">审核</td><td colspan="2">统计</td></tr>
<tr><td colspan="4">×××</td><td colspan="4">×××</td><td colspan="2">×××</td></tr>
<tr><td colspan="4">报告日期</td><td colspan="6">××年×月×日</td></tr>
</table>

混凝土强度
的检验评定

十一、混凝土抗渗试验报告

混凝土抗渗试验报告应符合以下要求：

(1)现场搅拌混凝土应有配合比申请单和配合比通知单，预拌混凝土应有实验室签发的配合比通知单。

(2)应有按规定留制龄期为 28 d 标养试块和相应数量同条件养护试块的抗压强度试验报告，冬期施工还应有受冻临界强度试块和转常温试块的抗压强度试验报告。

(3)抗渗混凝土、特种混凝土除应具备上述资料外还应有专项试验报告。

(4)应有单位工程《混凝土试块抗压强度统计、评定记录》，统计、评定方法及合格标准应符合规范的要求。

(5)抗压强度试块、抗渗性能试块的留置数量及必试项目应符合规范要求。

(6)承重结构的混凝土抗压强度试块，应按规定实行有见证取样和送检。

(7)结构由不合格批混凝土组成的，或未按规定留置试块的，应有结构处理的相关资料；需要检测的，应有相应资质检测机构出具的检测报告，并有设计单位出具的认可文件。

(8)潮湿环境、直接与水接触的混凝土工程和外部有供碱环境并处于潮湿环境的混凝土工程，应预防混凝土碱集料反应，并按有关规定执行，有相关检测报告。

混凝土抗渗试验报告宜采用表 4-6-14 的格式。

表 4-6-14　混凝土抗渗试验报告

编号：×××

试验编号：××××—×××

委托编号：××××—×××

工程名称及施工部位	××干休所基础底板			试件编号	××—×××
委托单位	××建筑工程公司			委托试验人	×××
抗渗等级	P8			配合比编号	×××—××
强度等级	C30	养护条件	标准	收样日期	××年×月×日
成型日期	××年×月×日	龄期	33 d	试验日期	××年×月×日
试验情况： 由 0.1 MPa 顺序加压至 0.9 MPa，保持 8 h，试件表面无渗水，试验结果：>P8。					
结论： 根据《混凝土长期性能和耐久性能试验方法标准》(GB/T 50082—2024)，符合 P8 设计要求。					
批准	×××	审核	×××	试验	×××
试验单位	××工程公司实验室				
报告日期	××年×月×日				

十二、混凝土碱总量计算书

混凝土碱总量计算书宜采用表 4-6-15 的格式。

表 4-6-15　混凝土碱总量计算书

一、我站使用材料介绍：

1. 水泥：×××水泥，碱含量小于 0.8%；
2. 掺和料：Ⅱ级粉煤灰，碱含量为 1.25%；
3. 砂：王庄、三联或民旺中砂，细度模数为 2.3～3.1，含泥量小于 3%，泥块含量小于 1%；
4. 石：王庄及大瓦窑 0.5～2.5 cm 碎卵石，属 C 种碱活性集料；
5. 外加剂：FE-HS2 普通减水剂，碱含量为 2.46%。

二、我站 C10 混凝土碱总量分析：

1. 我站所用 C10 混凝土配合比：(kg/m³)

水胶比	水泥	水	掺和料	砂	石	外加剂
0.76	168	200	138	942	949	2.36

2. 我站所用 C10 混凝土碱总量计算(按各种原材料厂家提供的碱含量数据计算)：

水泥碱含量：$168\times0.8\%=1.34(\text{kg/m}^3)$

掺和料碱含量：$138\times1.25\%\times15\%=0.26(\text{kg/m}^3)$

外加剂碱含量：$2.36\times2.46\%=0.06(\text{kg/m}^3)$

碱总量：$1.34+0.26+0.06=1.66(\text{kg/m}^3)$

我站 C10 混凝土碱总量评估值为 $1.66\ \text{kg/m}^3<3.0\ \text{kg/m}^3$，满足要求。

结论：

我站 C10 混凝土的碱总量的评估值为 1.66 kg/m³，符合要求。

十三、外墙饰面砖样板黏结强度试验报告

外墙饰面砖粘贴前和施工过程中，应在相同基层上做样板件，并对样板件的饰面砖黏结强度进行检验，并有《饰面砖黏结强度检验报告》，检验方法和结果评定应符合《建筑工程饰面砖粘结强度检验标准》(JGJ/T 110—2017)的相关规定。

外墙饰面砖样板黏结强度试验报告宜采用表 4-6-16 的格式。

表 4-6-16　外墙饰面砖样板黏结强度试验报告

编号：×××
试验编号：××××-×××
委托编号：××××-×××

<table>
<tr><td colspan="2">工程名称</td><td colspan="3">××干休所</td><td>试验编号</td><td colspan="2">001</td></tr>
<tr><td colspan="2">委托单位</td><td colspan="3">××供电局</td><td>试验委托人</td><td colspan="2">×××</td></tr>
<tr><td colspan="2">饰面砖品种
及牌号</td><td colspan="3">彩色釉面陶瓷墙砖　××牌</td><td>粘贴层次</td><td colspan="2"></td></tr>
<tr><td colspan="2">饰面砖生产
厂及规格</td><td colspan="3">××厂　100 mm×100 mm</td><td>粘贴面积
/mm²</td><td colspan="2">300</td></tr>
<tr><td colspan="2">基本材料</td><td></td><td>黏结材料</td><td>砂浆</td><td>胶黏剂</td><td colspan="2">/</td></tr>
<tr><td colspan="2">抽样部位</td><td>二层东侧外墙</td><td>龄期/d</td><td>28</td><td>施工日期</td><td colspan="2">××年×月×日</td></tr>
<tr><td colspan="2">检验类型</td><td></td><td>环境温度/℃</td><td>19</td><td>试验日期</td><td colspan="2">××年×月×日</td></tr>
<tr><td colspan="2">仪器及编号</td><td colspan="6">×××</td></tr>
<tr><td rowspan="2">序号</td><td colspan="2">试件尺寸/mm</td><td rowspan="2">受力面积
/mm²</td><td rowspan="2">拉力
/kN</td><td rowspan="2">黏结强度
/MPa</td><td rowspan="2">破坏状态
（序号）</td><td rowspan="2">平均强度
/MPa</td></tr>
<tr><td>长</td><td>宽</td></tr>
<tr><td>1</td><td>100</td><td>100</td><td>1 000</td><td>50</td><td>4.9</td><td></td><td rowspan="3">5.10</td></tr>
<tr><td>2</td><td>100</td><td>100</td><td>1 000</td><td>50</td><td>5.3</td><td></td></tr>
<tr><td>3</td><td>100</td><td>100</td><td>1 000</td><td>50</td><td>5.1</td><td></td></tr>
<tr><td colspan="8">结论：
依据《建筑工程饰面砖粘结强度检验标准》(JGJ/T 110—2017)，符合饰面砖黏结强度要求。</td></tr>
<tr><td>批准</td><td colspan="2">×××</td><td>审核</td><td>×××</td><td>试验</td><td colspan="2">×××</td></tr>
<tr><td>试验单位</td><td colspan="7">××工程公司实验室</td></tr>
<tr><td>报告日期</td><td colspan="7">××年×月×日</td></tr>
</table>

十四、超声波探伤报告、超声波探伤记录、钢构件射线探伤报告

建筑钢结构对接焊缝的超声波探伤，应按《承压设备无损检测 第3部分：超声检测》(NB/T 47013.3—2023)的有关规定执行。

(1)设计要求的一、二级焊缝应做缺陷检验，由具备相应资质等级的检测单位出具超声波、射线探伤检测报告或磁粉探伤报告。

(2)要求与母材等强度的焊缝，必须做超声波或X射线探伤试验。项目部技术负责人及有关人员根据钢结构工程的规模、形式，按照规范要求取样送检，必须合格后方能进入档案。

超声波探伤报告、超声波探伤记录、钢构件射线探伤报告宜采用表4-6-17～表4-6-19的格式。

表4-6-17 超声波探伤报告

编号：×××

试验编号：××××-×××

委托编号：××××-×××

工程名称及施工部位	××钢结构工程 三层梁柱		
委托单位	××建筑项目部	试验委托人	×××
构件名称	钢梁、柱	检测部位	梁柱对接焊缝
材质	Q345B	板厚/mm	12
仪器型号	UFD-308	试块	CBⅡ
耦合剂	CMC	表面补偿	
表面状况	打磨	执行处理	JB/T 4730.1
探头型号	5P10×10 70°	探伤日期	××年×月×日
探伤结果及说明： 依据《承压设备无损检测 第3部分：超声检测》(NB/T 47013.3—2023)，经超声波检测未发现超标缺陷。焊缝评定合格。			

批准	×××	审核	×××	试验	×××
试验单位	××实验室				
报告日期	××年×月×日				

表 4-6-18　超声波探伤记录

编号：×××

工程名称	××工程					报告编号		×××			
施工单位	××建筑公司					检测单位		××试验公司			
焊缝编号（两侧）	板厚/mm	折射角/度	回波高度	X/mm	D/mm	Z/mm	L/mm	级别	评定结果	备注	
11GL－1H－N	12	70	/	/	/	/	/	Ⅰ	合格		
11GL－1G－S	12	70	/	/	/	/	/	Ⅰ	合格		
11GL－4K－N	12	70	/	/	/	/	/	Ⅰ	合格		
批准		审核			检测			检测单位名称（公章）			
×××		×××			×××						
报告日期		××年×月×日									

表 4-6-19　钢构件射线探伤报告

编号：______

试验编号：______

委托编号：______

工程名称					
委托单位			试验委托人		
检测单位			检测部位		
构件名称			构件编号		
材质		焊缝形式		板厚/mm	
仪器型号		增感方式		像质计型号	
胶片型号		像质指数		黑度	
评定标准		焊缝全长		探伤比例与长度	
探伤结果：					
底片编号	黑度	灵敏度	主要缺陷	评级	示意图： 备注：
批准		审核		试验	
试验单位					
报告日期					

十五、高强度螺栓抗滑移系数检测报告

高强度螺栓抗滑移系数检测报告宜采用表 4-6-20 的格式。

表 4-6-20 高强度螺栓抗滑移系数检测报告

第 页 共 页

<table>
<tr><td>工程名称</td><td colspan="2">××工程</td><td>委托编号</td><td>×××</td></tr>
<tr><td>委托单位</td><td colspan="2">××置业公司</td><td>试验编号</td><td>×××</td></tr>
<tr><td>施工单位</td><td colspan="2">××建筑工程公司</td><td>委托日期</td><td>××年×月×日</td></tr>
<tr><td>设计单位</td><td colspan="2">××设计院</td><td>检测日期</td><td>××年×月×日</td></tr>
<tr><td>抗滑移系数设计值</td><td colspan="2">0.41</td><td>报告日期</td><td>××年×月×日</td></tr>
<tr><td>螺栓规格</td><td colspan="2">M16×80</td><td>高强度螺栓性能等级</td><td>4.8</td></tr>
<tr><td>摩擦面处理形式</td><td colspan="4">(1)试件摩擦面的表面预处理。按照设计要求控制试件摩擦面的预处理施工质量，预处理完毕后，试件应进行表面清洁度和粗糙度评定。
(2)试件摩擦面的涂层施工。涂层施工完毕后，应进行涂层外观、厚度和粗糙度等项目的检验。</td></tr>
<tr><td>见证单位</td><td colspan="2">××监理单位</td><td>见证人</td><td>×××</td></tr>
<tr><td>执行标准</td><td colspan="4">《钢结构工程施工质量验收标准》(GB 50205—2020)
《钢结构高强度螺栓连接技术规程》(JGJ 82—2011)</td></tr>
<tr><td rowspan="4">检测结果</td><td>试件编号</td><td>紧固轴力/kN</td><td>抗滑移最大荷载/kN</td><td>抗滑移系数</td></tr>
<tr><td>1</td><td>70.54</td><td>167.95</td><td>0.42</td></tr>
<tr><td>2</td><td>75.32</td><td>183</td><td>0.41</td></tr>
<tr><td>3</td><td></td><td></td><td></td></tr>
<tr><td>检测结论</td><td colspan="4">合格。</td></tr>
<tr><td colspan="5">主检人：××× 审核人：××× 批准人：×××

检测单位(公章)：××工程检测有限公司</td></tr>
</table>

十六、外墙保温浆料同条件养护试块试验报告

当外墙采用保温浆料做保温层时，应在施工中制作同条件养护试块，检测其导热系数、干密度和压缩强度。保温浆料的同条件养护试块应见证取样、送样，每个检验批应抽样制作同条件养护试块，且不少于 3 组。

外墙保温浆料同条件养护试块试验报告宜采用表 4-6-21 的格式。

表 4-6-21　外墙保温浆料同条件养护试块试验报告

编号：×××

工程名称	××大厦		施工单位	××建筑工程公司	监理单位	××监理公司××项目监理部		
序号	取样日期	现场编号	试验日期	试验报告编号	试验报告代表值			结论
					导热系数/[(W·m^{-1})·K^{-1}]	干密度/(kg·m^{-3})	压缩强度/kPa	
1								
2								
3								
施工单位	项目技术负责人：××× 整理人：××× 见证取样人：××× ××年×月×日				监理(建设)单位	监理工程师(建设单位代表)：××× ××年×月×日		

十七、结构实体混凝土强度验收记录

结构实体混凝土强度验收记录应符合现行国家标准《混凝土结构工程施工质量验收规范》(GB 50204—2015)的有关规定。

结构实体混凝土强度验收记录宜采用表 4-6-22 的格式。

表 4-6-22　结构实体混凝土强度验收记录

工程名称	××工程										编号	×××
											结构类型	混凝土结构
施工单位	××建筑工程公司										验收日期	××年×月×日
强度等级	试件强度代表值/MPa										强度评定结果	监理/建设单位验收结果
C20	22.4	23.6	24.4	22.6	23.8	25.4	23.4	22.8	21.2	23.2	合格	符合《混凝土强度检验评定标准》(GB/T 50107—2010)验评标准，评定为合格
	24.6	25.6										
C30	32.6	31.4	33.4	32.8	34.6	33.4	32.2	37.6	36.4	33.2	合格	符合《混凝土强度检验评定标准》(GB/T 50107—2010)验评标准，评定为合格
	38.2	34.4										

续表

结论：												
签字栏	项目专业技术负责人						专业监理工程师或建设单位项目专业技术负责人					
	×××						×××					

十八、结构实体钢筋保护层厚度验收记录

结构实体钢筋保护层厚度验收记录应符合现行国家标准《混凝土结构工程施工质量验收规范》(GB 50204—2015)的有关规定。

结构实体钢筋保护层厚度验收记录宜采用表4-6-23的格式。

表4-6-23　结构实体钢筋保护层厚度验收记录

工程名称	××工程								编号	×××	
									结构类型	混凝土结构	
施工单位	××建筑工程公司								验收日期	××年×月×日	
构件类别	序号	钢筋保护层厚度/mm							合格率	评定结果	监理/建设单位验收结果
		设计值	实测值								
梁	1	30	28	26	28	28			100%	合格	钢筋保护层厚度试验报告实测值符合要求，合格率100%
	2	30	25	28	26	28					

续表

<table>
<tr><td rowspan="5">板</td><td>1</td><td>15</td><td>16</td><td>18</td><td>17</td><td>16</td><td></td><td></td><td rowspan="5">100%</td><td rowspan="5">合格</td><td rowspan="5">钢筋保护层厚度试验报告实测值符合要求，合格率 100%</td></tr>
<tr><td>2</td><td>15</td><td>17</td><td>16</td><td>18</td><td>17</td><td></td><td></td></tr>
<tr><td></td><td></td><td></td><td></td><td></td><td></td><td></td><td></td></tr>
<tr><td></td><td></td><td></td><td></td><td></td><td></td><td></td><td></td></tr>
<tr><td></td><td></td><td></td><td></td><td></td><td></td><td></td><td></td></tr>
<tr><td colspan="12">结论：
符合现行国家标准《混凝土结构工程施工质量验收规范》(GB 50204—2015)的有关规定，验收合格。</td></tr>
<tr><td rowspan="2">签字栏</td><td colspan="8">项目专业技术负责人</td><td colspan="3">专业监理工程师或建设单位项目专业技术负责人</td></tr>
<tr><td colspan="8">×××</td><td colspan="3">×××</td></tr>
</table>

《任务工单》

完成任务资讯模块的学习后，学生们应已具备解决任务工单问题的知识与能力。以下是针对任务工单所提问题的解答，供学生们参考与检验学习成果。

一、填空题

1. 答案：试验项目记录。
2. 答案：评定界限。

二、判断题

答案：错误。表 4-6-1 中有些文件是选择性归档保存的，如设备单机试运转记录等。

任务七　施工质量验收资料

《任务工单》

本任务工单旨在引导学生通过学习任务资讯模块中的相关知识与技能，独立解决以下问题。

一、填空题

1. 检验批质量验收记录通常包含基本信息部分、施工执行标准、验收规范的规定、施工单位检查评定记录、监理/建设单位验收记录、验收结论、________和日期等关键部分。

2. 分项工程的验收在检验批验收的基础上进行，构成分项工程的各检验批的验收资料文件完整，并且均已验收________，则可判定该分项工程验收合格。

3. 分部(子分部)工程质量验收记录包括基本信息区域、责任单位及人员信息、分项工程验收记录、质量控制与检验资料、________及签字确认等关键部分。

二、判断题

1. 检验批质量验收记录中，施工单位检查评定记录和监理/建设单位验收记录是可有可无的部分。(　　)

2. 建筑节能分部工程质量验收记录表中，分项工程验收记录栏详细列出了各个分项节能工程，并为每个分项工程设置了验收结论栏，由监理工程师签字确认。(　　)

《任务资讯》

根据《建设工程文件归档规范(2019 年版)》(GB/T 50328—2014)，施工质量验收归档资料包括分部(子分部)工程质量验收记录、建筑节能分部工程质量验收记录等，见表 4-7-1。

表 4-7-1　施工质量验收文件

类别	归档文件	保存单位				
		建设单位	设计单位	施工单位	监理单位	城建档案馆
C7	施工质量验收文件					
1	检验批质量验收记录	▲		△	△	
2	分项工程质量验收记录	▲		▲	▲	
3	分部(子分部)工程质量验收记录	▲		▲	▲	▲
4	建筑节能分部工程质量验收记录	▲		▲	▲	▲
5	自动喷水系统验收缺陷项目划分记录	▲		△	△	
6	程控电话交换系统分项工程质量验收记录	▲		▲	△	
7	会议电视系统分项工程质量验收记录	▲		▲	△	
8	卫星数字电视系统分项工程质量验收记录	▲		▲	△	
9	有线电视系统分项工程质量验收记录	▲		▲	△	
10	公共广播与紧急广播系统分项工程质量验收记录	▲		▲	△	
11	计算机网络系统分项工程质量验收记录	▲		▲	△	
12	应用软件系统分项工程质量验收记录	▲		▲	△	
13	网络安全系统分项工程质量验收记录	▲		▲	△	
14	空调与通风系统分项工程质量验收记录	▲		▲	△	

续表

类别	归档文件	保存单位				
		建设单位	设计单位	施工单位	监理单位	城建档案馆
15	变配电系统分项工程质量验收记录	▲		▲	△	
16	公共照明系统分项工程质量验收记录	▲		▲	△	
17	给水排水系统分项工程质量验收记录	▲		▲	△	
18	热源和热交换系统分项工程质量验收记录	▲		▲	△	
19	冷冻和冷却水系统分项工程质量验收记录	▲		▲	△	
20	电梯和自动扶梯系统分项工程质量验收记录	▲		▲	△	
21	数据通信接口分项工程质量验收记录	▲		▲	△	
22	中央管理工作站及操作分站分项工程质量验收记录	▲		▲	△	
23	系统实时性、可维护性、可靠性分项工程质量验收记录	▲		▲	△	
24	现场设备安装及检测分项工程质量验收记录	▲		▲	△	
25	火灾自动报警及消防联动系统分项工程质量验收记录	▲		▲	△	
26	综合防范功能分项工程质量验收记录	▲		▲	△	
27	视频安防监控系统分项工程质量验收记录	▲		▲	△	
28	入侵报警系统分项工程质量验收记录	▲		▲	△	
29	出入口控制(门禁)系统分项工程质量验收记录	▲		▲	△	
30	巡更管理系统分项工程质量验收记录	▲		▲	△	
31	停车场(库)管理系统分项工程质量验收记录	▲		▲	△	
32	安全防范综合管理系统分项工程质量验收记录	▲		▲	△	

续表

类别	归档文件	保存单位				
		建设单位	设计单位	施工单位	监理单位	城建档案馆
33	综合布线系统安装分项工程质量验收记录	▲		▲	△	
34	综合布线系统性能检测分项工程质量验收记录	▲		▲	△	
35	系统集成网络连接分项工程质量验收记录	▲		▲	△	
36	系统数据集成分项工程质量验收记录	▲		▲	△	
37	系统集成整体协调分项工程质量验收记录					
38	系统集成综合管理及冗余功能分项工程质量验收记录	▲		▲	△	
39	系统集成可维护性和安全性分项工程质量验收记录	▲		▲	△	
40	电源系统分项工程质量验收记录	▲		▲	△	
41	其他施工质量验收文件					

注：表中符号“▲”表示必须归档保存；“△”表示选择性归档保存

一、检验批质量验收记录

检验批是工程验收的最小单位，是分项工程乃至整个建筑工程质量验收的基础。检验批是施工过程中条件相同并有一定数量的材料、构配件或安装项目，由于其基本均匀一致，因此可作为检验的基础单位，并按批验收。

检验批质量验收记录用于记录和确认施工过程中特定批次材料、设备或安装质量是否符合设计要求和规范标准。

检验批质量验收记录通常包含以下几个关键部分。

(1)基本信息部分：包括工程名称、分项工程名称、施工总承包单位、专业承包单位、项目经理、施工班组长等，明确了工程的参与单位和人员，便于追溯责任。

(2)施工执行标准：列出适用的施工规范和标准，作为判断质量合格与否的依据。

(3)验收规范的规定：列出具体的质量验收规范条文，作为检验批质量验收的准则。

(4)施工单位检查评定记录：分项详细记录施工单位自检的结果，包括是否符合设计要求、验收标准等。

(5)监理/建设单位验收记录：用于记录监理或建设单位对施工单位自检结果的复核和确认。

(6)验收结论：综合各项检查结果，给出检验批质量的最终评定结果，如合格或不合格。

(7)签名和日期：由质量检查员、监理工程师等责任人在验收记录上签字，并注明日期，确保记录的正式性和有效性。

检验批质量验收记录宜采用表 4-7-2 的格式。

表 4-7-2　检验批质量验收记录

<table>
<tr><td colspan="2">工程名称</td><td colspan="6">××大厦</td></tr>
<tr><td colspan="2">分项工程名称</td><td colspan="2">混凝土结构</td><td colspan="2">验收部位</td><td colspan="2">×××</td></tr>
<tr><td colspan="2">施工总承包单位</td><td>××建筑工程集团公司</td><td>项目经理</td><td colspan="2">×××</td><td>专业工长</td><td>×××</td></tr>
<tr><td colspan="2">专业承包单位</td><td>××建筑公司</td><td>项目经理</td><td colspan="2">×××</td><td>施工班组长</td><td>×××</td></tr>
<tr><td colspan="2">施工执行标准名称及编号</td><td colspan="6">《混凝土结构工程施工质量验收规范》(GB 50204—2015)</td></tr>
<tr><td colspan="6">施工质量验收规范的规定</td><td>施工单位检查评定记录</td><td>监理/建设单位验收记录</td></tr>
<tr><td rowspan="4">主控项目</td><td>1</td><td colspan="3">混凝土强度等级及试件的取样和留置</td><td>设计要求</td><td>混凝土强度等级为C25，取 2 组标准养护试块及 1 组同条件试块、1 组见证试块，强度达到 32.5 MPa、33.6 MPa</td><td rowspan="4">经检查，地基承载力、配合比、压实系数符合规范要求</td></tr>
<tr><td>2</td><td colspan="3">混凝土抗渗及试件取样和留置</td><td>设计要求</td><td>/</td></tr>
<tr><td>3</td><td colspan="3">原材料每盘称量的偏差</td><td>设计要求</td><td>√</td></tr>
<tr><td>4</td><td colspan="3">混凝土初凝时间控制</td><td>设计要求</td><td>√</td></tr>
<tr><td rowspan="5">一般项目</td><td>1</td><td colspan="3">施工缝的位置及处理</td><td>设计要求</td><td>√</td><td rowspan="5">施工缝的位置和处理、混凝土的养护符合设计及规范要求</td></tr>
<tr><td>2</td><td colspan="3">后浇带的位置和浇筑</td><td>设计要求</td><td>/</td></tr>
<tr><td>3</td><td colspan="3">混凝土养护</td><td>设计要求</td><td>√</td></tr>
<tr><td>4</td><td colspan="3"></td><td></td><td></td></tr>
<tr><td>5</td><td colspan="3"></td><td></td><td></td></tr>
<tr><td colspan="8">施工单位检查评定结果：
经检查，工程主控项目、一般项目均符合《混凝土结构工程施工质量验收规范》(GB 50204—2015)的规定，评定为合格。
质量检查员：×××　　　××年×月×日</td></tr>
<tr><td colspan="8">监理或建设单位验收结论：
同意施工单位评定结果，验收合格。
监理工程师或建设单位项目专业技术负责人：×××　　　××年×月×日</td></tr>
</table>

检验批质量验收合格规定

二、分项工程质量验收记录

分项工程的验收在检验批验收的基础上进行。构成分项工程的各检验批的验收资料文件完整，并且均已验收合格，则可判定该分项工程验收合格。每一分项工程完工后，由专业监理工程师组织施工单位项目专业质量(技术)负责人等进行验收，并填写验收结论。

分项工程质量验收记录旨在系统记录并评估各分项工程的施工质量。它通过对施工过程中的关键节点和部位进行逐一检验，确保每一项工程均符合既定的设计标准、施工规范及验收要求。该记录不仅是工程质量追溯的重要依据，也是项目竣工验收不可或缺的部分，对于提升整体工程质量、保障工程安全具有重要的意义。

表格包含以下几个关键部分。

(1)基本信息栏：详细记录了工程名称、结构类型、检验批数等基本信息，以及施工总承包单位、专业承包单位、项目经理等责任主体的相关信息，为后续的质量验收提供了明确的背景资料。

(2)检验批详情栏：明确列出了检验批的名称、部位及区段，确保验收工作能够有的放矢，针对具体部位和区域进行细致检查。

(3)施工单位自检结果栏：通过勾选的方式直观展示了施工单位对每个检验批的自检结果，便于快速识别合格项与不合格项。

(4)监理/建设单位验收意见栏：为监理工程师或建设单位提供了填写验收意见的空间，确保了验收工作的公正性和客观性。

(5)检查结论栏：综合施工单位自检结果与监理/建设单位验收意见，给出了分项工程的整体质量检查结论，并预留了签字与日期栏，以确保验收记录的正式性和可追溯性。

(6)说明栏：对评估合格的标准进行了明确说明，即是否符合相关施工质量和验收规范的要求，为验收工作提供了清晰的指导依据。

分项工程质量验收记录宜采用表 4-7-3 的格式。

表 4-7-3　分项工程质量验收记录

工程名称	××大厦	结构类型	框架	检验批数	4
施工总承包单位	××建筑工程集团公司	项目经理	×××	项目技术负责人	×××
专业承包单位	××建筑公司	单位负责人	×××	项目经理	×××

序号	检验批名称及部位、区段	施工单位检查评定结果	监理或建设单位验收意见
1	地上一层框架柱①～⑨/Ⓒ～Ⓕ轴	✓	验收合格
2	地上二层框架柱①～⑨/Ⓒ～Ⓕ轴	✓	验收合格
3	地上三层框架柱①～⑨/Ⓒ～Ⓕ轴	✓	验收合格
4	地上四层框架柱①～⑨/Ⓒ～Ⓕ轴	✓	验收合格

续表

<table>
<tr><td colspan="4">说明：</td></tr>
<tr><td>检查结论</td><td>地上一层至四层①～⑨/Ⓒ～Ⓕ轴框架柱模板安装及拆除工程施工质量符合《混凝土结构工程施工质量验收规范》(GB 50204—2015)的要求，模板分项工程合格。

项目专业技术负责人：×××
××年×月×日</td><td>验收结论</td><td>同意施工单位检查结论，验收合格。

监理工程师或建设单位项目专业技术负责人：×××
××年×月×日</td></tr>
</table>

分项工程质量验收合格规定

三、分部(子分部)工程质量验收记录

分部(子分部)工程质量验收记录旨在全面记录并评估建筑工程中各个分部(子分部)工程的实际施工质量。该记录通过系统化的验收流程，确保工程质量符合既定的设计标准、施工规范及国家相关法规要求。作为工程质量追溯、评估与改进的重要依据，分部(子分部)工程质量验收记录对于提升工程整体质量、保障施工安全及促进工程建设的可持续发展具有重要的意义。

分部(子分部)工程质量验收记录包括以下几个关键部分。

(1)基本信息区域：详细记录了工程名称、结构类型及层数等基本信息，为验收工作提供了明确的背景资料。

(2)责任单位及人员信息：明确了施工总承包单位、专业承包单位及其技术负责人的具体信息，确保了验收工作的责任可追溯性。

(3)分项工程验收记录：通过序号、分项工程名称、检验批数、施工单位检查评定及验收意见等列的设置，全面记录了每个分项工程的验收情况，便于后续的质量分析与改进。

(4)质量控制与检验资料：汇总了质量控制资料、安全和功能检验(检测)报告及观感质量验收等关键信息，为验收工作提供了全面的数据支持。

(5)验收单位及签字确认：明确了各专业承包单位、施工总承包单位、勘察单位、设计单位及监理单位或建设单位的项目负责人信息，并规定了签字确认的流程与要求，确保了验收工

作的公正性、客观性与权威性。

分部(子分部)工程质量验收记录宜采用表 4-7-4 的格式。

表 4-7-4 分部(子分部)工程质量验收记录

<table>
<tr><td colspan="2">工程名称</td><td colspan="2">××大厦</td><td>结构类型</td><td>框架</td><td>层数</td><td>15</td></tr>
<tr><td colspan="2">施工总承包单位</td><td>××建设集团公司</td><td>技术部门负责人</td><td>×××</td><td colspan="2">质量部门负责人</td><td>×××</td></tr>
<tr><td colspan="2">专业承包单位</td><td>××建筑公司</td><td>专业承包单位负责人</td><td>×××</td><td colspan="2">专业承包单位技术负责人</td><td>×××</td></tr>
<tr><td>序号</td><td>分项工程名称</td><td colspan="2">检验批数</td><td colspan="2">施工单位检查评定</td><td colspan="2">验收意见</td></tr>
<tr><td>1</td><td>卷材防水屋面</td><td colspan="2">15</td><td colspan="2">✓</td><td colspan="2">合格</td></tr>
<tr><td>2</td><td>瓦屋面</td><td colspan="2">3</td><td colspan="2">✓</td><td colspan="2">合格</td></tr>
<tr><td></td><td></td><td colspan="2"></td><td colspan="2"></td><td colspan="2"></td></tr>
<tr><td></td><td></td><td colspan="2"></td><td colspan="2"></td><td colspan="2"></td></tr>
<tr><td></td><td></td><td colspan="2"></td><td colspan="2"></td><td colspan="2"></td></tr>
<tr><td></td><td></td><td colspan="2"></td><td colspan="2"></td><td colspan="2"></td></tr>
<tr><td colspan="2">质量控制资料</td><td colspan="4">各子分部工程质量控制资料齐全</td><td colspan="2"></td></tr>
<tr><td colspan="2">安全和功能检验(检测)报告</td><td colspan="4">屋面淋水试验记录合格
同意施工单位评定，经检验屋面无渗漏现象</td><td colspan="2"></td></tr>
<tr><td colspan="2">观感质量验收</td><td colspan="4">良好
同意施工单位评定</td><td colspan="2"></td></tr>
<tr><td rowspan="5">验收单位</td><td>专业承包单位</td><td colspan="6">项目经理：×××
××年×月×日</td></tr>
<tr><td>施工总承包单位</td><td colspan="6">项目经理：×××
××年×月×日</td></tr>
<tr><td>勘察单位</td><td colspan="6">项目负责人：×××
××年×月×日</td></tr>
<tr><td>设计单位</td><td colspan="6">项目负责人：×××
××年×月×日</td></tr>
<tr><td>监理单位或建设单位</td><td colspan="6">各子分部工程均符合施工质量验收规范要求，质量控制资料及安全和功能检验(检测)报告齐全、合格，观感质量良好，同意施工单位评定结果，验收合格。
总监理工程师或建设单位项目专业负责人：×××
××年×月×日</td></tr>
</table>

分部(子分部)工程
质量验收合格规定

四、建筑节能分部工程质量验收记录

建筑节能分部工程质量验收记录专门用于记录和评估建筑节能分部工程的质量状况与合规性。该记录旨在确保建筑节能措施符合相关标准和规范，从而提升建筑物的能效，促进环境保护。通过该记录，可以系统地追踪和验证建筑节能分部工程的实施情况，包括使用的材料、采用的技术、达到的效果等，为后续的工程验收和维护提供有力依据。

建筑节能分部工程质量验收记录包括以下几个关键部分。

(1)基本信息栏：表格顶部明确列出了单位工程名称、施工总承包单位、专业承包单位及其相关负责人的信息，确保责任主体明确，便于后续的责任追溯。

(2)分项工程验收记录栏：表格主体部分详细列出了各个分项节能工程(如墙体节能工程、幕墙节能工程等)，并为每个分项工程设置了验收结论栏，由监理工程师签字确认。这一设计确保了每个节能环节都经过严格的审核和确认，保证了整体工程的质量。

(3)质量控制与检验项目栏：表格中包含了质量控制资料及其他必要的检验项目，如外墙节能构造现场实体检验、外窗气密性现场实体检验等，这些项目旨在全面评估和提升节能工程的质量与可靠性。

(4)验收结论与参加验收人员栏：在验收工作完成后，表格总结了验收结论，并列出了所有参加验收的人员名单，包括专业承包单位、施工总承包单位、设计单位及监理或建设单位的相关人员，确保了验收过程的透明性和可追溯性。

建筑节能分部工程质量验收记录宜采用表 4-7-5 的格式。

表 4-7-5　建筑节能分部工程质量验收记录

单位工程名称	××大厦		结构类型及层数	框架结构，共 15 层	
施工总承包单位	××建筑集团公司	技术部门负责人	×××	质量部门负责人	×××
专业承包单位	××建筑公司	专业承包单位负责人	×××	专业承包单位技术负责人	×××
序号	分项工程名称	验收结论	监理工程师签字	备注	
1	墙体节能工程	合格	×××		
2	幕墙节能工程	合格	×××		
3	门窗节能工程	合格	×××		
4	屋面节能工程	合格	×××		
5	地面节能工程	合格	×××		
6	采暖节能工程	合格	×××		
7	通风与空气调节节能工程	合格	×××		
8	空调与采暖系统的冷热源及管网节能工程	合格	×××		
9	配电与照明节能工程	合格	×××		

续表

序号	分项工程名称	验收结论	监理工程师签字	备注
10	监测与控制节能工程	合格	×××	
质量控制资料		质量控制资料齐全		
外墙节能构造现场实体检验		合格		
外窗气密性现场实体检验		合格		
系统节能性能检测		合格		

验收结论：

各建筑节能分部工程均符合《建筑节能工程施工质量验收标准》(GB 50411—2019)要求，质量控制资料齐全、合格，同意施工单位评定结果，验收合格。

其他参加验收人员：×××

	专业承包单位	施工总承包单位	设计单位	监理或建设单位
验收单位	项目经理：××× ××年×月×日	项目经理：××× ××年×月×日	项目负责人：××× ××年×月×日	总监理工程师或建设单位项目负责人：××× ××年×月×日

建筑节能工程质量验收合格规定

《任务实施》

在完成任务资讯模块的学习后，学生们应已具备解决任务工单问题的知识与能力。以下是针对任务工单所提问题的解答，供学生们参考与检验学习成果。

一、填空题

1. 答案：签名。
2. 答案：合格。
3. 答案：验收单位。

二、判断题

1. 答案：错误。施工单位检查评定记录和监理/建设单位验收记录是检验批质量验收记录中非常重要的部分，用于记录施工单位自检结果，以及监理或建设单位对施工单位自检结果的复核和确认，不可或缺。

2. 答案：正确。

任务八 施工验收资料

《任务工单》

本任务工单旨在引导学生通过学习任务资讯模块中的相关知识与技能，独立解决以下问题。

一、填空题

1. 根据《建设工程文件归档规范（2019 年版）》（GB/T 50328—2014），施工验收归档资料包括单位（子单位）工程竣工预验收报验表、单位（子单位）工程质量竣工验收记录、单位（子单位）工程质量控制资料核查记录、单位（子单位）工程安全和功能检验资料核查及主要功能抽查记录、单位（子单位）工程观感质量检查记录、________________、其他施工验收文件等。

2. 单位（子单位）工程质量控制资料核查是由施工单位按照所列质量控制资料的种类、名称进行检查，并填写分数，然后提交给________单位验收。

3. 工程观感质量检查是在工程全部竣工后进行的一项重要验收工作。观感质量可通过观察和简单的测试确定，观感质量的综合评价结果应由验收各方共同确认并达成一致，给出“好”“一般”“________”的质量评价结果。

二、判断题

1. 单位（子单位）工程质量控制资料核查记录中，只有施工单位核查人员需要在“核查人”栏签字。（　　）

2. 单位（子单位）工程安全和功能检验资料核查及主要功能抽查记录中，抽查项目由施工单位单方面确定。（　　）

3. 单位（子单位）工程观感质量检查记录中，对影响观感及使用功能或质量评价为差的项目应进行返修。（　　）

《任务资讯》

根据《建设工程文件归档规范（2019 年版）》（GB/T 50328—2014），施工验收归档资料包括单位(子单位)工程竣工预验收报验表、单位(子单位)工程质量竣工验收记录、单位(子单位)工程质量控制资料核查记录、单位(子单位)工程安全和功能检验资料核查及主要功能抽查记录、单位(子单位)工程观感质量检查记录、施工资料移交书、其他施工验收文件等，见表 4-8-1。

表 4-8-1　施工验收文件

类别	归档文件	保存单位				
		建设单位	设计单位	施工单位	监理单位	城建档案馆
C8	施工验收文件					
1	单位(子单位)工程竣工预验收报验表	▲		▲		▲
2	单位(子单位)工程质量竣工验收记录	▲	△	▲		▲
3	单位(子单位)工程质量控制资料核查记录	▲		▲		▲
4	单位(子单位)工程安全和功能检验资料核查及主要功能抽查记录	▲		▲		▲
5	单位(子单位)工程观感质量检查记录	▲		▲		▲
6	施工资料移交书	▲		▲		
7	其他施工验收文件					
注：表中符号“▲”表示必须归档保存；“△”表示选择性归档保存						

一、单位(子单位)工程竣工预验收报验表

单位工程完工后，施工单位应组织有关人员进行自检。总监理工程师应组织各专业监理工程师对工程质量进行竣工预验收。

单位(子单位)工程竣工预验收报验表是建筑工程项目竣工验收阶段的重要文件，由施工单位在工程项目完工后提交给监理单位。该文件的主要目的是正式通知监理单位，施工单位已完成合同约定的工程内容，并经过自检确认工程质量合格，申请监理单位进行预验收检查。通过这一流程，监理单位能够对工程质量进行最终把关，确保工程符合相关法律法规、技术标准及合同约定，为后续向业主交付合格工程奠定基础。

单位(子单位)工程竣工预验收报验表包括以下几个关键部分。

(1)表头部分：包括工程名称和编号等基本信息，明确了报验表所针对的具体工程及提交单位。

(2)报验内容：详细说明了报验表的发送对象(监理单位)，并概述了施工单位的施工完成情况，同时列出了提交的附件内容，如工程质量验收报告、工程功能检验资料等，以便监理单位全面了解工程情况。

(3)审查意见：监理单位将根据现场审查情况填写预验收结论，并对工程是否符合相关要求进行综合判定。此外，还会给出工程是否可以组织正式验收的结论，为后续的竣工验收工作提供指导。

单位(子单位)工程竣工预验收报验表宜采用表4-8-2的格式。

表4-8-2　单位(子单位)工程竣工预验收报验表

<table>
<tr><td>工程名称</td><td>××工程</td><td>编号</td><td>×××</td></tr>
<tr><td colspan="4">致：××监理公司××项目监理部（监理单位）
我方已按施工合同要求完成××大厦工程，经自检合格，现将有关资料报上，请予以验收。
附件：1. 工程质量验收报告：工程竣工报告。
2. 工程功能检验资料：
(1)单位(子单位)工程质量竣工验收记录；
(2)单位(子单位)工程质量资料核查记录；
(3)单位(子单位)工程安全和功能检验资料核查及主要功能抽查记录；
(4)单位(子单位)工程观感质量检查记录。

施工单位(盖章)　××建筑工程公司
项目经理(签字)　×××
××年×月×日</td></tr>
<tr><td colspan="4">审查意见：
经预验收，该工程
(1)符合/~~不符合~~我国现行法律、法规要求。
(2)符合/~~不符合~~我国现行工程建设标准。
(3)符合/~~不符合~~设计文件要求。
(4)符合/~~不符合~~施工合同要求。
综上所述，该工程预验收合格/~~不合格~~，可以/~~不可以~~组织正式验收。

监理单位(盖章)　××监理公司××项目监理部
总监理工程师(签字、加盖执业印章)　×××
××年×月×日</td></tr>
</table>

二、单位(子单位)工程质量竣工验收记录

建设单位应在竣工预验收合格后组织监理单位、施工单位、设计单位、勘察单位等相关单位项目负责人进行工程竣工验收。

单位(子单位)工程质量竣工验收记录用于全面记录和评估工程项目的质量状况。该记录是工程项目经过系统施工后，各方(包括建设单位、监理单位、施工单位、设计单位等)共同参与，对工程各分项进行逐一检查、测试和评估的结果汇总。它不仅是工程质量的最终证明，也是工程交付使用前必须完成的关键步骤。通过该记录，可以清晰地了解工程是否达到了设计标准、规范要求及合同约定的质量标准，从而确保工程的安全性和使用性能。

单位(子单位)工程质量竣工验收记录包括以下几个关键部分。

(1)工程基本信息栏：该栏目详细记录了工程的基本信息，包括工程名称、结构类型、层数/建筑面积、施工单位、技术负责人及开工日期等。这些信息为验收工作提供了必要的背景资料，有助于验收人员快速了解工程概况。

(2)项目负责人及项目技术负责人信息栏：此栏目列出了项目经理及技术负责人的信息，强调了工程项目技术管理的重要性。通过明确项目负责人和项目技术负责人的身份，确保了验收工作的专业性和权威性。

(3)验收记录及验收结论区域：这是表格的核心部分，详细记录了各分项工程的验收情况。序号、项目、验收记录与验收结论等列的设置，清晰地展示了每一项工程的验收过程、结果及是否符合标准。验收结论部分则对各分项工程的达标情况进行了总结，便于整体评估工程质量。

(4)综合验收结论栏：在各分项工程验收记录的基础上，该栏目对工程质量做出了综合评价，体现了各方对工程质量验收结果的共同认可。这一栏目的设置增强了工程质量的可追溯性和责任界定的明确性。

(5)参加验收单位及人员信息栏：该栏目记录了参与验收的各责任主体及其负责人信息，并明确了验收日期。这不仅是对验收过程的确认，也是法律责任界定的重要依据。通过公章与负责人签字的双重确认，确保了验收工作的严肃性和有效性。

单位(子单位)工程质量竣工验收记录宜采用表 4-8-3 的格式。

表 4-8-3　单位(子单位)工程质量竣工验收记录

工程名称	××大厦	结构类型	框架结构	层数/建筑面积	地下 2 层地上 8 层/17 500 m^2
施工单位	××建设集团	技术负责人	××	开工日期	××年×月×日
项目负责人	××	项目技术负责人	××	完工日期	××年×月×日
序号	项目	验收记录		验收结论	
1	分部工程验收	共 10 分部，经查符合设计及标准规定 10 分部		所有分部工程质量验收合格	
2	质量控制资料核查	共 45 项，经核查符合规定 45 项		质量控制资料全部符合有关规定	
3	安全和使用功能核查及抽查结果	共核查 33 项，符合规定 33 项，共抽查 12 项、符合规定 12 项，经返工处理符合规定/项		核查及抽查项目全部符合规定	
4	观感质量验收	共抽查 20 项，达到“好”和“一般”的 20 项，经返修处理符合要求的/项		好	
综合验收结论		工程资料齐全有效，工程质量合格			
参加验收单位	建设单位	监理单位	施工单位	设计单位	勘察单位
	(公章) 项目负责人： ××年×月×日	(公章) 总监理工程师： ××年×月×日	(公章) 项目负责人： ××年×月×日	(公章) 项目负责人： ××年×月×日	(公章) 项目负责人： ××年×月×日
注：单位工程验收时，验收签字人员应由相应单位的法人代表书面授权					

单位(子单位)工程质
量竣工验收合格规定

三、单位(子单位)工程质量控制资料核查记录

单位(子单位)工程质量控制资料核查记录是由施工单位按照所列质量控制资料的种类、名称进行检查，并填写份数，然后提交给监理单位验收。监理单位在检查合格后，在“核查意见”处填写具体意见。施工、监理单位具体核查人员在“核查人”栏签字。总监理工程师确认符合要求后，在“结论”栏中填写结论，相关人员签字确认。

单位(子单位)工程质量控制资料核查记录宜采用表 4-8-4 的格式。

表 4-8-4　单位(子单位)工程质量控制资料核查记录

工程名称		××大厦	施工单位	××建设集团			
序号	项目	资料名称	份数	施工单位		监理单位	
				核查意见	核查人	核查意见	核查人
1	建筑与结构	图纸会审记录、设计变更通知单、工程洽商记录	48	齐全有效	×××	合格	×××
2		工程定位测量、放线记录	66	齐全有效		合格	
3		原材料出厂合格证书及进场检验、试验报告	435	齐全有效		合格	
4		施工试验报告及见证检测报告	255	齐全有效		合格	
5		隐蔽工程验收记录	155	齐全有效		合格	
6		施工记录	120	齐全有效		合格	
7		地基、基础、主体结构检验及抽样检测资料	42	齐全有效		合格	
8		分项、分部工程质量验收记录	15	齐全有效		合格	
9		工程质量事故调查处理资料	/	/		/	
10		新技术论证、备案及施工记录	3	齐全有效		合格	
1	给水排水与供暖	图纸会审记录、设计变更通知单、工程洽商记录	5	齐全有效	×××	合格	×××
2		原材料出厂合格证书及进场检验、试验报告	40	齐全有效		合格	
3		管道、设备强度试验、严密性试验记录	8	齐全有效		合格	
4		隐蔽工程验收记录	19	齐全有效		合格	
5		系统清洗、灌水、通水、通球试验记录	22	齐全有效		合格	
6		施工记录	12	齐全有效		合格	
7		分项、分部工程质量验收记录	16	齐全有效		合格	
8		新技术论证、备案及施工记录	1	齐全有效		合格	

续表

工程名称		××大厦	施工单位	××建设集团			
序号	项目	资料名称	份数	施工单位		监理单位	
				核查意见	核查人	核查意见	核查人
1	通风与空调	图纸会审记录、设计变更通知单、工程洽商记录	3	齐全有效	×××	合格	×××
2		原材料出厂合格证书及进场检验、试验报告	6	齐全有效		合格	
3		制冷、空调、水管道强度试验、严密性试验记录	7	齐全有效		合格	
4		隐蔽工程验收记录	9	齐全有效		合格	
5		制冷设备运行调试记录	9	齐全有效		合格	
6		通风、空调系统调试记录	6	齐全有效		合格	
7		施工记录	28	齐全有效		合格	
8		分项、分部工程质量验收记录	5	齐全有效		合格	
9		新技术论证、备案及施工记录	1	齐全有效		合格	
1	建筑电气	图纸会审记录、设计变更通知单、工程洽商记录	8	齐全有效	×××	合格	×××
2		原材料出厂合格证书及进场检验、试验报告	22	齐全有效		合格	
3		设备调试记录	9	齐全有效		合格	
4		接地、绝缘电阻测试记录	26	齐全有效		合格	
5		隐蔽工程验收记录	25	齐全有效		合格	
6		施工记录	22	齐全有效		合格	
7		分项、分部工程质量验收记录	9	齐全有效		合格	
8		新技术论证、备案及施工记录	1	齐全有效		合格	
1	智能建筑	图纸会审记录、设计变更通知单、工程洽商记录	8	齐全有效	×××	合格	×××
2		原材料出厂合格证书及进场检验、试验报告	22	齐全有效		合格	
3		隐蔽工程验收记录	26	齐全有效		合格	
4		施工记录	26	齐全有效		合格	
5		系统功能测定及设备调试记录	22	齐全有效		合格	
6		系统技术、操作和维护手册	13	齐全有效		合格	
7		系统管理、操作人员培训记录	11	齐全有效	×××	合格	×××
8		系统检测报告	1	齐全有效		合格	
9		分项、分部工程质量验收记录	9	齐全有效		合格	
10		新技术论证、备案及施工记录	1	齐全有效		合格	

续表

工程名称		××大厦	施工单位	××建设集团			
序号	项目	资料名称	份数	施工单位		监理单位	
				核查意见	核查人	核查意见	核查人
1	建筑节能	图纸会审记录、设计变更通知单、工程洽商记录	11	齐全有效	×××	合格	×××
2		原材料出厂合格证书及进场检验、试验报告	30	齐全有效		合格	
3		隐蔽工程验收记录	26	齐全有效		合格	
4		施工记录	24	齐全有效		合格	
5		外墙、外窗节能检验报告	5	齐全有效		合格	
6		设备系统节能检测报告	18	齐全有效		合格	
7		分项、分部工程质量验收记录	9	齐全有效		合格	
8		新技术论证、备案及施工记录	1	齐全有效		合格	
1	电梯	图纸会审记录、设计变更通知单、工程洽商记录	5	齐全有效	×××	合格	×××
2		设备出厂合格证书及开箱检验记录	26	齐全有效		合格	
3		隐蔽工程验收记录	8	齐全有效		合格	
4		施工记录	29	齐全有效		合格	
5		接地、绝缘电阻试验记录	5	齐全有效		合格	
6		负荷试验、安全装置检查记录	20	齐全有效		合格	
7		分项、分部工程质量验收记录	9	齐全有效		合格	
8		新技术论证、备案及施工记录	1	齐全有效		合格	

结论：

该工程质量控制资料齐全有效，全部合格。

施工单位项目负责人：××　　　　总监理工程师：××

××年×月×日　　　　××年×月×日

四、单位(子单位)工程安全和功能检验资料核查及主要功能抽查记录

单位(子单位)工程安全和功能检验资料核查及主要功能抽查记录由施工单位在“份数”栏中填写实际数量后，提交给监理单位。此表其他栏目由总监理工程师组织核查、抽查并由监理单位填写核查意见。

单位(子单位)工程安全和功能检验资料核查及主要功能抽查记录宜采用表 4-8-5 的格式。

表 4-8-5 单位(子单位)工程安全和功能检验资料核查及主要功能抽查记录

工程名称		××住宅楼	施工单位	××建设有限公司			
序号	项目	安全和功能检查项目		份数	核查意见	抽查结果	核查(抽查)人
1	建筑与结构	地基承载力检验报告		3	齐全有效		×××
2		桩基承载力检验报告		2	齐全有效		
3		混凝土强度试验报告		18	齐全有效	抽查 4 处合格	
4		砂浆强度试验报告		4	齐全有效		
5		主体结构尺寸、位置抽查记录		6	齐全有效		
6		建筑物垂直度、标高、全高测量记录		3	齐全有效	抽查 2 处合格	
7		屋面淋水或蓄水试验记录		11	齐全有效		
8		地下室渗漏水检测记录		10	齐全有效		
9		有防水要求的地面蓄水试验记录		18	齐全有效	抽查 9 处合格	
10		抽气(风)道检查记录		20	齐全有效		
11		外窗气密性、水密性、耐风压检测报告		3	齐全有效		
12		幕墙气密性、水密性、耐风压检测报告		2	齐全有效	抽查 1 处合格	
13		建筑物沉降观测测量记录		11	齐全有效		
14		节能、保温测试记录		4	齐全有效		
15		室内环境检测报告		9	齐全有效	抽查 3 处合格	
16		土壤氡气浓度检测报告		1	齐全有效		
1	给水排水与供暖	给水管道通水试验记录		13	齐全有效		×××
2		暖气管道、散热器压力试验记录		3	齐全有效		
3		卫生器具满水试验记录		13	齐全有效		
4		消防管道、燃气管道压力试验记录		14	齐全有效		
5		排水干管通球试验记录		17	齐全有效	抽查 8 处合格	
6		锅炉试运行、安全阀及报警联动测试记录		1	齐全有效		

续表

工程名称		××住宅楼	施工单位	××建设有限公司		
序号	项目	安全和功能检查项目	份数	核查意见	抽查结果	核查（抽查）人
1	通风与空调	通风、空调系统试运行记录	13	齐全有效	抽查6处合格	×××
2		风量、温度测试记录	3	齐全有效		
3		空气能量回收装置测试记录	7	齐全有效		
4		洁净室洁净度测试记录	9	齐全有效	抽查4处合格	
5		制冷机组试运行调试记录	16	齐全有效		
1	建筑电气	建筑照明通电试运行记录	2	齐全有效		×××
2		灯具固定装置及悬吊装置的载荷强度试验记录	10	齐全有效		
3		绝缘电阻测试记录	35	齐全有效	抽查9处合格	
4		剩余电流动作保护器测试记录	26	齐全有效		
5		应急电源装置应急持续供电记录	4	齐全有效		
6		接地电阻测试记录	8	齐全有效	抽查3处合格	
7		接地故障回路阻抗测试记录	8	齐全有效		
1	智能建筑	系统试运行记录	17	齐全有效		×××
2		系统电源及接地检测报告	4	齐全有效		
3		系统接地检测报告	4	齐全有效		
1	建筑节能	外墙节能构造检查记录或热工性能检验报告	13	齐全有效	抽查4处合格	×××
2		设备系统节能性能检查记录	2	齐全有效		
1	电梯	运行记录	6	齐全有效		×××
2		安全装置检测报告	6	齐全有效		
结论： 资料齐全有效，抽查结果合格。 施工单位项目负责人：×××　　　总监理工程师：××× ××年×月×日　　　××年×月×日						
注：抽查项目由验收组协商确定						

五、单位(子单位)工程观感质量检查记录

单位(子单位)工程观感质量检查是在工程全部竣工后进行的一项重要验收工作。观感质量可通过观察和简单的测试确定，观感质量的综合评价结果应由验收各方共同确认并达成一致，给出“好”“一般”“差”的质量评价结果。对影响观感及使用功能或质量评价为差的项目应进行返修。

单位(子单位)工程观感质量检查记录宜采用表 4-8-6 的格式。

表 4-8-6　单位(子单位)工程观感质量检查记录

工程名称		××商业写字楼	施工单位	××建设公司
序号	项目		抽查质量状况	质量评价
1	建筑与结构	主体结构外观	共检查 10 点，好 10 点，一般 0 点，差 0 点	好
2		室外墙面	共检查 10 点，好 10 点，一般 0 点，差 0 点	好
3		变形缝、雨水管	共检查 10 点，好 10 点，一般 0 点，差 0 点	好
4		屋面	共检查 10 点，好 10 点，一般 0 点，差 0 点	好
5		室内墙面	共检查 10 点，好 9 点，一般 1 点，差 0 点	好
6		室内顶棚	共检查 10 点，好 9 点，一般 1 点，差 0 点	好
7		室内地面	共检查 10 点，好 10 点，一般 0 点，差 0 点	好
8		楼梯、踏步、护栏	共检查 10 点，好 10 点，一般 0 点，差 0 点	好
9		门窗	共检查 10 点，好 10 点，一般 0 点，差 0 点	好
10		雨罩、台阶、坡道、散水	共检查 10 点，好 10 点，一般 0 点，差 0 点	好
1	给水排水与供暖	管道接口、坡度、支架	共检查 10 点，好 10 点，一般 0 点，差 0 点	好
2		卫生器具、支架、阀门	共检查 10 点，好 10 点，一般 0 点，差 0 点	好
3		检查口、扫除口、地漏	共检查 10 点，好 10 点，一般 0 点，差 0 点	好
4		散热器、支架	共检查 10 点，好 10 点，一般 0 点，差 0 点	好
1	通风与空调	风管、支架	共检查 10 点，好 10 点，一般 0 点，差 0 点	好
2		风口、风阀	共检查 10 点，好 9 点，一般 1 点，差 0 点	好
3		风机、空调设备	共检查 10 点，好 9 点，一般 1 点，差 0 点	好
4		管道、阀门、支架	共检查 10 点，好 10 点，一般 0 点，差 0 点	好
5		水泵、冷却塔	共检查 10 点，好 10 点，一般 0 点，差 0 点	好
6		绝热	共检查 10 点，好 10 点，一般 0 点，差 0 点	好
1	建筑电气	配电箱、盘、板、接线盒	共检查 10 点，好 10 点，一般 0 点，差 0 点	好
2		设备器具、开关、插座	共检查 10 点，好 10 点，一般 0 点，差 0 点	好
3		防雷、接地、防火	共检查 10 点，好 10 点，一般 0 点，差 0 点	好
1	智能建筑	机房设备安装及布局	共检查 10 点，好 10 点，一般 0 点，差 0 点	好
2		现场设备安装	共检查 10 点，好 10 点，一般 0 点，差 0 点	好
1	电梯	运行、平层、开关门	共检查 10 点，好 10 点，一般 0 点，差 0 点	好
2		层门、信号系统	共检查 10 点，好 10 点，一般 0 点，差 0 点	好
3		机房	共检查 10 点，好 10 点，一般 0 点，差 0 点	好

续表

工程名称	××商业写字楼	施工单位	××建设公司
序号	项目	抽查质量状况	质量评价
观感质量综合评价		好	
结论：评价为好，观感质量验收合格。 施工单位项目负责人：×××　　　　总监理工程师：××× ××年×月×日　　　　××年×月×日			
注：1. 对质量评价为差的项目应进行返修； 2. 观感质量现场检查原始记录应作为本表附件			

《任务实施》

在完成任务资讯模块的学习后，学生们应已具备解决任务工单问题的知识与能力。以下是针对任务工单所提问题的解答，供学生们参考与检验学习成果。

一、填空题

1. 答案：施工资料移交书。
2. 答案：监理。
3. 答案：差。

二、判断题

1. 答案：错误。施工、监理单位具体核查人员都需要在“核查人”栏签字。
2. 答案：错误。抽查项目由验收组协商确定。
3. 答案：正确。

项目拓展

以项目建设引领
产业高质量发展

项目实训

实训设计：施工单位实地调研与交流

一、实训目的

(1)让学生深入了解施工单位资料管理的实际工作流程和内容。
(2)通过实地考察和向资料员学习，增强学生对施工单位资料重要性的认识。

(3)提高学生在实际工作中处理和整理施工单位资料的能力，为将来从事相关工作积累经验。

二、实训步骤

1. 准备阶段

(1)教师提前与施工单位项目部联系，确定实地考察的时间、地点和相关安排。

(2)教师向学生介绍实训的目的、要求和注意事项，让学生对实训有初步的了解。

(3)学生分组，每组5～6人，确定组长，负责组织和协调小组成员的活动。

2. 实地考察阶段

(1)在施工单位项目部集合，由项目部负责人或资料员介绍项目的基本情况，包括项目规模、施工进度、参与单位等。

(2)资料员带领学生参观项目部的资料室，展示各类施工单位资料，如施工组织设计、施工方案、技术交底记录、材料进场检验记录、隐蔽工程验收记录、分部分项工程质量检验评定记录等，讲解这些资料的作用、编制方法和整理要求。

(3)学生分组与资料员进行深入交流，针对自己在学习过程中遇到的问题及对实际工作中资料管理的疑惑进行提问，资料员进行详细解答，并分享自己在资料管理工作中积累的经验和教训。

(4)学生观察资料员日常的资料管理工作，如资料的收集、整理、归档、借阅等操作流程，记录关键步骤和要点。

3. 总结与交流阶段

(1)回到学校后，各小组组织内部讨论，整理在实地考察过程中收集到的信息和资料，总结施工单位资料管理的特点和重点。

(2)每个小组推选一名代表，在全班范围内进行汇报，分享小组的学习成果和心得体会，其他小组可以进行提问和交流。

(3)教师对各小组的汇报进行点评，总结本次实训的主要收获和存在的问题，进一步强调施工单位资料管理的重要性和规范性。

三、实训评估

1. 实地表现(40分)

(1)学生的出勤情况和纪律表现(15分)：按时到达施工单位项目部，遵守项目部的安全规定和工作纪律，听从教师和资料员的安排，不擅自离开队伍。

(2)学生的参与度和积极性(15分)：在实地考察过程中，积极与资料员交流互动，主动提问，认真记录，表现出对施工单位资料管理的浓厚兴趣。

(3)小组合作情况(10分)：在小组活动中，能够与组员密切配合，共同完成各项任务，积极分享自己的见解和收获，体现出良好的团队协作精神。

2. 小组汇报(30分)

(1)汇报内容的完整性和准确性(15分)：能够全面、准确地介绍施工单位资料管理的相关知识和实际操作流程，包括资料的种类、作用、编制方法、整理要求等，重点突出，条理清晰。

(2)汇报的形式和效果(10分)：汇报形式新颖，表达流畅，能够运用图片、图表等辅助工具进行讲解，使汇报内容更加生动形象，易于理解，能够吸引听众的注意力，达到良好的交流效果。

(3)小组成员的分工与配合(5分)：小组成员在汇报过程中分工明确，配合默契，能够充分展示小组的学习成果，体现出团队合作的成效。

3. 个人总结(30分)

(1)总结内容的深度和广度(15分)：学生能够结合实地考察所见所闻和自己的学习体会，对施工单位资料管理进行深入思考和分析，不仅不局限于表面的操作流程，还能够从理论和实践相结合的角度，探讨资料管理在建筑工程中的重要性和作用，以及如何提高资料管理的质量和效率。

(2)总结的逻辑性和条理性(10 分)：个人总结结构合理，层次分明，语言表达准确、通顺，能够运用所学的专业知识和术语，清晰地阐述自己的观点和想法，体现出良好的逻辑思维能力和文字表达能力。

(3)对未来工作的展望和建议(5 分)：学生能够根据本次实训的收获，对未来从事建筑工程资料管理工作提出自己的展望和建议。例如，如何加强自身学习，提高专业技能；如何在实际工作中更好地应用所学知识，为建筑工程的质量和安全保驾护航等，体现出积极向上的职业态度和对未来的规划。

四、注意事项

(1)在前往施工单位项目部的途中，学生要注意交通安全，遵守交通规则，听从教师的指挥。

(2)进入施工单位项目部后，学生要严格遵守项目部的安全规定和工作纪律，不得随意触摸、操作现场的设备和仪器，不得在施工现场追逐打闹，确保自身安全和施工现场的安全。

(3)在与资料员交流过程中，学生要礼貌待人，尊重他人的工作，认真倾听，不得随意打断他人讲话，提问时要简洁明了，语言文明。

(4)学生要爱护施工现场的环境和设施，不得随意丢弃垃圾，保持现场的整洁。

(5)实训结束后，学生要及时整理自己的物品，关闭相关设备和电源，确保安全后有序离开项目部。

项目评价

完成本项目后，采用过程性评价和结果性评价相结合的方式，综合运用自我评价、小组评价和教师评价三种方式，由任课教师确定三种评价方式占总成绩的比例，加权计算出每个学生完成本项目拓展活动的考核评价表。

考核评价表

总评价分		班级	
学号		姓名	
评价方式	评价内容	分值	分数
自我评价	目标达成情况	30	
	技能与知识掌握	50	
	个人发展与自我提升	20	
小组评价	团队合作能力	30	
	项目贡献度	50	
	团队氛围与支持	20	
教师评价	学习态度与努力程度	20	
	知识应用与创新能力	40	
	个人品行与责任感	40	
总评价分＝自我评价分×(　)%＋小组评价分×(　)%＋教师评价分×(　)%＝			

项目五　编制与整理竣工图及竣工资料

《学习目标》

【知识目标】

1. 了解竣工图与竣工资料种类。
2. 熟悉竣工图与竣工资料的主要内容。
3. 掌握竣工图与竣工资料的编制与整理。

【技能目标】

能够整理与归档竣工图与竣工资料。

【素养目标】

1. 培养学生对职业的责任心。
2. 增强学生在团队协作中信息收集与整理的能力。

《项目导航》

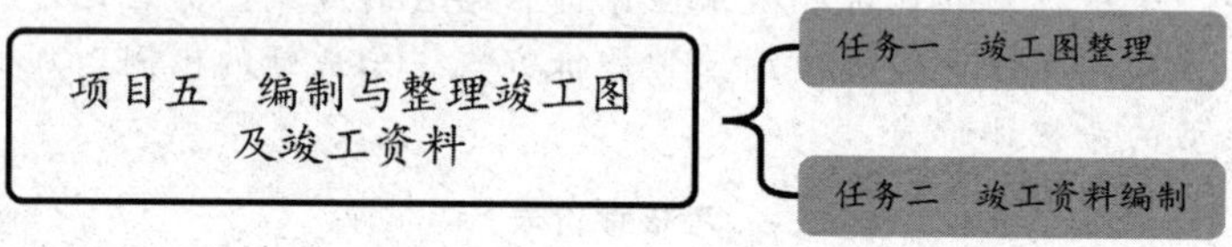

任务一　竣工图整理

《任务工单》

本任务工单旨在引导学生通过学习任务资讯模块中的相关知识与技能，独立解决以下问题。

一、填空题

1. 竣工图按绘制方法不同可分为利用电子版施工图改绘、利用施工蓝图改绘、利用翻晒硫酸纸底图改绘和________________。

2. 竣工图章应使用不易褪色的印泥，应盖在图标栏________空白处。

3. 竣工图章的尺寸应为________________。

二、判断题

1. 室内装饰竣工图需由城建档案馆保存。(　　)
2. 利用施工蓝图改绘竣工图时，允许使用复印图纸进行修改。(　　)
3. 图纸折叠时，图签及竣工图章应隐藏在内侧以保证整洁。(　　)

《任务资讯》

根据《建设工程文件归档规范(2019 年版)》(GB/T 50328—2014)，竣工图归档资料包括建筑竣工图，结构竣工图，钢结构竣工图，幕墙竣工图，室内装饰竣工图，建筑给水排水及供暖竣工图，建筑电气竣工图，智能建筑竣工图，通风与空调竣工图，室外工程竣工图，规划红线内的室外给水排水、供热、供电、照明管线等竣工图，规划红线内的道路、园林绿化、喷灌设施等竣工图，见表 5-1-1。

表 5-1-1　竣工图文件

类别	归档文件	保存单位				
		建设单位	设计单位	施工单位	监理单位	城建档案馆
竣工图(D 类)						
1	建筑竣工图	▲		▲		▲
2	结构竣工图	▲		▲		▲
3	钢结构竣工图	▲		▲		▲
4	幕墙竣工图	▲		▲		▲
5	室内装饰竣工图	▲		▲		
6	建筑给水排水及供暖竣工图	▲		▲		▲
7	建筑电气竣工图	▲		▲		▲
8	智能建筑竣工图	▲		▲		▲
9	通风与空调竣工图	▲		▲		▲
10	室外工程竣工图	▲		▲		▲
11	规划红线内的室外给水排水、供热、供电、照明管线等竣工图	▲		▲		▲
12	规划红线内的道路、园林绿化、喷灌设施等竣工图	▲		▲		▲
注：表中符号“▲”表示必须归档保存						

一、竣工图的类型

竣工图按绘制方法不同可分为以下几种形式：

(1)利用电子版施工图改绘的竣工图。

(2)利用施工蓝图改绘的竣工图。

(3)利用翻晒硫酸纸底图改绘的竣工图。

(4)重新绘制的竣工图。

二、竣工图的编审

竣工图的编制及审核应符合下列规定。

(1)新建、改建、扩建的建筑工程均应编制竣工图；竣工图应真实反映竣工工程的实际情况。

(2)竣工图的专业类别应与施工图对应。

(3)竣工图应依据施工图、图纸会审记录、设计变更通知单、工程洽商记录(包括技术核定单)等绘制。

(4)当施工图没有变更时，可直接在施工图上加盖竣工图章形成竣工图。

(5)竣工图的绘制应符合国家现行有关标准的规定。

(6)竣工图应有竣工图章及相关责任人签字。

(7)竣工图应按《建筑工程资料管理规程》(JGJ/T 185—2009)规定的方法绘制，并应按该规程规定的方法折叠。

三、竣工图的绘制

1. 利用电子版施工图改绘的竣工图

利用电子版施工图改绘的竣工图应符合下列规定。

(1)将图纸变更结果直接改绘到电子版施工图中，用云线圈出修改部位，然后填写表5-1-2。

表5-1-2　修改内容备注表

设计变更、洽商编号	简要变更内容

(2)竣工图的比例应与原施工图一致。

(3)设计图签中应有原设计单位人员签字。

(4)委托本工程设计单位编制竣工图时，应直接在设计图签中注明“竣工阶段”，并应有绘图人、审核人的签字。

(5)竣工图章可直接绘制成电子版竣工图签，出图后应有相关责任人的签字。

2. 利用施工蓝图改绘的竣工图

利用施工蓝图改绘的竣工图应符合下列规定。

(1)应采用杠(划)改或叉改法进行绘制。

(2)应使用新晒制的蓝图，不得使用复印图纸。

3. 利用翻晒硫酸纸底图改绘的竣工图

利用翻晒硫酸纸底图改绘的竣工图应符合下列规定。

(1)应使用刀片将需更改部位刮掉，再将变更内容标注在修改部位，在空白处作修改内容备注表；修改内容备注表样式可按表5-1-2执行。

(2)宜晒制成蓝图后，再加盖竣工图章。

4. 重新绘制竣工图

根据工程竣工现状和洽商记录绘制竣工图，重新绘制竣工图要求与原图比例相同，符合制图规范，有标准的图框和内容齐全的图签，图签中应有明确的“竣工图”字样或加盖竣工图章。

四、竣工图章的要求

所有竣工图均应加盖竣工图章(图 5-1-1)，并应符合下列规定：

(1)竣工图章的基本内容应包括“竣工图”字样、施工单位、编制人、审核人、技术负责人、编制日期、监理单位、监理工程师、总监理工程师。

(2)竣工图章尺寸应为 50 mm×80 mm。

(3)竣工图章应使用不易褪色的印泥，应盖在图标栏上方空白处。

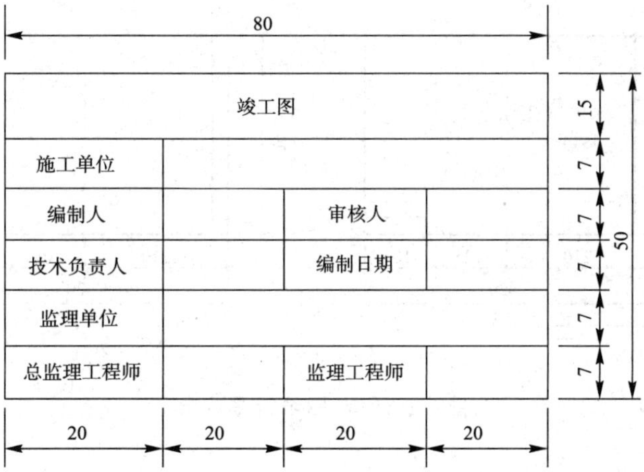

图 5-1-1　竣工图章示例

五、竣工图图纸的折叠

(1)图纸折叠应符合下列规定。

①图纸折叠前应按图 5-1-2 所示的裁图线裁剪整齐，图纸幅面应符合表 5-1-3 的规定。

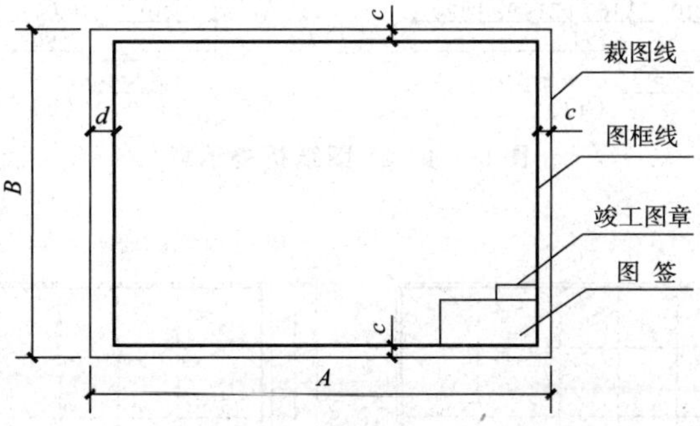

图 5-1-2　图框及图纸边线尺寸示意

表 5-1-3　图幅代号及图幅尺寸

基本图幅代号	0#	1#	2#	3#	4#
$B\times A$/(mm×mm)	841×1 189	594×841	420×594	297×420	297×210

续表

基本图幅代号	0$^{\#}$	1$^{\#}$	2$^{\#}$	3$^{\#}$	4$^{\#}$
c/mm	10			5	
d/mm	25				

②折叠时图面应折向内侧呈手风琴风箱式。

③折叠后幅面尺寸应以 4$^{\#}$ 图为标准。

④图签及竣工图章应露在外面。

⑤3$^{\#}$ ～0$^{\#}$ 图纸应在装订边 297 mm 处折一三角或剪一缺口，并折进装订边。

(2)3$^{\#}$ ～0$^{\#}$ 不同图签位置的图纸，可分别按图 5-1-3～图 5-1-6 所示的方法折叠。

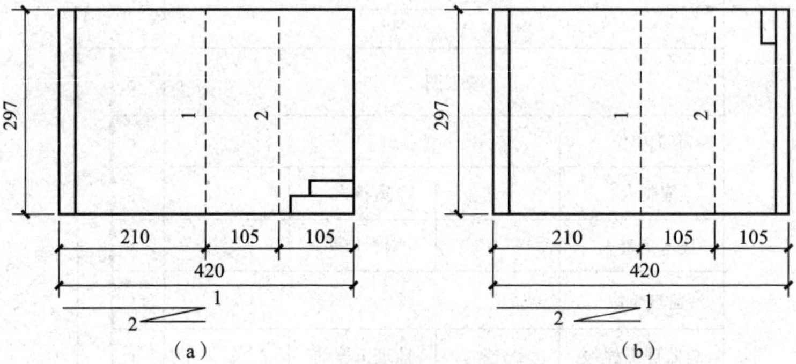

图 5-1-3　3$^{\#}$ 图纸折叠示意

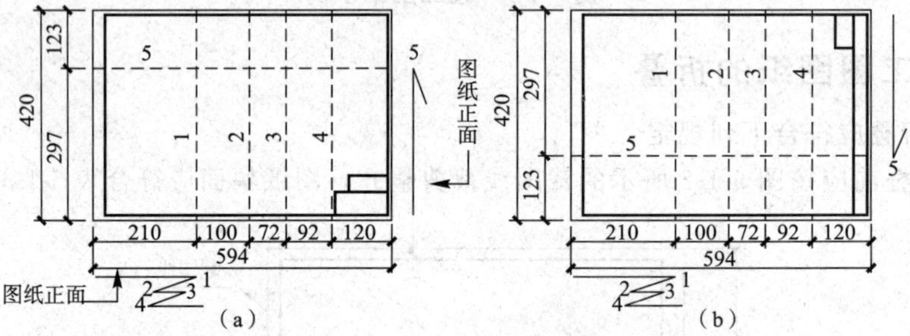

图 5-1-4　2$^{\#}$ 图纸折叠示意

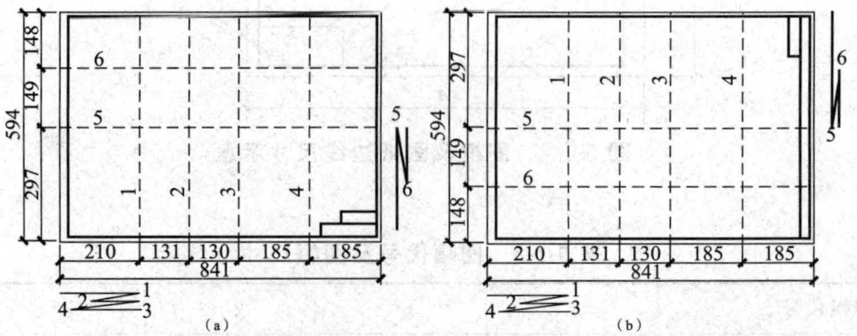

图 5-1-5　2$^{\#}$ 图纸折叠示意

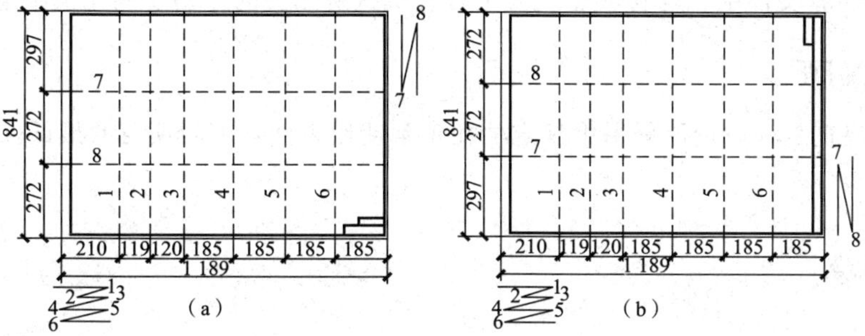

图 5-1-6　0# 图纸折叠示意

《任务实施》

在完成任务资讯模块的学习后，学生们应已具备解决任务工单问题的知识与能力。以下是针对任务工单所提问题的解答，供学生们参考与检验学习成果。

一、填空题

1. 答案：重新绘制的竣工图。
2. 答案：上方。
3. 答案：50 mm×80 mm。

二、判断题

1. 答案：错误。城建档案馆未标注“▲”。
2. 答案：错误。必须使用新晒制的蓝图。
3. 答案：错误。应露在外面。

任务二　竣工资料编制

《任务工单》

本任务工单旨在引导学生通过学习任务资讯模块中的相关知识与技能，独立解决以下问题。

一、填空题

1. 在建设工程竣工验收备案表中，建设单位需承诺竣工图与________一致。
2. 在城市建设档案移交书中，移交单位需附上城市建设档案移交________一式三份。

二、判断题

1. 监理单位工程质量评估报告仅监理单位和城建档案馆必须归档保存。(　　)

2. 在施工决算文件中，与材料费、人工费、机械费相关的原始合同无须附上。（　　）

三、简答题

简述房屋建筑工程质量保修书中规定的在正常使用条件下不同项目的最低保修期限。

《任务资讯》

根据《建设工程文件归档规范（2019 年版）》（GB/T 50328—2014），工程竣工验收文件包括竣工验收与备案文件、竣工决算文件、工程声像资料等、其他工程文件，见表 5-2-1。

表 5-2-1　工程竣工验收文件

类别	归档文件	保存单位				
		建设单位	设计单位	施工单位	监理单位	城建档案馆
工程竣工验收文件（E 类）						
E1	竣工验收与备案文件					
1	勘察单位工程质量检查报告	▲		△	△	▲
2	设计单位工程质量检查报告	▲	▲	△	△	▲
3	施工单位工程竣工报告	▲		▲	△	▲
4	监理单位工程质量评估报告	▲		△	▲	▲
5	工程竣工验收报告	▲	▲	▲	▲	▲
6	工程竣工验收会议纪要	▲	▲	▲	▲	▲
7	专家组竣工验收意见	▲	▲	▲	▲	▲
8	工程竣工验收证书	▲	▲	▲	▲	▲
9	规划、消防、环保、民防、防雷、档案等部门出具的验收文件或意见	▲	▲	▲	▲	▲
10	房屋建筑工程质量保修书	▲				▲
11	住宅质量保证书、住宅使用说明书	▲		▲		▲
12	建设工程竣工验收备案表	▲	▲	▲	▲	▲
13	城市建设档案移交书	▲				▲
E2	竣工决算文件					
1	施工决算文件	▲		▲		△
2	监理决算文件	▲			▲	△
E3	工程声像资料等					
1	开工前原貌、施工阶段、竣工新貌照片	▲		△	△	▲

续表

类别	归档文件	保存单位				
		建设单位	设计单位	施工单位	监理单位	城建档案馆
2	工程建设过程的录音、录像资料(重大工程)	▲		△	△	▲
E4	其他工程文件					
注：表中符号“▲”表示必须归档保存；“△”表示选择性归档保存						

一、竣工验收与备案文件

1. 勘察单位工程质量检查报告

勘察单位工程质量检查报告填写示例见表 5-2-2。

表 5-2-2　勘察单位工程质量检查报告

工程名称	××市××住宅小区×号楼
建设单位	××房地产开发公司
勘察单位	××有色工程勘察有限公司
质量检查意见	勘察工程布置合理，各种测试方法及精度符合《岩土工程勘察规范(2009 年版)》(GB 50021—2001)的要求，勘察报告中提供的各类岩土参数可靠，对岩土工程分析与评价切合实际，经勘察设计管理科审核，满足现行国家有关规范、规程和强制性条文的要求，可作为设计和施工依据。 经基坑(槽)检验，结合对基坑(槽)钎探资料的审查，地基土与岩土工程勘察报告相符。 合同已履约。
单位工程质量检查结论	质量合格，同意验收。
项目负责人(签字) 年　　月　　日	勘察单位公章
填表说明： 1. 本表为 A4 页面打印； 2. 质量检查意见应包括以下内容： (1)图审机构对勘察文件提出的整改意见落实情况； (2)工程中勘察变更文件变更程序是否符合要求； (3)勘察单位对单位工程质量检查的总体评价及竣工验收意见。	

2. 设计单位工程质量检查报告

设计单位工程质量检查报告填写示例见表 5-2-3。

表 5-2-3 设计单位工程质量检查报告

<table>
<tr><td>工程名称</td><td colspan="2">××市××住宅小区×号楼</td></tr>
<tr><td>建设单位</td><td colspan="2">××房地产开发公司</td></tr>
<tr><td>勘察单位</td><td colspan="2">××市建筑设计院</td></tr>
<tr><td>质量检查意见</td><td colspan="2">施工图设计文件完全符合图审要求，未提出整改要求。
本工程在施工中发生少数变更，其变更程序均满足规定要求。
在施工过程中，未有重大设计变更事项。
施工过程中，我单位驻现场代表进行了该工程的基础部分的检查，通过对各专业工程的质量情况、施工技术资料的综合评定，没有出现结构性的质量缺陷和防护方面的问题，其结构安全及使用功能满足设计要求。
本工程在完成了工程设计文件要求的基础施工内容后，基础分部验收由业主召集，质检站、监理、地质勘测、施工单位共同参加了验收，验收过程中根据实地检查和会议上各单位发表的意见，最终形成了基础验收会议纪要。
综上所述，我公司认为本工程基础分部质量达到设计及规范要求，同意本工程基础分部验收。</td></tr>
<tr><td>单位工程质量检查结论</td><td colspan="2">符合设计及规范要求，合格。</td></tr>
<tr><td colspan="2">项目负责人(签字)

年　月　日</td><td>设计单位公章</td></tr>
<tr><td colspan="3">填表说明：
1. 本表为 A4 页面打印；
2. 质量检查意见应包括以下内容：
(1)图审机构对设计文件提出的整改意见落实情况；
(2)工程中设计变更文件变更程序是否符合要求；
(3)重大设计变更是否经过图审机构补审；
(4)实体工程质量中结构安全及使用功能是否满足设计要求；
(5)工程是否已完成工程设计文件要求的各项内容；
(6)设计单位对单位工程质量检查的总体评价及竣工验收意见。</td></tr>
</table>

3. 施工单位工程竣工报告

施工单位工程竣工报告填写示例见表 5-2-4。

表 5-2-4　施工单位工程竣工报告

工程名称：××中心大厦　　　　编号：×××

建筑面积	13 280 m^2	建筑层数	地下 2 层、地上 15 层
工程地点	解放路 686 号	工程造价	12 000 万元
建设单位	××建设中心	勘察单位	××勘察公司
设计单位	××设计公司	监理单位	××监理公司
施工单位	××建筑公司		
建设单位：××建设中心。 本单位确认： 1. 完成工程设计及合同约定的全部内容； 2. 住房城乡建设主管部门和工程质量监督机构要求整改的问题已全部完成整改； 3. 对工程质量进行全面检查，工程质量符合相关法律法规、工程建设强制性标准，符合设计文件及合同要求，工程质量达到合格标准(详见附件单位工程质量综合评定表)； 4. 技术资料完备，主要建筑材料、建筑构配件和设备的进场试验报告均齐全； 5. 已签订建筑工程质量保修书(验收时提交贵单位)； 6. 其他相关事项。 本单位认为工程已具备竣工验收条件，特请贵单位办理相关手续，并于××××年×月××日进行竣工验收。 施工单位：××建筑公司　　项目经理：(签名)××× 企业技术负责人：(签名)×××　　法人代表：(签名)××× ××年×月×日			
总监理工程师签署意见	工程已具备竣工验收条件，同意于××年×月×日进行竣工验收。 总监理工程师：(签名)×××(公章)　　××年×月×日		

4. 规划、消防、环保、民防、防雷、档案等部门出具的验收文件或意见

根据《建设工程质量管理条例》规定，建设单位应当自建设工程竣工验收合格之日起 15 日内，将建设工程竣工验收报告和规划、公安消防、环保等部门出具的认可文件或准许使用文件报住房城乡建设主管部门或其他有关部门备案。规划、公安消防、环保等部门出具的认可文件或准许使用文件格式及内容此处不予赘述。

5. 房屋建筑工程质量保修书

建筑工程实行质量保修制度。建筑工程承包单位在向建设单位提交工程竣工验收报告时，应当出具质量保修书。建设单位和施工单位应当在工程质量保修书中约定保修范围、保修期限和保修责任等，双方约定的保修范围、保修期限必须符合国家有关规定。

在正常使用条件下，房屋建筑工程的最低保修期限如下。

(1)地基基础工程和主体结构工程，为设计文件规定的该工程的合理使用年限。

(2)屋面防水工程、有防水要求的卫生间、房间和外墙面的防渗漏为 5 年。

(3)供热与供冷系统为 2 个采暖期、供冷期。

(4)电气管线、给水排水管道、设备安装为2年。

(5)装修工程为2年。

其他项目的保修期限由建设单位和施工单位约定。

6. 住宅质量保证书、住宅使用说明书

《住宅使用说明书》应当对住宅的结构、性能和各部位(部件)的类型、性能、标准等做出说明，提出使用注意事项。《住宅使用说明书》应附有《住宅品质状况表》，其中应注明是否已进行住宅性能认定，并应包括住宅的外部环境、建筑空间、建筑结构、室内环境、建筑设备、建筑防火和节能措施等基本信息和达标情况。

《住宅质量保证书》应当包括住宅在设计使用年限内和正常使用情况下各部位、部件的保修内容和保修期、用户报修的单位，以及答复和处理的时限等。

北京市住宅工程质量保证书示范文本

北京市房屋建筑使用说明书(示范文本)

7. 建设工程竣工验收备案表

建设工程竣工验收备案表填写示例见表5-2-5。

表5-2-5 建设工程竣工验收备案表

项目信息编号：

建设单位	上海××××有限公司	统一信用/组织机构代码证	×××××××××－×
建设单位地址	上海市××区××路××号		
项目名称	×××办公楼项目		
建设地点	××区××地块	所在区	××区
联系人	×××	联系电话	××××××××
项目本次涉及验收内容	□质量 □规划 □消防 □卫生 □交警 □民防 □绿化市容 □交通 □气象 □城建档案		
备案内容	见建设工程竣工验收备案单位工程明细表		
我单位承诺： 1. 本申请表及附送材料的内容真实、有效，确保竣工图与测绘报告一致； 2. 本单位将遵守相关法律法规的规定，按照管理部门核发的审批意见和审批证书及附图的要求进行建设，并接受管理部门监督； 3. 如因本单位隐瞒有关建设情况、提供虚假材料、不履行以上承诺或法律法规规定的其他义务，由本单位承担相应的法律责任。 法定代表人(签字或盖章)：　　建设单位(公章)： ××年×月×日			

续表

建设单位	上海××××有限公司	统一信用/ 组织机构代码证	×××××××××-×
受理意见： 受理人： 日期：		复核意见： 复核人： 日期：	

附：建设工程竣工验收备案单位工程明细表见表5-2-6。

表5-2-6　建设工程竣工验收备案单位工程明细表

项目信息编号：

单位工程编码	单位工程名称	工程类型	工程规模	全装修信息
	A楼	房屋建筑	建筑面积×××平方米	
	B楼	房屋建筑	建筑面积×××平方米	
	C楼	房屋建筑	建筑面积×××平方米	
单位工程合计：×个				

8. 城市建设档案移交书

城市建设档案移交书填写示例见表5-2-7。

表5-2-7　城市建设档案移交书

北京××房地产开发公司(建设单位)向北京市城建档案馆移交××大厦工程(竣工后名称)档案共计22册。其中：图样材料10册，文件材料12册，其他材料6张(照片)。 附：城市建设档案移交目录一式3份。	
移交单位(公章)：北京××房地产开发公司 单位负责人：(手签字) 移交人：(手签字)	接收单位(公章)： 单位负责人： 接收人： 移交时间：　　年　　月　　日

二、竣工决算文件

1. 施工决算文件

施工单位的工程决算文件包括原工程决算书及相应审核咨询机构发回的咨询成果报告，含结算审定表、新的工程结算书等技术文件。与材料费、人工费、机械费相关的原始合同，预算、结算文件及相关审批，原始单据(即图纸、合同、报告、清单、工程洽商单、设计变更通知单等)皆要附上。

2. 监理决算文件

监理单位的工程决算文件主要包括在工程项目实施过程中，涉及单项工程或单位工程竣工决算的监理审核资料，以及委托监理合同等相关文件。

三、工程声像资料

工程声像资料涵盖以下内容：建设工程开工前的原始风貌照片、竣工后的外观照片，以及建设工程在开工、施工和竣工阶段的音像记录。

建设工程开工前的原始风貌照片和竣工后的外观照片由建设单位负责收集并提供。建设工程在开工、施工和竣工阶段的声像记录由建设单位、施工单位、监理单位及其他相关方共同收集，最终由建设单位统一报送并备案。

工程竣工验收

《任务实施》

在完成任务资讯模块的学习后，学生们应已具备解决任务工单问题的知识与能力。以下是针对任务工单所提问题的解答，供学生们参考与检验学习成果。

一、填空题

1. 答案：测绘报告。

2. 答案：目录。

二、判断题

1. 答案：错误。根据表 5-2-1，对于监理单位工程质量评估报告，建设单位、监理单位、城建档案馆都必须归档保存。

2. 答案：错误。施工单位的工程决算文件与材料费、人工费、机械费相关的原始合同皆要附上。

三、简答题

答案：在正常使用条件下，房屋建筑工程的最低保修期限为：①地基基础工程和主体结构工程，为设计文件规定的该工程的合理使用年限；②屋面防水工程、有防水要求的卫生间、房间和外墙面的防渗漏为 5 年；③供热与供冷系统为 2 个采暖期、供冷期；④电气管线、给水排水管道、设备安装为 2 年；⑤装修工程为 2 年。

项目拓展

建筑业加速向
绿色智能转型

项目实训

实训设计：校园建筑竣工图与资料整理基础实训

一、实训目的

(1)让学生了解竣工图的基本概念、类型和绘制要求，掌握简单的竣工图整理方法。

(2)使学生熟悉竣工资料的组成和归档要求，学会整理常见的竣工资料。

(3)培养学生在有限条件下，运用所学知识解决实际问题的能力，提高其团队协作和动手能力。

二、实训步骤

1. 竣工图整理

(1)图纸收集：从学校基本建设部门或相关教师处获取一套校园内已完工建筑的施工图复印件，如某栋教学楼或实验楼的建筑、结构施工图。

(2)模拟变更绘制：假设该建筑在施工过程中发生了一些简单的变更，如某教室的门窗位置调整、某卫生间内管道布局改变等。学生根据这些假设的变更情况，在施工图复印件上利用铅笔进行手动修改，采用杠改法或叉改法等简单绘图方法，标注出变更内容。

(3)加盖竣工图章：使用红色印泥，在修改后的图纸指定位置(图标栏上方空白处)加盖竣工图章，图章内容可简化为“竣工图”字样、编制人、编制日期等基本信息，尺寸按 50 mm×80 mm 制作。

(4)图纸折叠：按照 $4^{\#}$ 图纸的标准尺寸，将绘制好的竣工图进行折叠，确保图签及竣工图章露在外面，折叠整齐美观。

2. 竣工资料编制

(1)资料收集：收集与该建筑相关的简单竣工资料，如工程竣工验收报告、房屋建筑工程质量保修书、建设工程竣工验收备案表等的模板或示例资料。

(2)资料填写：根据提供的资料模板和假设的工程信息，填写工程竣工验收报告中的建设单位、施工单位、监理单位等基本信息，以及工程竣工验收备案表中的项目名称、建设地点等内容。对于房屋建筑工程质量保修书，填写假设的保修范围、保修期限等信息。

(3)资料整理：将填写好的资料按照一定的顺序进行整理，如先工程竣工验收报告，再建设工程竣工验收备案表，最后是房屋建筑工程质量保修书等，用燕尾夹或文件夹装订在一起，形成一套简单的竣工资料。

三、实训评估

1. 竣工图整理质量评估(50分)

检查竣工图的修改是否正确、清晰，竣工图章的加盖位置和内容是否符合要求，图纸折叠是否规范整齐。

2. 竣工资料编制质量评估(40分)

审核竣工资料的填写是否完整、准确，资料的整理顺序是否合理，装订是否整齐。

3. 团队协作与纪律评估(10分)

观察学生在实训过程中的团队协作情况和遵守纪律情况，如是否按时参加实训、是否听从指挥、是否积极参与等。

四、注意事项

(1)在图纸修改和资料填写过程中，要认真仔细，确保信息的准确性和完整性。

(2)操作过程中要注意爱护图纸和资料，避免损坏或丢失。

(3)实训过程中要保持安静，遵守课堂纪律，如有问题及时向教师请教。

项目评价

完成本项目后，采用过程性评价和结果性评价相结合的方式，综合运用自我评价、小组评价和教师评价三种方式，由任课教师确定三种评价方式占总成绩的比例，加权计算出每个学生完成本项目拓展活动的考核评价表。

考核评价表

总评价分		班级	
学号		姓名	
评价方式	评价内容	分值	分数
自我评价	目标达成情况	30	
	技能与知识掌握	50	
	个人发展与自我提升	20	
小组评价	团队合作能力	30	
	项目贡献度	50	
	团队氛围与支持	20	
教师评价	学习态度与努力程度	20	
	知识应用与创新能力	40	
	个人品行与责任感	40	
总评价分＝自我评价分×(　)%＋小组评价分×(　)%＋教师评价分×(　)%＝			

项目六　学会施工资料信息化管理

《学习目标》

【知识目标】

1. 了解项目信息化管理的内容。
2. 熟悉项目信息系统的功能。
3. 掌握建筑工程资料管理软件的功能。

【技能目标】

能够熟练运用一款建筑工程资料管理软件。

【素养目标】

1. 培养学生严谨的工作态度。
2. 提升学生的信息素养。

《项目导航》

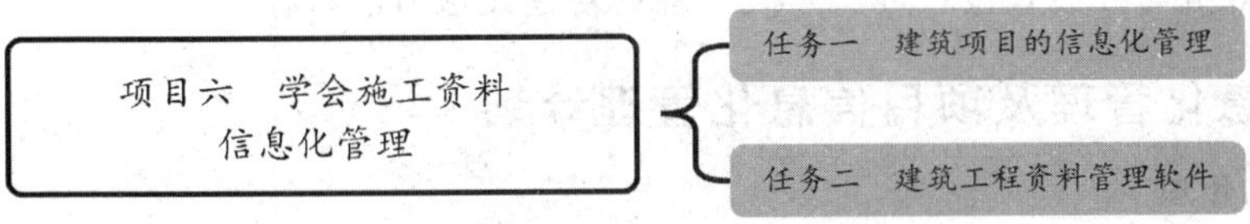

任务一　建筑项目的信息化管理

《任务工单》

本任务工单旨在引导学生通过学习任务资讯模块中的相关知识与技能，独立解决以下问题。

一、填空题

1. 建筑项目管理信息化是指在建筑项目管理涵盖的各类________及各个流程环节中，广泛运用信息技术、挖掘信息资源，以此推动建筑项目管理水准持续攀升的一种过程。

2. 项目信息化管理计划应包括项目信息化管理范围、项目信息化管理目标、项目信息需求、项目信息化管理手段和协调机制、项目信息编码系统、项目信息渠道和管理流程、项目信息资源需求计划、________________________。

3. 项目信息系统应具有身份认证、防止恶意攻击、信息权限设置、跟踪审计和信息过滤、病毒防护、安全监测、________________等安全技术措施。

二、判断题

1. 项目信息系统只需具备信息收集、传送、加工、反馈、分发、查询的信息处理功能即可。（　　）

2. 项目管理机构实施信息安全管理只需在信息系统建设初期进行即可。（　　）

三、简答题

建筑项目管理信息化的关键作用是什么？

《任务资讯》

一、建筑项目管理信息化的概念

建筑项目管理的信息化是指在建筑项目管理涵盖的各类参与主体及各个流程环节中，广泛运用信息技术、挖掘信息资源，以此推动建筑项目管理水准持续攀升的一种过程。鉴于信息技术具备较强的渗透性且发展迅速，再加上工程项目本身所具有的复杂性，这使建筑项目管理信息化的内涵十分丰富，并且始终处于动态的发展变化状态。建筑项目管理信息化呈现出信息采集自动化、信息存储电子化、信息交互网络化、信息查找工具化和信息运用科学化等特性。

建筑项目管理信息化不只是用信息设备来取代手工的信息处理工作，更为关键的是提升建筑项目的经济效益与社会效益，进而达成工程项目建设增值的目标。

二、信息化管理及项目信息化管理计划

1. 信息化管理

信息化管理应包括下列内容：

(1)信息计划管理；

(2)信息过程管理；

(3)信息安全管理；

(4)文件与档案管理；

(5)信息技术应用管理。

2. 项目信息化管理计划

项目信息化管理计划应包括下列内容：

(1)项目信息化管理范围；

(2)项目信息化管理目标；

(3)项目信息化需求；

(4)项目信息化管理手段和协调机制；

(5)项目信息编码系统；

(6)项目信息渠道和管理流程；

(7)项目信息资源需求计划；

(8)项目信息化管理制度与信息变更控制措施。

三、项目信息系统的功能

项目信息系统应包括下列应用功能：

(1)信息收集、传送、加工、反馈、分发、查询的信息处理功能；

(2)进度管理、成本管理、质量管理、安全管理、合同管理、技术管理及相关的业务处理功能；

(3)与工具软件、管理系统共享和交换数据的数据集成功能；

(4)利用已有信息和数学方法进行预测、提供辅助决策的功能；

(5)支持项目文件与档案管理的功能。

项目管理机构应通过信息系统的使用获得下列管理效果：

(1)实现项目文档管理的一体化；

(2)获得项目进度、成本、质量、安全、合同、资金、技术、环保、人力资源、保险的动态信息；

(3)支持项目管理满足事前预测、事中控制、事后分析的需求；

(4)提供项目关键过程的具体数据并自动产生相关报表和图表。

四、项目信息系统的安全管理

项目管理机构应实施全过程信息安全管理，建立完善的信息安全责任制度，实施信息安全控制程序，并确保信息安全管理的持续改进。

项目信息系统应具有下列安全技术措施。

(1)身份认证：通过技术手段确认用户身份，确保只有合法授权人员能访问信息系统，如采用用户名密码、指纹识别、数字证书等方式，防止非法入侵，保障系统资源的安全使用。

(2)防止恶意攻击：采取防火墙、入侵检测系统等技术措施，抵御外部恶意攻击，如黑客的 DDoS(分布式拒绝服务)攻击、SQL(结构化查询语言)注入攻击等，保护信息系统正常运行，避免因攻击导致的数据丢失、服务中断等问题。

(3)信息权限设置：根据用户角色和工作需求，对信息访问权限进行精细划分，如普通员工只能查看部分数据，管理员有更高权限，确保信息在合法范围内流通，防止信息被越权获取或滥用。

(4)跟踪审计和信息过滤：对信息系统中的操作行为进行记录和审计，追踪用户操作轨迹，发现异常行为及时处理；同时对信息内容进行过滤，屏蔽不良信息和垃圾数据，保障信息环境的健康和安全。

(5)病毒防护：安装杀毒软件和防火墙，定期更新病毒库，对信息系统进行全面扫描和查杀，防止病毒入侵和传播，保护数据文件和系统程序的完整性，避免因病毒感染造成系统崩溃或数据丢失。

(6)安全监测：实时监测信息系统运行状态，包括网络流量、服务器性能、用户行为等，及时发现安全隐患和异常情况，如网络流量异常，可能预示着遭受攻击，通过监测可提前预警并采取措施应对。

(7)数据灾难备份：定期对重要数据进行备份，将数据存储在本地或异地的安全位置，当发生自然灾害、硬件故障等灾难事件导致数据丢失或损坏时，可快速恢复数据，保障业务的连续性和数据的完整性。

《任务实施》

在完成任务资讯模块的学习后，学生们应已具备解决任务工单问题的知识与能力。以下是针对任务工单所提问题的解答，供学生们参考与检验学习成果。

一、填空题

1. 答案：参与主体。

2. 答案：项目信息化管理制度与信息变更控制措施。

3. 答案：数据灾难备份。

二、判断题

1. 答案：错误。项目信息系统还应包括进度管理、成本管理、质量管理、安全管理、合同管理、技术管理及相关的业务处理功能；与工具软件、管理系统共享和交换数据的数据集成功能；利用已有信息和数学方法进行预测、提供辅助决策的功能；支持项目文件与档案管理的功能。

2. 答案：错误。项目管理机构应实施全过程信息安全管理，建立完善的信息安全责任制度，实施信息安全控制程序，并确保信息安全管理的持续改进。

三、简答题

答案：建筑项目管理信息化的关键作用是提升建筑项目的经济效益与社会效益，进而达成工程项目建设增值的目标。通过广泛运用信息技术、挖掘信息资源，推动建筑项目管理水准持续攀升，使建筑项目管理在涵盖的各类参与主体及各个流程环节中更加高效、科学，同时，其内涵丰富且处于动态发展变化状态，呈现出多种特性，如信息采集自动化等，从而更好地适应工程项目复杂性的要求，为工程建设带来更大的价值。

任务二　建筑工程资料管理软件

《任务工单》

本任务工单旨在引导学生通过学习任务资讯模块中的相关知识与技能，独立解决以下问题。

一、填空题

1. 建筑工程资料的编制与管理需依据《建筑工程施工质量验收统一标准》(GB 50300—2013)和________________。

2. 在协同管理中，筑业云资料软件支持灵活的________管理，可为不同角色分配不同操作权限。

3. 表格填写完毕后，打印方式可分为快速打印和________。

二、判断题

1. 根据住房城乡建设部规定，若工程资料未达标，该工程将被判定为不合格。(　　)

2. 建筑工程资料管理软件不支持手机、平板等移动设备访问。(　　)

3. 软件的一键形成资料目录功能仅适用于小型工程。(　　)

《任务资讯》

一、建筑工程资料管理软件的认知

在建筑工程施工管理工作中，建筑工程资料的编制与管理占据着关键地位。施工资料既是工程建设及竣工验收不可或缺的条件，又充当着对工程开展检查、维护、管理、使用、改建和扩建等操作时的原始依据。鉴于此，住房城乡建设部及各省市的建设部门多次着重强调资料管理工作的重要性，并且明确指出，倘若某项工程的资料未能达到标准规定，那么该项工程将被判定为不合格，资料在工程质量评估中拥有否决权。

建筑工程资料管理软件是以《建筑工程施工质量验收统一标准》(GB 50300—2013)、《建设工程文件归档规范(2019 年版)》(GB/T 50328—2014)为依据，并且结合各省市的工程资料管理标准或规程，以及施工质量验收规范的标准用表等，分别编制出契合各省市具体状况的软件系统。

目前，市面上的建筑工程资料管理软件大致具有以下功能。

1. 资料编制

根据《建筑工程施工质量验收统一标准》(GB 50300—2013)和《建设工程文件归档规范(2019 年版)》(GB/T 50328—2014)等规定，提供资料编制模板，方便用户快速创建符合规范的建筑工程资料。

2. 资料管理

实现对建筑工程资料的分类、存储、检索、修改、删除等功能，确保资料的安全、完整和可追溯。

3. 质量验收

依据施工质量验收规范的标准用表，对工程质量进行验收，生成验收记录，便于监管部门审查。

4. 文件归档

按照《建设工程文件归档规范(2019 年版)》(GB/T 50328—2014)进行文件归档，确保工程资料在竣工后能够顺利移交档案馆。

5. 多维度查询

支持按项目、时间、类型等多维度查询工程资料，提高工作效率。

6. 数据分析

对工程资料进行统计分析，为项目管理提供决策依据。

7. 协同办公

实现项目参与各方之间的资料共享、协同办公，提高沟通效率。

8. 移动办公

支持手机、平板等移动设备访问，方便现场管理人员随时查看、更新工程资料。

9. 安全保障

采用加密技术，保障工程资料在传输、存储过程中的安全性。

10. 跨区域管理

适应不同省市的管理标准，实现跨区域工程资料的有效管理。

11. 报表输出

一键生成各类报表，满足工程验收等需求。

二、筑业云资料软件的功能简介

筑业云资料软件是一款专注于建筑工程资料管理的云端服务平台。它以我国建筑行业相关法律法规和标准规范为依据，结合现代信息技术，为用户提供了一套高效、便捷、安全的工程资料管理解决方案。筑业云资料软件涵盖了工程项目的筹备、施工、验收全过程，通过模板化、流程化、智能化的操作，帮助用户轻松编制、管理、归档各类工程资料，实现项目信息的实时共享与协同办公，大大提升了建筑工程项目管理效率，确保了工程质量的合规性，使建筑行业从业者专注于核心业务，助力我国建筑行业信息化发展。

软件的主要功能介绍如下。

(1)新建工程。安装好筑业云资料软件后，运行软件，显示软件管理的主界面，如图 6-2-1 所示。

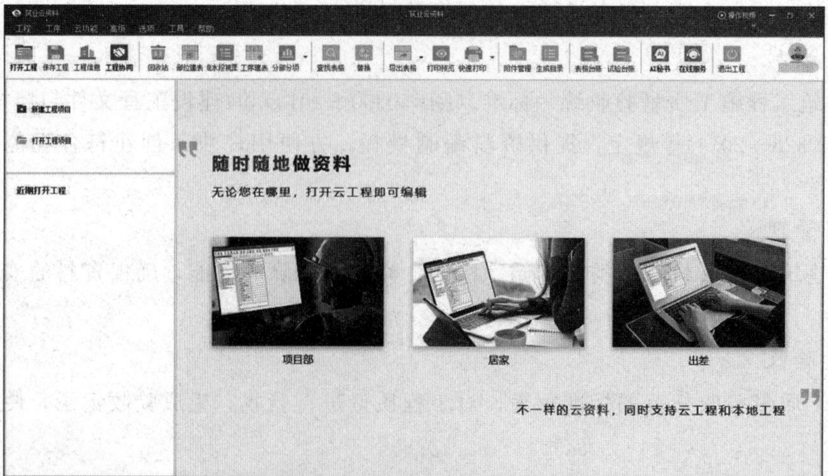

图 6-2-1 软件管理主界面

首次打开软件后，单击左上角的“新建工程项目”按钮，弹出“云资料-新建工程”对话框如图 6-2-2 所示，根据需要进行设置，设置完成后，单击“新建”按钮进入“工程信息”界面。

图 6-2-2　“云资料-新建工程”对话框

(2)工程信息录入。如图 6-2-3 所示，在右侧界面中输入相应的工程信息，并将左侧所列项目信息填写完毕后，单击“保存”按钮，完成工程的新建，进入工程的主界面，如图 6-2-4 所示。

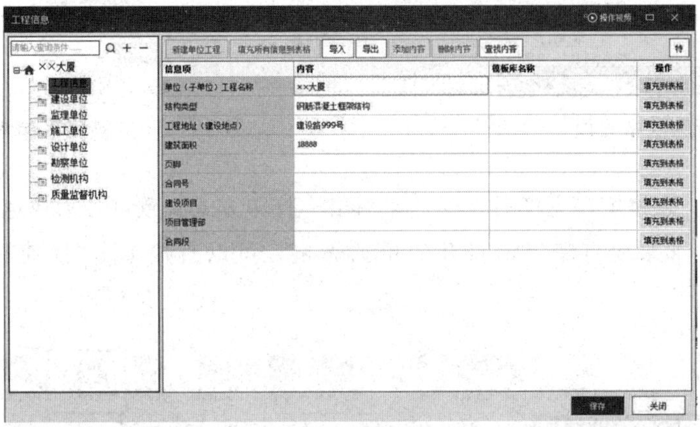

图 6-2-3　“工程信息”界面

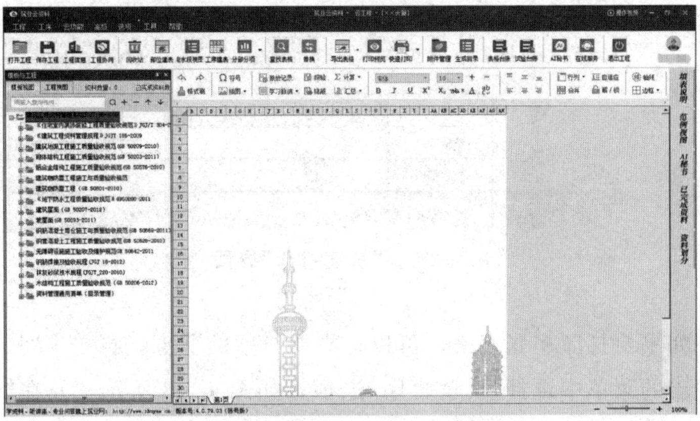

图 6-2-4　新建工程后的主界面

(3)表格填写。进入新建工程后的主界面，鼠标右键单击所需新建表格的子目，如图 6-2-5 所示，执行“新建表格”命令并在新建表格上填写资料。若对表格填写存在疑问，可以单击主界面右侧的“填表说明”或“范例视图”，进行参考学习，指导表格的填写，如图 6-2-6 所示。

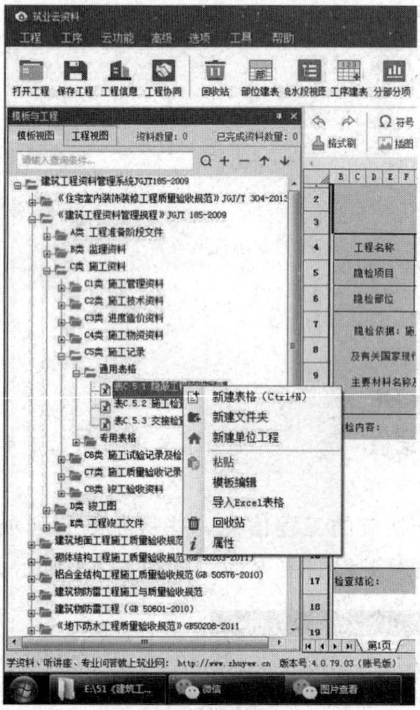

图 6-2-5　新建表格界面

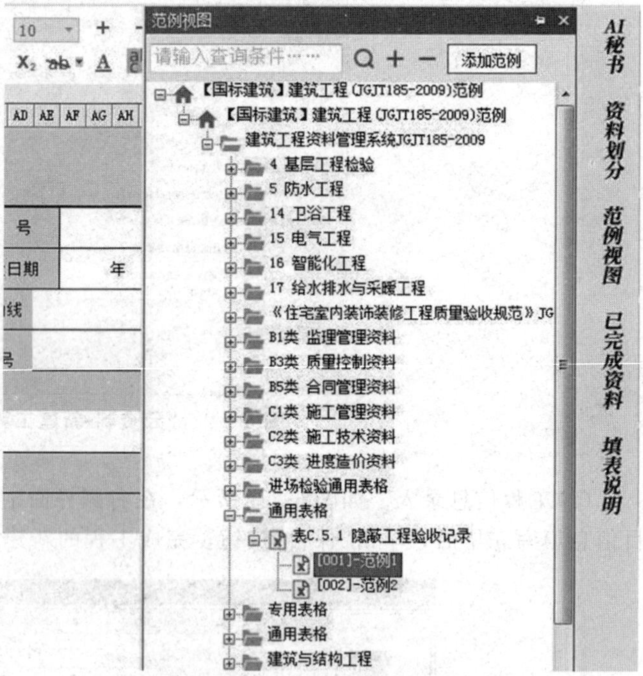

图 6-2-6　资料填写参考

(4)打印输出。表格填写完毕后，要打印输出。打印方式大致可分为快速打印和批量打印。

①快速打印：如果要打印当前打开的单独表格，可以直接单击“快速打印”，如图 6-2-7 所示。

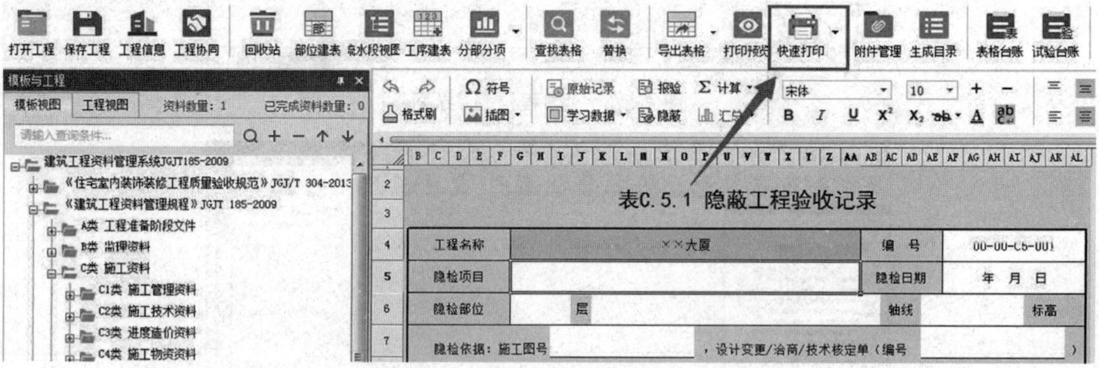

图 6-2-7　“快速打印”界面

②批量打印：如果要打印多张表格，可以选择要打印的节点，再单击“快速打印”按钮右侧的下拉箭头，在弹出的菜单中选择“批量打印”选项，如图 6-2-8 所示，并在“批量打印”界面中设置好打印需求，即可单击“打印”按钮，如图 6-2-9 所示。

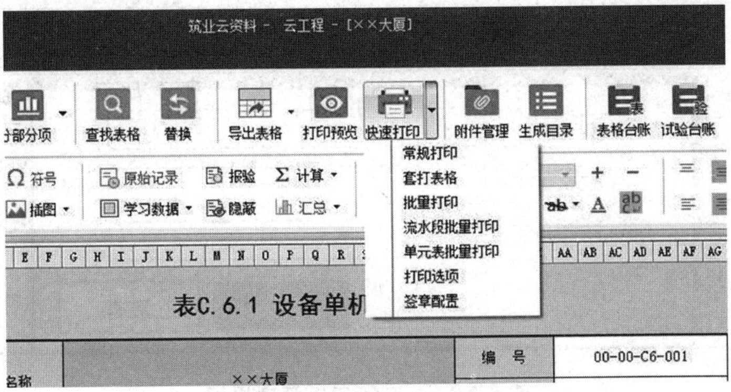

图 6-2-8　**批量打印界面**

图 6-2-9　**“批量打印”对话框**

(5)设置密码。为了保护工作成果，使用者可以执行菜单栏“工程”→“设置工程密码”命令来为工程资料文件设置密码，如图 6-2-10 所示。工程密码管理界面如图 6-2-11 所示。

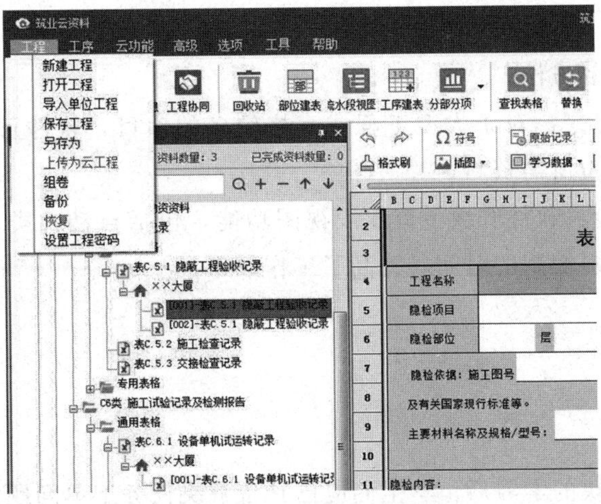

图 6-2-10　**设置密码界面**

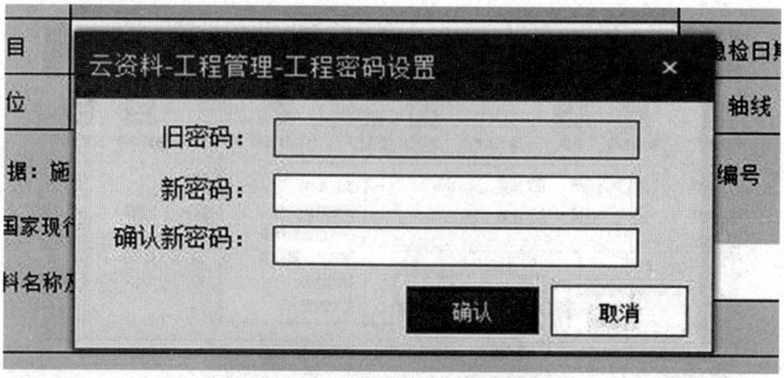

图 6-2-11　工程密码管理界面

除以上基本功能外，筑业云资料软件还具有以下功能。

(1)云存储功能：工程资料可以实时存储在云端，无网时可编辑资料，联网即可上传，无论在项目部还是在家里，都能随时随地查看和编辑工程资料，无须手动复制文件，告别 U 盘复制的烦恼。

(2)智能工序建表功能：软件包含 100 多个工序库，用户可以自由选择与工序关联的表格，轻松实现高效建表，且不会遗漏任何相关表格。对于新手资料员来说，无须从头设计或寻找符合规范要求的表格，直接调用即可。

(3)智能台账功能：引入台账理念，按分部分项、部位自动生成台账，已出资料、未出资料一目了然，方便查漏补缺，快速校对，确保资料齐全。

(4)协同管理功能：支持多人在线协同工作，团队成员可以在软件中实时沟通、共享资料、讨论问题，提高工作效率。同时，软件支持灵活的权限管理，可以为不同角色分配不同的权限，确保项目资料的安全性和保密性。

(5)电子组卷功能：用户可以在软件中轻松完成资料的电子组卷工作，包括设置目录形式、选择资料、开始组卷等步骤，最终生成包含多个文件夹的组卷文件，方便用户查看和管理。

(6)进度监控与提醒功能：部分高级功能还可以对工程节点进行跟踪并提醒资料员及时完成相关资料填报，确保工程进度与资料编制同步推进。

(7)丰富的范例库：软件提供了 200 多套范例库和 24 万多张范例供用户参考，帮助用户快速掌握资料编制的技巧和方法。

(8)一键形成资料目录：对于大型工程或表格较多的项目，软件可以一键形成资料目录，方便用户快速查找和定位所需资料。

(9)流水段视图功能：软件升级了流水段视图功能，包括自动归类、新增复制、自检漏项等功能，大大节省了资料编制的时间，提高了工作效率。

《任务实施》

在完成任务资讯模块的学习后，学生们应已具备解决任务工单问题的知识与能力。以下是针对任务工单所提问题的解答，供学生们参考与检验学习成果。

一、填空题

1. 答案：《建设工程文件归档规范(2019 年版)》(GB/T 50328—2014)。

2. 答案：权限。

3. 答案：批量打印。

二、判断题

1. 答案：正确。

2. 答案：错误(支持移动办公)。

3. 答案：错误(适用于大型工程或表格较多的项目)。

项目拓展

打造智联协同的数字工程——

《“数字住建”建设整体布局规划》政策解读

项目实训

实训设计：建筑资料管理软件横向对比

一、实训目的

(1)使学生了解目前市面上除筑业云资料软件外的其他建筑资料管理软件，拓宽学生对建筑资料管理信息化的认知。

(2)培养学生对建筑资料管理软件的调研、分析和对比能力，提高学生对软件功能和性能的评估水平。

(3)引导学生通过团队合作完成实训任务，提升学生的团队协作和沟通能力，以及撰写专业报告的能力。

二、实训步骤

1. 准备阶段

教师介绍实训的目的、要求和评估标准，学生分组，每组 3～5 人。

2. 网络调研

学生通过互联网搜索、查阅相关资料，了解市面上除筑业云资料软件外的建筑资料管理软件。

3. 软件试用

各小组选择2～3款软件进行试用，了解其功能、操作界面、用户体验等方面的情况。

4. 对比分析

学生对所调研和试用的软件进行对比分析，从功能、性能、价格、适用性等方面找出其相似之处与区别之处。

5. 报告撰写

各小组根据对比分析结果，撰写实训报告，报告内容包括软件介绍、对比分析、结论与建议等部分。

6. 报告提交与展示

学生在规定时间内提交实训报告，并进行小组展示，展示时间为10～15分钟。

7. 教师评估

教师根据实训评估标准对各小组的实训报告和展示进行评估，给出成绩和反馈意见。

三、实训评估

1. 报告内容(60分)

软件介绍是否全面、准确(20分)；对比分析是否深入、合理(20分)；结论与建议是否具有可行性和实用性(20分)。

2. 报告格式(10分)

报告格式是否规范、整洁，是否符合学校或教师的要求。

3. 团队协作(20分)

小组成员分工是否明确、合理，是否积极参与实训活动，协作是否默契。

4. 实训纪律(10分)

学生是否按时参加实训活动，是否遵守实训纪律，是否按时提交实训报告。

四、注意事项

(1)学生在调研和撰写报告过程中，要确保所获取的信息准确、可靠，避免引用错误或虚假信息。

(2)在试用软件过程中，要注意保护个人和团队的信息安全，避免泄露重要数据和隐私。

(3)小组成员之间要相互配合、相互支持，共同完成实训任务，避免出现个别成员不参与或分工不明确的情况。

(4)学生要合理安排时间，确保在规定时间内完成实训任务，避免出现拖延或仓促完成任务的情况。

项目评价

完成本项目后，采用过程性评价和结果性评价相结合的方式，综合运用自我评价、小组评价和教师评价三种方式，由任课教师确定三种评价方式占总成绩的比例，加权计算出每个学生完成本项目拓展活动的考核评价表。

考核评价表

总评价分		班级	
学号		姓名	
评价方式	评价内容	分值	分数
自我评价	目标达成情况	30	
	技能与知识掌握	50	
	个人发展与自我提升	20	
小组评价	团队合作能力	30	
	项目贡献度	50	
	团队氛围与支持	20	
教师评价	学习态度与努力程度	20	
	知识应用与创新能力	40	
	个人品行与责任感	40	
总评价分＝自我评价分×（　）％＋小组评价分×（　）％＋教师评价分×（　）％＝			

参考文献

[1]孙刚，刘志麟．建筑工程资料管理[M]. 3版．北京：北京大学出版社，2025.

[2]全国一级建造师执业资格考试用书编写委员会．建筑工程管理与实务[M]. 北京：中国建筑工业出版社，2025.

[3]王辉，刘启顺．建筑工程资料管理[M]. 4版．北京：机械工业出版社，2023.

[4]张双军，高英，王学强．建筑工程资料管理与表格填写范例[M]. 北京：中国建材工业出版社，2023.

[5]中华人民共和国住房和城乡建设部，国家市场监督管理总局．建筑与市政工程施工质量控制通用规范：GB 55032—2022[S]. 北京：中国建筑工业出版社，2023.

[6]中华人民共和国住房和城乡建设部，国家市场监督管理总局．建筑节能与可再生能源利用通用规范：GB 55015—2021[S]. 北京：中国建筑工业出版社，2022.

[7]经丽梅．建筑工程资料管理一体化教学工作页[M]. 重庆：重庆大学出版社，2021.

[8]刘剑霞，曹志芳，曾飞．建筑工程资料管理[M]. 2版．南京：南京大学出版社，2021.

[9]中华人民共和国住房和城乡建设部，国家市场监督管理总局．建筑节能工程施工质量验收标准：GB 50411—2019[S]. 北京：中国建筑工业出版社，2019.

[10]中华人民共和国住房和城乡建设部，中华人民共和国国家质量监督检验检疫总局．建设工程项目管理规范：GB/T 50326—2017[S]. 北京：中国建筑工业出版社，2017.

[11]北京市市场监督管理局，北京市住房和城乡建设委员会．建筑工程资料管理规程：DB11/T 695—2025[S]. 北京：北京城建科技促进会，2025.

[12]中华人民共和国住房和城乡建设部，中华人民共和国国家质量监督检验检疫总局．通风与空调工程施工质量验收规范：GB 50243—2016[S]. 北京：中国计划出版社，2017.

[13]刘兵伟．建筑工程资料管理[M]. 北京：人民邮电出版社，2016.

[14]中华人民共和国住房和城乡建设部，中华人民共和国国家质量监督检验检疫总局．建设工程文件归档规范(2019年版)：GB/T 50328—2014[S]. 北京：中国建筑工业出版社，2019.

[15]中华人民共和国住房和城乡建设部，中华人民共和国国家质量监督检验检疫总局．混凝土结构工程施工质量验收规范：GB 50204—2015[S]. 北京：中国建筑工业出版社，2015.

[16]中华人民共和国住房和城乡建设部，中华人民共和国国家质量监督检验检疫总局．建设工程监理规范：GB/T 50319—2013[S]. 北京：中国建筑工业出版社，2014.

[17]中华人民共和国住房和城乡建设部，中华人民共和国国家质量监督检验检疫总局．建筑工程施工质量验收统一标准：GB 50300—2013[S]. 北京：中国建筑工业出版社，2014.

[18]中华人民共和国住房和城乡建设部，中华人民共和国国家质量监督检验检疫总局．砌体结构工程施工质量验收规范：GB 50203－2011[S]. 北京：中国建筑工业出版社，2012.

[19]中华人民共和国住房和城乡建设部．城建档案业务管理规范：CJJ/T 158—2011[S].

北京：中国建筑工业出版社，2011.
[20]中华人民共和国住房和城乡建设部，中华人民共和国国家质量监督检验检疫总局．混凝土强度检验评定标准：GB/T 50107—2010[S]. 北京：中国建筑工业出版社，2010.
[21]中华人民共和国住房和城乡建设部．建筑工程资料管理规程：JGJ/T 185—2009[S]. 北京：中国建筑工业出版社，2010.
[22]中华人民共和国住房和城乡建设部．建筑工程检测试验技术管理规范：JGJ 190—2010[S]. 北京：中国建筑工业出版社，2010.
[23]中华人民共和国住房和城乡建设部，中华人民共和国国家质量监督检验检疫总局．建筑施工组织设计规范：GB/T 50502—2009[S]. 北京：中国建筑工业出版社，2009.
[24]《建筑施工企业关键岗位技能图解系列丛书》编委会．资料员[M]. 哈尔滨：哈尔滨工程大学出版社，2008.